清代汤泉行宫

宋玲平◎著

故宫出版社

本书得到故宫博物院“英才计划”和北京故宫文物保护基金会
学术故宫万科公益基金会专项经费资助

序

故宫博物院同事宋玲平历时数载成《清代汤泉行宫》一书，邀我作序。

清代肇祖出自天寒地冻的东北山林，马上取天下、入主中原。康熙、乾隆二帝南巡北狩，建行宫无数，而温泉行宫屈指可数。于行宫繁忙政务之余，得温泉而沐浴，清心净体，事在情理之中。觅温泉而建行宫，亦势在必然。清代仅有的几处温泉行宫中，以今北京昌平小汤山的汤泉行宫因距京师最近、规模最大、帝后临幸次数最多等因素，具有独特的研究价值。

行宫为"天子行所立"，即帝王出行的居所。汤泉为"温液汤泉"，即特殊地理方位地下涌出的高于常温的泉水，俗称温泉。古往今来，帝王、平民都喜沐浴温泉，唯帝王出巡居所之温泉，是为行宫汤泉。中国地域广袤，温泉遍布。历代帝王之行宫汤泉亦多有记载，但专门研究行宫汤泉的学术专著，所见绝少。

本书作者，从大处着眼，细处着手，不辞辛劳爬梳档案文献，研磨历史细节，考察遗址文物，走访民间闾里，网罗放失旧闻，比照卫星图片。最终精确地理方位、历史沿革、建筑布局、陈设内置、诗文匾额，并且条缕行宫兴衰、管理规章、设计理念、政务活动、读经礼佛、休闲沐浴。既有宏大的政务舞台，亦有帝后的日常生活，令人读之拍案叫绝。

以汤泉行宫的地理方位为例，人皆广而言之以汤泉行宫在京北昌平小汤山，至于具体方位，众说纷纭。宋玲平同志系北京大学考古专业博士，从专业视角，以遗址文物为依据，与档案文献记载相结合，运用卫星图片相互比照，参考地方志学者的指证，终而确定汤泉行宫、汤山行宫、小汤山温泉行宫遗址是为一处，即今之北京小汤山医院。

封建社会帝王是最高统治者，宫廷是国家的政务中心。帝王巡阅天下时，国家重大政务的处理，仍旧由其裁决，行宫也就成了皇帝处理重大政务的场所。康熙、乾隆二帝时期正值盛世，中央集权高度强化，内政外交均由帝王决断，所以行宫，尤其距京师只有一日行程的汤泉行宫成为政务休闲的重要场所，这也是汤泉行宫的特殊之处。汤泉行宫的历史记载和皇帝诗词匾额都为遗址的锁定提供了确凿的佐证。

其实吸引帝后们屡屡临幸汤泉行宫的另一个重要因素，就是温泉的“灵性”。康熙皇帝认为“浴之蠲烦除疴，导和怡性”，可以疗疾除病，所以去汤泉行宫次数最多，居住时间最长。康熙皇帝晚年憔悴消瘦，手尚作颤，行动不便，多次去汤山行宫“坐汤”疗疾。乾隆十二岁开始，被康熙帝带在身边，常随皇祖同去汤山行宫，体验温泉“湱然忽放屋池满，氤氲澹荡难为名”，“炎液暄波能愈疾，曾闻泉脉出流黄（硫黄）”，乾隆皇帝为汤泉行宫留下了诸多诗文。作者对汤泉行宫的皇帝行迹文献进行蒐集亦是对学术研究的一大贡献。

我对汤泉行宫素无研究，读《清代汤泉行宫》后，恶补常识，粗文陋见，是为序。

朱诚如

2022年10月26日于故宫城隍庙

自序

清代皇家建筑主要有宫城、坛庙、陵寝、园囿、行宫等。象征国家权力的最高等级的官式建筑首推紫禁城；祭祀天地、日月、山川、祖先神灵的坛庙，如天坛、地坛、日坛、月坛、先农坛、先蚕坛、太庙、文庙、历代帝王庙等；陵寝如关外三陵、清东陵、清西陵；园囿则有京城的三山五园、承德的避暑山庄等；行宫遍布皇帝北巡、南巡、东巡、西巡的沿途各地。

长期以来，学术界对清代皇家建筑的宫城、坛庙、陵寝、园囿较为关注，研究成果甚多，而关于清代行宫的研究著述却十分稀少，这不能不说是学术界的一大憾事。客观来说，行宫是清代皇帝政治、军事、巡游等活动的组成部分，应该引起我们的足够重视。

有清一代，在京畿之地的东西南北四个方向设有诸多行宫，主要是供皇帝谒陵、避暑、巡视、围猎途中休憩、用膳和就寝之用。通常分为北路行宫、东路行宫和西路行宫，大约有数十处。

在北路行宫中，汤泉行宫是较为重要的一处。《康熙起居注》详述了康熙皇帝两次亲自护送祖母往返汤泉、沿途悉心照料的史事，表现了皇帝的慈孝之心。乾隆皇帝的御制诗中，以汤泉行宫为主题的诗作多达百首，其中对汤泉八景（温泉、柳色、池塘、玉兰、山亭、游鱼、书室、官鹤）咏颂的《汤泉行宫八咏》就有六组四十八首、咏赞汤泉荷花的诗就有十多首等，足见乾隆皇帝对汤泉行宫及其景色的钟爱。那么，汤泉行宫位于何处？它的修建年代、建筑布局以及内部陈设如何？清代皇帝在此有哪些活动？在这里发生过什么历史事件？汤泉行宫的管理如何？关于汤泉行宫的很多历史疑团并未解开。大概清朝正史、方志及清人笔记中的记载均过于简略，故迄今学界尚未对其进行深入研究。笔者经过十多年苦心爬梳清代文献和档案，拟对汤泉行宫的若干问题进行深入探讨，对于汤泉行宫蕴含的历史文化内涵予以解析。

众所周知，2003年10月，时任故宫博物院院长郑欣淼提出了“故宫学”的概念。故宫学的研究范围包括紫禁城、院藏百万件文物、宫廷历史文化遗存、明清档案、清宫典籍、故宫博物院院史六个方面。广义地来讲，故宫学还应该包括除紫禁城以外的其他所有明清皇家建筑、从清宫流散且现存各地博物馆的宫藏文物、流失海外的清宫文物，以及1949年以来故宫博物院拨交地方博物馆、图书馆或由于历史原因暂存他地的故宫博物院原藏文物、典籍、档案等藏品。所以我们应该树立一个“大故宫学”的概念，从而使得上述不可移动文物和可移动文物在学术上回归他们应有的归属——故宫学。行宫作为清代皇家建筑的组成部分，虽然分布在紫禁城外，与紫禁城相距或远或近，近者京畿行宫，远者江南行宫，但与紫禁城存在着千丝万缕的联系。因此，在学术上，清代行宫研究理应成为故宫学学术范畴不可缺少的组成部分；在文化上，清代行宫与故宫也应同属一个文化体系。

我作为故宫博物院的研究人员，长期以来，在专注于本院研究对象的同时，也会把学术视野放到紫禁城之外更为广阔的地方。故宫博物院拥有得天独厚的学术资源，我有幸得以充分利用院藏各种学术资源，全力以赴开展清代行宫研究。基于此，本书全面利用清宫典籍、档案、御制诗文、实录、起居注等，广泛搜集清代汤泉行宫老照片，与清宫文物互为参照并进行关联，对清代汤泉行宫的历史价值和文化价值进行挖掘和阐释，从而使得清代汤泉行宫的历史和文化以更加丰富的面貌、更加鲜活的姿态呈现出来，以飨清史学界和广大历史文化爱好者。

宋玲平

2022年10月于故宫博物院

目录

研究篇

第一章　汤泉行宫、汤山行宫辨析

清代文献和档案关于汤泉行宫和汤山行宫的记载很多，那么汤泉行宫与汤山行宫究竟是两处行宫呢，还是同一处行宫有两种叫法呢？这个问题是本研究需要厘清的首要问题。

清代文献和档案所载汤泉有赤城汤泉（今河北省张家口市赤城县）、遵化汤泉（今河北省遵化市汤泉村）、昌平汤泉（今北京市昌平区小汤山）、热河汤泉（今河北省承德县头沟镇汤泉村）。为了方便利用汤泉休养疗疾，清廷在上述几处汤泉均建有行宫，建筑规模或大或小，装修陈设或繁或简。

《康熙起居注》载，康熙十四年（1675年）八月十七日，“上因送太皇太后幸汤山温泉，各部院衙门章奏俱命送内阁……候太皇太后登辇，上扶辇行数武，然后乘马随行，至汤山温泉宫，上步送至宫门，扶掖下辇。入宫后，上始回宫”。由此可见，康熙皇帝骑马亲自护送太皇太后[1]幸汤山温泉宫，然后当日骑马返回紫禁城。“二十四日乙卯，早，上诣汤山温泉，问太皇太后安。酉时回宫。”“二十八日癸未，早，上诣汤山温泉，问太皇太后安。酉时回宫。”另外，八月二十四和八月二十八这两天，康熙皇帝早晨亲自去汤山温泉向太皇太后请安，当日下午即返回紫禁城。足以证明汤山温泉行宫与紫禁城相距不甚远，路程不过数十里。同年九月十一日辰时，“太皇太后自温泉行宫启行……（皇上）候太皇太后登辇，上扶辇行数武，然后乘马随行，至安定门，进东华门，送至宫，扶掖降辇，入宫后，上

1　太皇太后即孝庄文皇后（1613—1688年），出生于内蒙古科尔沁部，系贝勒寨桑之女，清太宗皇太极之妃，顺治皇帝生母，康熙皇帝祖母。

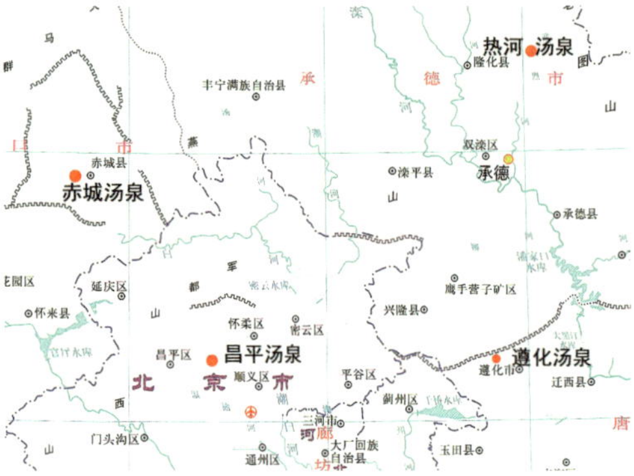

赤城、遵化、昌平、热河四处汤泉位置示意图

汤泉行宫距紫禁城、圆明园、畅春园位置示意图

回宫”。

康熙三十三年（1694年）七月十八日，“是日，上移驻汤泉……二十日午时，上由安定门进神武门回宫”。康熙五十五年（1716年）正月二十一日，“上自畅春园启行，至汤山驻跸……二月初二，上御汤泉行宫”。

上述种种记载表明，汤山温泉宫或温泉行宫相距紫禁城不过数十里，骑马或乘辇当日可以往返。在赤城、遵化、昌平、热河四处汤泉中，只有昌平汤泉才符合此条件。因此，《康熙起居注》所载“汤山温泉”“汤山温泉宫”“温泉行宫”虽然表述不一，但均指位于今北京市昌平区小汤山之温泉。

在清代历朝会典中，奉宸院亦称奉宸苑。伊桑阿等纂修《大清会典》（康熙朝）卷一百四十九“内务府”载，康熙十八年（1679年）裁十三衙门，重置内务府，所属有广储司、会计司、都虞司、慎刑司、营造司、织染局，又置武备院、上驷院。康熙二十三年（1684年）增设奉宸院、庆丰司。而张廷玉等纂修《大清会典》（雍正朝）卷二百二十三“内务府·奉宸苑”载，康熙二十三年定，建奉宸苑。康熙五十四年（1715年）定，将汤山行宫交奉宸苑管理。

《乾隆帝起居注》载，乾隆十七年（1752年）十月二十二日，乾隆皇帝启程谒东陵，经燕郊、白涧、隆福寺等行宫，于二十五日谒东陵诸陵。然后经隆福寺行宫，赴盘山行宫，后经平谷李家峪、蟠龙山行宫、杜格庄，于十一月初二驻跸汤山行宫，初三至海淀西小口，当日到畅春园诣皇太后。由此可知，汤山行宫距京城海淀仅有一日之路程。

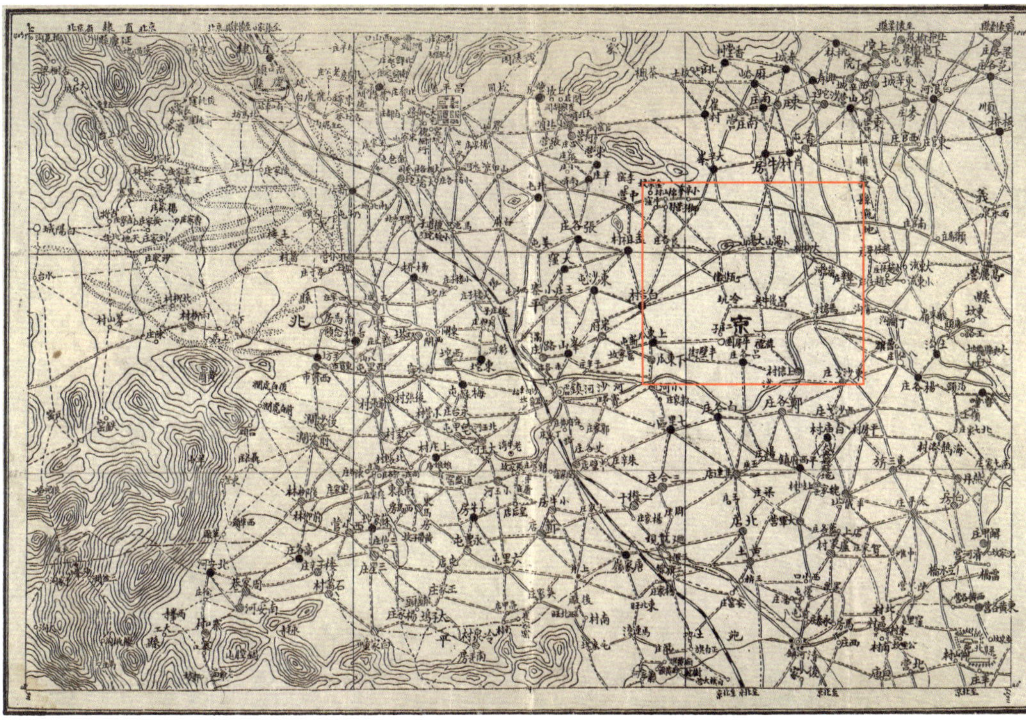

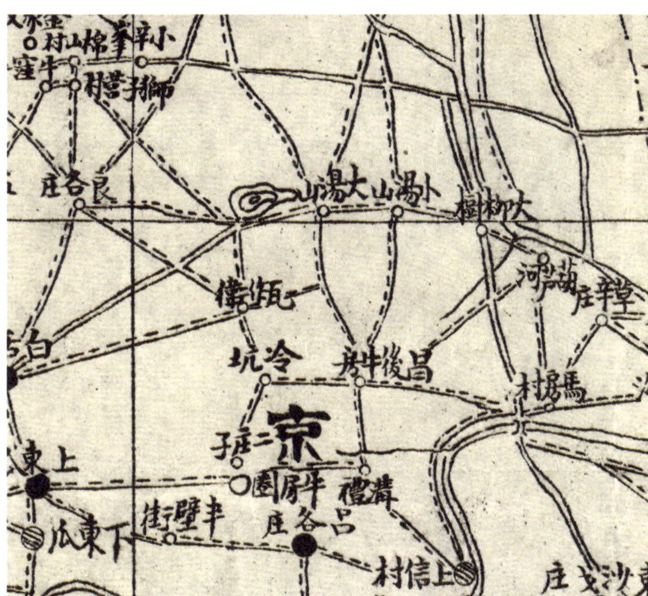

河南陆军测量局 1917 年测绘、1927 年印刷的《昌平县图》上，标注了大、小汤山位置

和珅等纂《钦定热河志》卷十八载，乾隆三十年（1765年）七月，“上奉皇太后[1]巡幸塞外，是日皇太后驻跸汤泉行宫，上驻跸石槽行宫，……出古北口……至热河。”由此可知，汤泉行宫位于古北口之内。

据允裪等纂《钦定大清会典则例》（乾隆朝）卷一百六十七“内务府·奉宸苑”载，康熙五十四年（1715年），设汤山行宫官。托津等纂修《钦定大清会典事例》（嘉庆朝）卷八百五十五“内务府·官制·汤泉行宫”载，康熙五十四年，汤泉行宫告成。

清代陈梦雷《温泉部》载：“益煐泉即汤泉，在昌平州……傍二大池，围以雕栏，疏凿细渠，旁流四注。东堂三楹为女塘，西堂三楹为男塘，北大堂三楹虚其中。左右二池甃以白石，莹洁如玉，王公大人于此祓濯焉，费皆水衡钱也。”[2]

综上可见，有清一代，至少从康熙十四年起，汤山温泉即指古北口之内的小汤山温泉，小汤山温泉行宫被清人称之为汤山温泉宫、汤泉行宫，后又称为汤山行宫。且允裪等纂《钦定大清会典则例》（乾隆朝）“内务府”条目之下专设“汤泉行宫”。综观清代文献和档案，称汤泉行宫者较汤山行宫者多，为行文方便，本书统一将其称之为汤泉行宫。

1　皇太后即孝圣宪皇后钮祜禄氏（1692—1777年），出生于北京，四品典仪官凌柱之女，乾隆皇帝生母。

2　《古今图书集成·方舆汇编·坤舆典》卷三十八，中华书局、巴蜀书社，1985年。

第二章　汤泉行宫概况

第一节　地理位置

据《大清一统志》[1]，在顺天府（今北京）北约七十余里即为昌平州（今北京市昌平区）。《日下旧闻考》[2]载，京师九门，其西北曰德胜门，出门过土城、清河、玄福宫、沙河店，即可到昌平州。州内汤山脚下有汤泉，建有汤泉行宫，亦称汤山行宫。《光绪昌平州志》[3]载，汤山分大小两座。小汤山"西至大汤山二里"。小汤山具有地热资源丰富的自然优势。因此处山丘较小，海拔仅50.1米，且山麓有温泉，古人称温热泉水为"汤"，故名小汤山。

以诸多文献记载为基础，前述汤泉行宫、汤山行宫之辨析可知，清代汤泉行宫位于今北京市昌平区小汤山。但具体位置在何处？面貌如何？还需要我们进一步考证。

乾隆皇帝《至汤泉行宫作》诗云："计里一由旬，行宫此驻轮。"明确指出汤泉行宫距京城御园（圆明园）路程为一由旬。"由旬"为古印度长度单位，根据《那先比丘经》乙本的说法，一由旬合四十里。换而言之，京城御园与汤泉行宫相距大约四十里路程，现京北小汤山温泉地理位置与此记载最为相合。

---

1 （清）穆彰阿、潘锡恩等纂修:《大清一统志》，上海古籍出版社，2008年。

2 （清）于敏中等:《日下旧闻考》第七册，卷一百三十四，北京古籍出版社，1981年。

3 （清）吴履福等修，缪荃孙等纂:《光绪昌平州志》卷一，《中华方志丛书》之河北省，据民国二十八年铅字重印本影印，台北成文出版社印行，1967年。

大汤山全景，山本赞七郎摄，1901 年

故宫博物院藏有清工部样式房绘内务府色墨纸本《北路汤泉行宫地盘画样全图》，总览全图，汤泉行宫的整体面貌尽收眼底，建筑布局、水系走向，清晰可见。

通过查阅小汤山医院卫星照片和北京小汤山医院平面图，发现该医院地面建筑均为现代建筑，但湖泊、水系与《北路汤泉行宫地盘画样全图》基本一致。令人欣慰的是，还能看到汤泉行宫前宫的两个石砌委角长方形水池。换言之，这基本印证了我们的判断。

2017年秋和2021年夏，笔者两次赴小汤山医院进行实地踏察，试图找寻汤泉行宫的更多物证线索，收获颇丰。汤泉行宫的地面木构建筑均无存。石砌浴池有几处，雕刻精美的石质建筑构件散落各处，从雕刻纹样判断确属清代无疑，还发

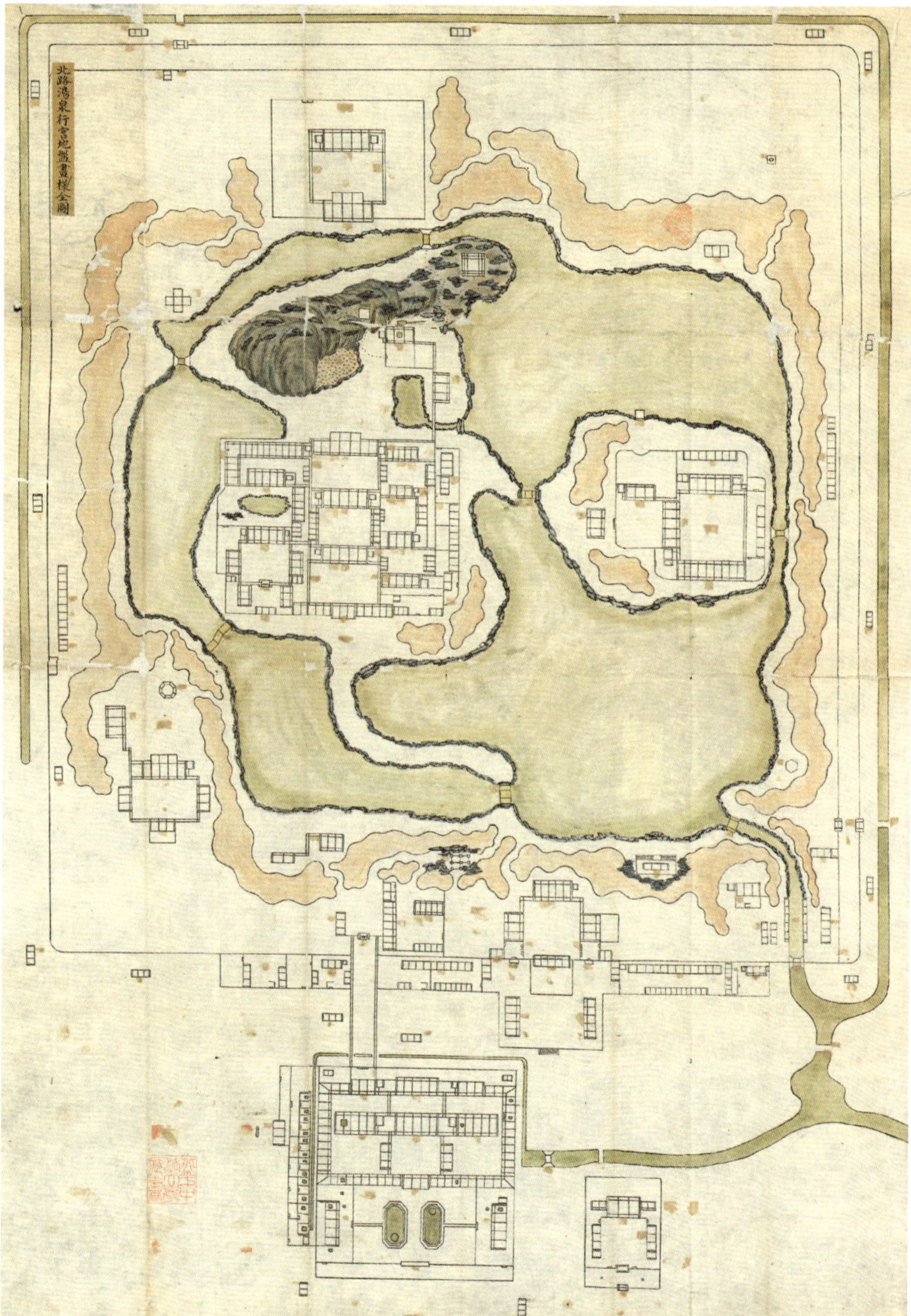

《北路汤泉行宫地盘画样全图》，故宫博物院藏

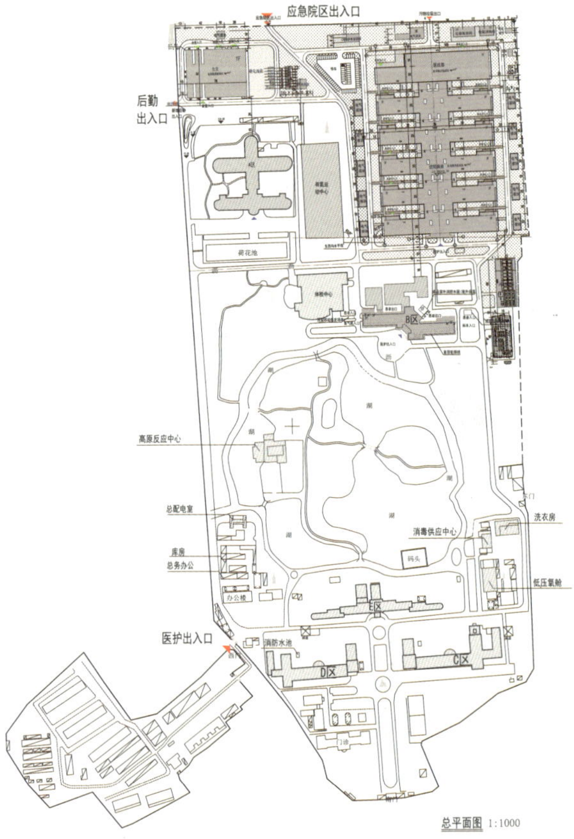

北京小汤山医院平面图，王立明提供

北京小汤山医院航拍照片，王立明提供

现民国的石匾。行宫湖泊、水系基本保持清代原貌。

清代文献和档案记载、样式房地盘画样全图、航拍照片、实地踏勘，多重证据充分表明清代汤泉行宫遗址就位于小汤山医院，或者说由于历史的原因，小汤山医院就建在了清代汤泉行宫遗址之上，并且沿用至今。

第二节　历史沿革

先秦古籍《山海经》中即有对温泉水的记载，如“温水出崆峒山，在临汾南，入河，华阳北”[1]。据现有资料研究可知，对温泉水的利用至少可追溯到南北朝。南北朝时北魏地理学家郦道元所著《水经注》中就有相关记载。据学者研究统计[2]，郦道元《水经注》记载温泉、热泉四十处。他还在《水经注》中明确指出，温泉水能愈百疾，“洗浴者皆有硫黄气，赴集者常有百数”，足见当时的人们已经认识到温泉的医疗价值。元代更把小汤山温泉称为“圣汤”。

《大元一统志》是元代官修的全国地理总志，该书曾言及小汤山温泉可用于医疗洗浴。据《旧都文物略》云：“汤山，平（今北京）西北昌平县属。元、明之时，有积水二渠，热气蒸腾。”《尧山堂外纪》载，明武宗幸蓟之汤泉，曾留下诗句：“沧海隆冬也异常，小池何自暖如汤。溶溶一脉流今古，不为人间洗冷肠。”[3]清朝雍正、乾隆、嘉庆、道光等几位皇帝也都对汤山温泉赞誉有加。但汤泉行宫究竟始建于何时？

据《康熙顺天府志》载，昌平州“新汤泉”注云：“在旧塘里许，有海子，水益燠。康熙五年，上命工部凿大池二，复疏细渠，旁流四注。”[4]又据《日下旧闻考》载：“（昌平）州东三十里汤山下有温泉，行宫在焉。”援引《大清一统志》（臣等谨按）“汤山行宫建自康熙年间”且云：“汤山泉，康熙五年始加疏引，甃池二，并恭建行宫。”[5]关于汤泉行宫的始建年代，成书于乾隆时期的《日下旧闻考》与成书于康熙时期的《康熙顺天府志》所载内容基本相符，且清高宗御制诗之《汤泉行宫八咏》之《玉兰》注也云“汤泉行宫建自康熙五年”[6]，据此可以断定，汤泉行宫始建于这一年。

1　袁珂:《山海经校注》，上海古籍出版社，1980年。

2　龚胜生:《中国宋代以前矿泉的地理分布及其开发利用》，《自然科学史研究》1996年第15卷第4期；何小芊、龚胜生:《中国古代温泉资源分布及其空间演化》，《热带地理》2013年第33卷第4期。

3　原北平市政府秘书处编:《旧都文物略》，第161页，中国建筑工业出版社，2005年。

4　（清）张吉午纂修，阎崇年校注:《康熙顺天府志》卷二，中华书局，2009年。

5　（清）于敏中等:《日下旧闻考》第七册，卷一百三十四、一百三十五，北京古籍出版社，1981年。

6　（清）弘历:《御制诗五集》卷七十九。

康熙十四年（1675年）八月，康熙帝亲送孝庄太皇太后前往汤山温泉。[1]翌年八月，再次送太皇太后前往。[2]看来，至迟在康熙十四年，汤泉行宫已为清皇室使用。

托津等纂修《大清会典事例》（嘉庆朝）载："康熙五十四年，汤泉行宫告成。"[3]从康熙五年（1666年）始建算起，汤泉行宫的营建历时近五十年，于康熙五十四年（1715年）终于竣工，可见其规模非同一般。

乾隆初年，宫廷对汤泉行宫进行了改建和扩建。如乾隆六年（1741年）七月十日，内务府大臣海望、三和奏称：

> 乾隆六年七月初六日，太监王常贵传旨：汤泉工程，着臣海望、三和派监修官二员。又，初七日特奉谕旨：着常保、倭赫管理汤泉工程事务，钦此钦遵在案。臣等伏思，汤泉工程紧急，若不多派人员，恐于工程迟滞。臣等拟得，上驷院主事富拉他，畅春园笔帖式保住、五十四，副库掌五格，库使全保，领催六十一俱属黾勉，稍谙工程。请将伊等着派监修，并汤泉总领、副总领亦着帮工，于工程事庶有裨益矣，谨此奏闻。于乾隆六年七月初十日交太监高玉转奏。奉旨：知道了，钦此。[4]

通览清代文献、清代御制诗文和汤泉行宫陈设档可知，汤泉行宫肇建于康熙。历经雍正至宣统，清宫对汤泉行宫的利用和管理一直延续至清末。

1 《康熙起居注》第一册，第222—226页，中华书局，1984年。

2 《康熙起居注》第一册，第268页，中华书局，1984年。

3 （清）托津等:《钦定大清会典事例》（嘉庆朝）卷八百五十五，第6534页，台北文海出版社股份有限公司，1983年。

4 长编60746乾隆六年《内务府大臣海望、三和奏为请派主事富拉他等监修汤泉工程事》，中国第一历史档案馆。

第三节　建筑布局与设计理念

根据故宫博物院藏《汤泉行宫地盘画样全图》、清代御制诗文等资料以及中国第一历史档案馆藏乾隆时期的汤泉行宫陈设档，结合有关文献记载，并参照现存若干建筑遗迹，可大体勾勒出汤泉行宫的总体风貌。

汤泉行宫整体的平面布局呈倒“凸”字形，分为前宫和后宫。其中前宫在南，后宫在北，二者各有墙垣围绕。前宫面积略小，平面布局呈方形。后宫平面布局也呈方形，占地面积约是前宫的九倍。后宫分为东、西、南、北、中五所，间有大小湖泊、小桥和湖心岛。从建筑布局来看，前宫与后宫的中所和北所从南到北大体形成一条中轴线。东所与西所并非对称，东所位于后宫的正东区域，西所处于后宫的西南区域。南所与北所也不对称，南所位于后宫的东南区域，北所位于后宫的正北略偏西。

汤泉行宫具有园林建筑的特点。建筑分布随地形和湖泊水系而自然布局，并未严格遵循传统建筑布局的中轴线理念和对称理念，而是刻意追求一种自然美，殿宇楼台点缀于绿草碧波之间，与自然浑然一体，巧妙营造出天然的意境。

竹竿山位于汤泉行宫后宫的西北区域，山体呈西南—东北走向，地势西南高，东北低。中所作为行宫的主体建筑群坐落在竹竿山之南，其东、南、西和东北环水，整体具有坐北朝南、依山傍水的特点。

汤泉行宫的整体布局宛如一条坐北面南的盘龙：前宫略小，似为龙首。前宫与后宫之间的连廊为龙颈。后宫为龙身，后宫的中所宛如一只硕大的乌龟，头颈在南；东所仿佛一只小龟，头颈朝西，面向中所。中所和东所四周环以大小湖泊，外围又有水系环绕，水系再外一层就是临水而建的南所、西所和北所。后宫的西、北、东墙垣环以明渠，渠内四季流淌着温泉水。这种龙形于外、藏龟于内的建筑设计理念蕴含了特殊的含义。温泉行宫为天子而建，天子贵为龙身，龙行天下，四海皆安。龟寓意长寿，长长久久。《礼记·礼运》载：“麟、凤、龟、龙谓之四灵。”龟、龙、凤、麟被称为吉祥四灵，是辟邪挡煞、消灾避害、镇宅纳财之宝。龙与龟巧妙融为一体，寓意健康长寿，龙则健、龟则寿也。而且清代帝后临幸汤

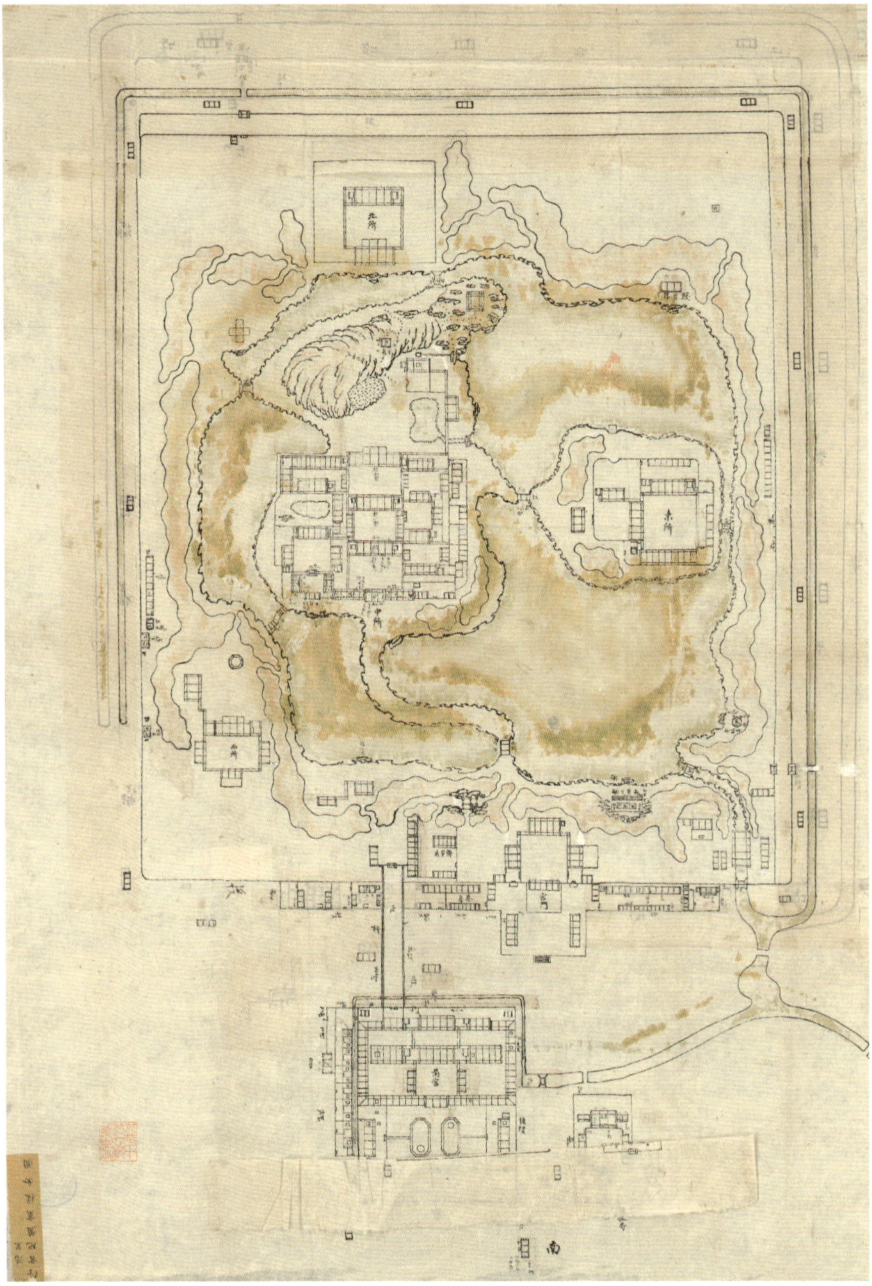

《汤泉行宫地盘画样全图》，故宫博物院藏

泉行宫休养沐浴疗疾，本身就是为了追求健康长寿。所以这种设计理念与其实用功能是完全一致的。

第三章　汤泉行宫巡览

第一节　前宫

前宫位于汤泉行宫的南部区域，此处集中了以沐浴功能为主的建筑。从乾隆四十五年（1780年）《汤泉行宫前宫陈设铺垫等项物件清册》[1]和前宫建筑图可知，前宫的东池堂、西池堂、漱琼西沐浴堂、东沐浴堂、东围房均有室内温泉池塘等洗浴设施。

第一进院落，以温泉的主泉眼围砌而成的两个委角长方形温泉池东西并列于院落中心，南面是影壁。温泉池南北长16.06米，东西宽7.98米，深约4米，池沿宽0.5米。池底铺满条石。池壁由若干长方形条石垒砌而成，有八层，池壁顶部以汉白玉石覆盖。两池相距8.4米，东池热，西池温。在两个池的底部，各有一个直径约2.4米的泉口，泉口外方内圆，温暖的泉水即从这里源源不断地喷涌而出。东池泉口位于水池北部，西池泉口位于水池南部。嘉庆皇帝《汤泉即景》诗云："双池蕴暖泉，汩汩漾流洑。"[2]

东、西二池附近建有沐浴之所，分别谓之东池堂、西池堂。东池堂位于东池之东，面阔五间。西池堂位于西池之西，面阔五间。乾隆四十五年（1780年）《汤泉行宫前宫陈设铺垫等项物件清册》[3]载：

1　陈00134乾隆四十五年《汤泉行宫前宫陈设铺垫等项物件清册》，中国第一历史档案馆。

2　（清）颙琰：《御制诗三集》卷四十八。

3　陈00134乾隆四十五年《汤泉行宫前宫陈设铺垫等项物件清册》，中国第一历史档案馆。

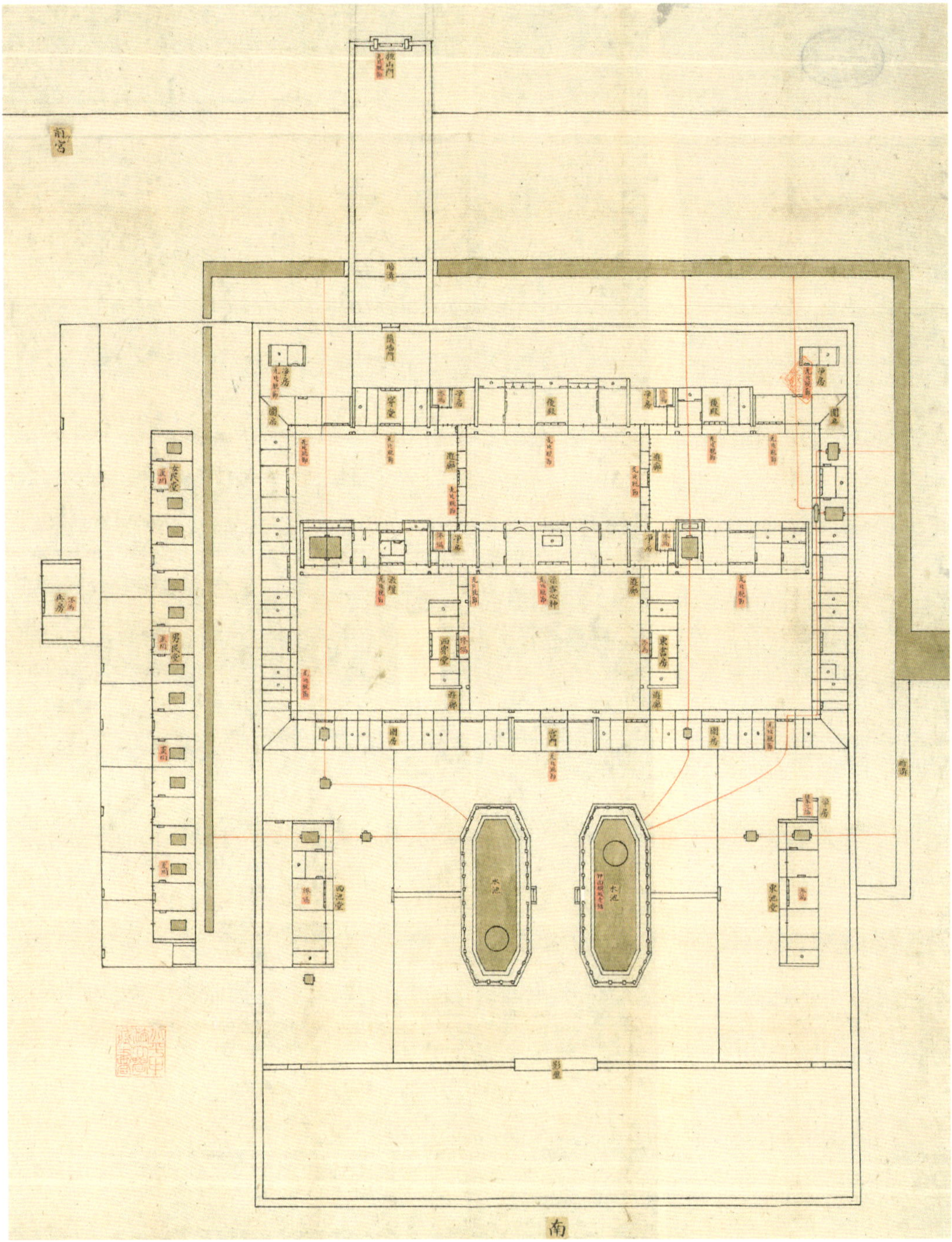

《汤泉行宫前宫地盘画样图》，故宫博物院藏

汤泉行宫前宫东、西温泉池旧影，穆默摄，1901 年

汤泉行宫前宫东、西温泉池现状，王立明提供

汤泉行宫前宫西温泉池现状，傅红展摄

汤泉行宫前宫东温泉池现状，傅红展摄

汤泉行宫前宫温泉池泉口，傅红展摄

东西池堂内有木踏垛一件，毡帘二架，松木床四张，青毡六块，松木格三个，松木柜一个，松木□凳四条，粗瓷鱼缸四口。

东池与西池的正北建有宫门，称之为二宫门，面阔三间。宫门两侧东西围房各十间。从宫门入中院，正殿面阔五间，名“澡雪心神”。该殿东西两头分别为东暖阁、西暖阁。院当间还有东、西配殿各三间。东配殿为东书房，西配殿为西穿堂。

东沐浴堂位于澡雪心神殿之东，面阔五间，由西池堂、明间、东次间、东暖阁组成。西沐浴堂位于澡雪心神殿之西，面阔五间，由西池堂二间、明间、东暖阁组成。西沐浴堂又称“漱琼室”。

澡雪心神殿后有正殿五间，称之为后层殿。院落东西各有围房十间与后层殿东西沐浴堂两侧的北围房相连接。东围房内有温泉池塘二座。东西围房内有床大小五十张，白毡十六块，黑漆椅十八张，漆木琴桌八张，漆木杌子八张，楠木垫膳桌一张，锡如意盆一件。前宫四周砌有墙垣，形成一个封闭的院落。

汤泉行宫前宫东、西温泉池旧影，山本赞七郎摄，1901 年

乾隆四十五年（1780年）《汤泉行宫前宫陈设铺垫等项物件清册》[1]载澡雪心神殿明间陈设：

康熙御笔“澡雪心神”匾一面，御笔“汇煦春温”锦边匾一面，锦边花梨木座画绢心照背一架五扇。正面杉木床一张，上铺白毡、红毡、红猩毡各一块，黄缎绣花卉座褥靠背迎手一分，红雕漆如意一柄，红雕漆金花痰盆一件，黑漆金花冠架一件，黑漆金花木瓜盘一件。洋漆香几一件，上安宣铜虬耳炉一件，花梨木箸瓶盒铜匙箸一分。左边南漆几腿案一张（掉漆），上安铜掐丝珐琅尊一件，掉耳□紫檀边玻璃映景插屏一件，青花白地瓷鼓尊一件，《万寿盛

1　陈00134乾隆四十五年《汤泉行宫前宫陈设铺垫等项物件清册》，中国第一历史档案馆。

> 典》一部四套，每套各十本。御笔挑山字一张，钱维城画对一副。右边南漆几腿案一张，上安汝瓷天鹿尊一件，青绿辅耳三足鼎一件，青绿鸡耳方尊一件，钦定《春秋传说汇纂》一部四套，每套六本。徐扬画一张，御笔字对一副，南漆椅八张，毡帘二架，竹帘二架。

《汤泉行宫前宫陈设铺垫等项物件清册》又记漱琼室内有康熙御笔“漱琼”匾一面。乾隆皇帝多次诗赞漱琼室，如《漱琼室》[1]云：“石髓淙暄波，涌出如汤熟。益人同功德，每来必沐浴。弹冠与振衣，三闾语义足。虽然或异焉，大宝箴曾读。察察以为明，斯岂苍生福。”如此看来，乾隆皇帝无疑也曾多次在漱琼室洗过温泉浴。东、西沐浴堂内均有柏木床或杉木床，床上铺白毡，还有铺地白毡、锡盘、锡踏垛、锡喷壶、白布包石墩、白布包小方墩、石青布夹窗帘等。

同件档案记载后层殿明间陈设：

> 床罩提装壁子上贴御笔字横披一张。正面楠木包镶床三张，上铺白毡、红毡各一块。黄缎绣金龙座褥靠背迎手一分，红雕漆如意一柄，紫檀木冠架一件，铜珐琅木瓜盘一件，木痒挠一件，红漆金花痰盆各一件。紫檀木镜大理石香几一件，上安宣铜虬耳炉一件。花梨木箸瓶盒一分，御制字对一副，孙祐画一张。
>
> 楠木书格六格，左第一格上安《渊鉴类函》一部，十二套，每套各七本。《老子》一部，一套计九本。《庄子》一部，二套，一套八本，一套七本。《荀子》一部，计八本。第二格《全唐诗》一部，十二套，每套各十本。《南丰文集》一部，二套，每套各十二本。《范文正公集》一部，二套，每套各十二本。《御订全金诗》一部，二套，每套各六本。《元文薮》一部，二套，每套各六本。《词谱》一部，四套，每套各十本。第三格《古文渊鉴》一部，四套，二套各七本，二套各五本。《月令辑要》一部，二套，每套各六本。《佩文韵府》

1 （清）弘历:《御制诗四集》卷三。

一部，十套，二套各八本，四套各九本，二套各十本，一套十一本，一套十二本。《御选唐诗》一部，二套，一套七本，一套八本。《康熙字典》一部，二套，每套七本。《象山文集》一部，二套，每套各十本。《韵府拾遗经解》一部，六十套。《资治通鉴纲目》一部，八套。《韩昌黎文集》一部，四套。东西画门二张，张若澄画。沉香硬板帘二架，松木□床四张……毡套……洋漆椅子八张。

从陈设上大致可以看出，后层殿明间是清代皇帝读书、休憩之所。乾隆皇帝御制诗云："书室俯流泉，泉声韵玉然。"描绘出汤泉沐浴与书香相伴的美妙景象。

需要说明的是，在前宫西墙外有一排沐浴室，紧靠前宫西墙而建，从南到北纵向排列，分为紧密相连、大小不等的五个小院，每个小院有独立院门。从南往北的四个小院称之为男民堂，每个小院布局基本一样，入院门，进室内，中厅的左右两室各有温泉池一座。最北面的院子略微大一些，面积相当于两个小院，称之为女民堂，共有温泉池四座。男女民堂之西就是一座兵房，面阔三间。这些浴室之所以能够紧邻行宫而建，足见浴室的使用者应该是与清皇室关系比较密切的人员，有可能是服务于清廷的王公大臣等高级官员，也有可能是担任行宫外围防卫的官兵。

此外，前宫温泉的院墙外东侧，建有一座庙宇，名招提寺，陈设档称其为"招提寺圣泉庵"。[1]这里与前宫东西二池和东西配殿大体处于同一水平线上。

第二节　后宫

后宫位于汤泉行宫的北部，是行宫的主要组成部分，占地面积较大。后宫建筑群以中所为中心，隔水建有南所、北所、西所、东所。除温泉洗浴场所外，还有可以登高眺远、水上泛舟、渡桥观水、赏花戏鱼之处。

1　陈4道光十七年《汤泉行宫外招提寺圣泉庵外挂旗幡》，中国第一历史档案馆。

一 南所

南所位于后宫东南区域。宫门外东西两侧有膳房、茶房数十间，膳房在东，茶房在西。宫门外东西朝房各五间。宫门前有月台，面阔五间。进入宫门，正殿五间，悬乾隆皇帝御笔“对时育物”匾额。院内东西两侧分别是东西穿堂各三间，东穿堂之东建有月台。对时育物殿东北方向的湖岸边就是漱玉飞云亭，内设花梨木宝座一张，上铺白毡一块，青缎褥一件。

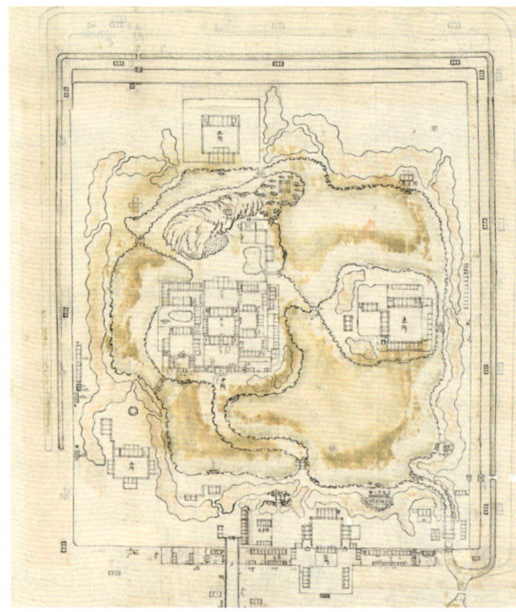

《汤泉行宫地盘画样全图》局部之后宫，故宫博物院藏

乾隆三十六年（1771年）《查核办理汤泉后宫各所陈设铺垫等项物件清册》[1]载对时育物殿陈设：

御笔“对时育物”匾一面，正面石字竹皮。流云心镜嵌寿山石盆景，紫檀木边围屏十扇，楠木座，竹心具有裂缝，寿山石有损坏处。朱红油漆地平一件，上铺青毡一块，虫蛀；红毡套一块，黄缎边刷，虫蛀。黑漆罗汉宝座一张，掉漆。锦座褥一件，红雕漆如意一柄，填漆痰盆一件。紫檀木高香几一对，裂缝。左几上安乾隆款铜掐丝珐琅炉瓶盒一分，紫檀木座铜匙箸。右几上安青花白地瓷盘一件，紫檀木座，裂缝。填漆翘头案一对，迸裂。左几上安青绿角端一件，花梨木座。铜掐丝珐琅镀金文王鼎一件，紫檀木座。铜掐丝珐琅出戟尊一件，花梨木座。右几上安青绿三带双环尊一件，花梨木座。

1 陈2100乾隆三十六年《查核办理汤泉后宫各所陈设铺垫等项物件清册》，中国第一历史档案馆。

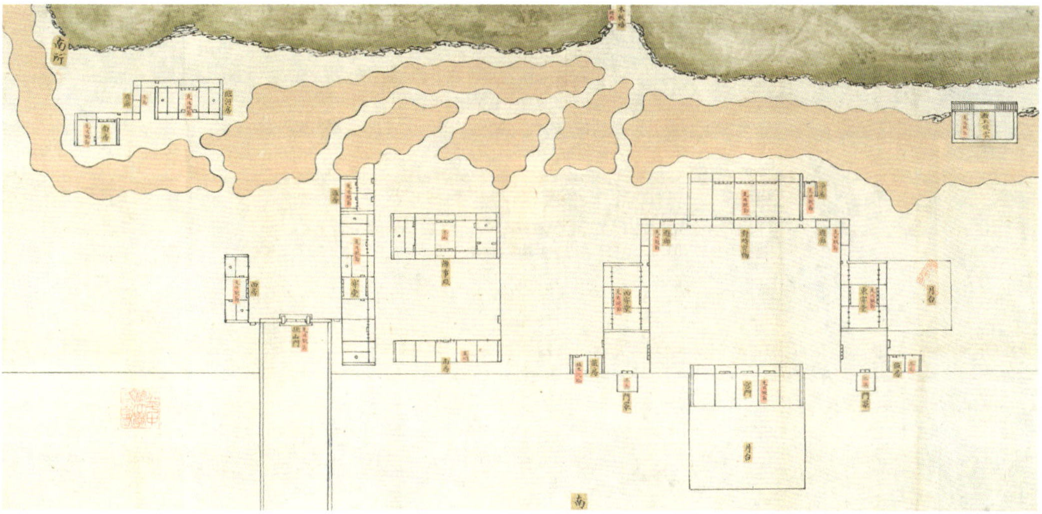

《汤泉行宫南所地盘画样图》，故宫博物院藏

青绿雷纹三足鼎一件，花梨木盖座，顶嵌玉。铜掐丝珐琅梅瓶一件，花梨木座。高其佩横披画一张，张雨森横披画一张（黄签注：此二件首领董五经撤去）。

另有乾隆五十八年（1793年）六月初九日由武英殿领来《西清古鉴》一部，计四套，二套各十本，二套各十一本（套破、有补字处），设在对时育物殿《盛京舆图》下。[1]从家具及陈设来看，有地平、宝座、甪端、鼎等，应是专为皇帝所设。

对时育物殿所在院落的西墙外，不远处有一独立院落为办事殿。院内有正殿五间，倒座南值房五间。乾隆三十六年（1771年）《查核办理汤泉后宫各所陈设铺垫等项物件清册》[2]载其陈设：

（西间）面东杉木床三张，上铺白毡一块，石青绸刷，虫蛀。黄妆缎座褥迎手、石青妆缎边黄妆缎心靠背一分，红雕漆如意一柄，填漆痰盆一件。左边

1　陈00015嘉庆十一年《汤泉后宫库存陈设档铺垫木器等项》，中国第一历史档案馆。

2　陈2100乾隆三十六年《查核办理汤泉后宫各所陈设铺垫等项物件清册》，中国第一历史档案馆。

填漆香几一件，上安宣铜汝耳炉一件，楠木座。花梨木箸瓶盒一分，铜匙箸。右边青花白地瓷撞罐一件，紫檀木座。月白哥釉木瓜盘一件，花梨木座。洋漆格一对，掉漆。左格《咏物诗选》一部八套，每套各八本。《性理精义》一部一套，计五本。右格《全唐诗录》一部八套，每套各五本。《数表》一部一套，计三本，套破。榆木藤屉椅二张，月白妆缎垫，旧。填漆案一张，迸裂。乾隆款铜珐琅查斗一件，高丽木座。青绿锦纹彝炉一件，紫檀木座，花梨木盖，顶嵌玉。乾隆款汝釉双管罐一件，花梨木座。汪由敦字一张，傅雯画门一张。

（东暖阁）松木床三张，上铺白毡一块，虫蛀。红毡套一块，布边绸刷。黄锦座褥迎手、石青妆缎边黄锦心靠背一分。红雕漆如意一柄，填漆痰盆一件。左边洋漆香几一件，上安宣铜汝耳炉一件，楠木座。呆黄玻璃箸瓶盒一分，铜匙箸。乾隆款哥釉三羊尊一件，紫檀木座。白瓷五彩扇面盘一件，紫檀木座。洋漆书格一对，迸裂。左格《御选宋诗》一部四套，每套各十本。《御选金诗》一部四套，每套各六本。《御选元诗》三套，每套各十本。显微镜一件，泡素笔架一件，墨四锭，洋漆匣盛。葫芦一个，西洋剪子一把。右格《御选元诗》一套，计十本。《御选明诗》一部，八套，每套各八本。红拉扯绳十二根，内坏二根。绿石瓜佩一件，有缺处。玳瑁边水晶眼镜一件，铁盒盛。西洋剪子一把，皮套。洋漆长方盒一件，杏木茨菇一件，虫蛀。子儿皮小千里眼一件。黄杨木琴桌一张，上安《历代赋汇》一部六套，每套各七本。香色绸夹软帘一架。

办事殿有乾隆五十年（1785年）五月初七日由圆明园茶库领来六方观象砚一匣，选安在殿内洋漆炕案下。[1]有《平定台湾告成热河文庙碑文》一册，于乾隆五十四年（1789年）正月二十八日由茶库领来，选安在办事殿西暖阁漆案下。[2]还有《黄祝万寿》册页二册，于乾隆五十五年（1790年）十二月二十七日由茶库领

1 陈2100乾隆三十六年《查核办理汤泉后宫各所陈设铺垫等项物件清册》，中国第一历史档案馆。
2 陈00015嘉庆十一年《汤泉后宫库存陈设档铺垫木器等项》，中国第一历史档案馆。

来，设在办事殿。[1]从办事殿的陈设可知，乾隆皇帝对这里非常重视，他一定经常光临此地。

办事殿西北方向水系北岸，有临河房五间，其中临河东三间房有松木油饰床三张，上铺白毡一块，虫蛀。古铜绸夹帘一架，观保字斗方一张，傅雯画门一张。临河西两间房有松木油饰床三张，上铺白毡一块，虫蛀。香色绸夹帘一架。

此外，办事殿之西与前宫后院有道路相通，应是前宫与后宫内部的往来通道，道路北头建有一座挑山门。

二　中所

中所是汤泉行宫的核心建筑，建在后宫湖区中心地带。从《汤泉行宫中所地盘画样图》及乾隆三十六年陈设档[2]可以看出，中所由多组宫殿建筑组成，主体建筑群大致可分为中、东、西三路。北部还有沐浴堂、更衣亭和惠泽阁。

中路南端，宫门面阔三间，宫门东西两侧有顺山殿各五间。

第一进院内，正殿面阔七间，名“石髓苓芬”，由明间、东暖阁、西佛堂组成。正殿明间陈设：

康熙御笔“石髓苓芬”匾一面，御笔“风岩云壑”锦边匾一面，御笔锦边挂对一副。正面紫檀木边绣花卉五屏风一架，上下竹木心迸裂。紫檀木宝座一张，裂缝。上铺红猩猩毡一块，黄缎绣座褥一件，随黄缎绣靠背一件，现在库存。紫檀木足踏一件，随黄羽纱套。红雕漆如意一柄，填漆痰盆一件，紫檀木方高香几一对，裂缝。左几上安乾隆款铜掐丝珐琅炉瓶盒一分，紫檀木座。右几上安青花大瓷盘一件，紫檀木座。两边花梨木几腿案一对，裂缝。左案上安万窑青花白地天盘口蒜头瓶尊一件，掉釉，花梨木座。铜掐丝珐琅螭耳三足鼎一件，紫檀木座。古铜锦纹天盘口双喜尊一件，紫檀木座。《文献通考》一部

1　陈00015嘉庆十一年《汤泉后宫库存陈设档铺垫木器等项》，中国第一历史档案馆。

2　陈2100乾隆三十六年《查核办理汤泉后宫各所陈设铺垫等项物件清册》，中国第一历史档案馆。

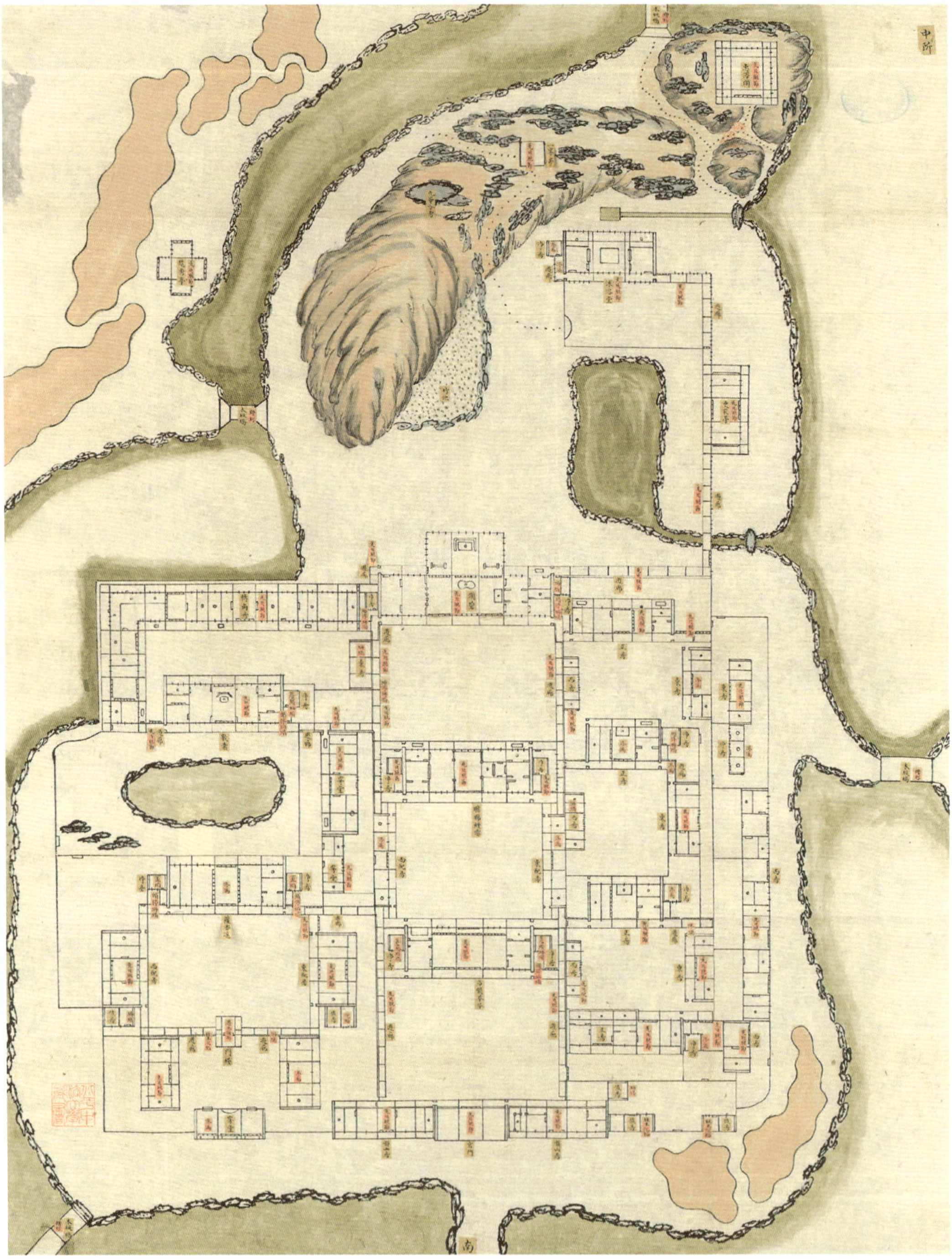

《汤泉行宫中所地盘画样图》，故宫博物院藏

十二套，每套各十本。两案安。右案上安青绿雷纹铎一件，紫檀木架，裂缝，铎上系白玉佩。青绿出戟文王鼎一件，紫檀木盖座，顶嵌玉。铜掐丝珐琅出戟撇口方尊一件，花梨木座。东西墙挂御笔挑山字一轴，《汤泉图》一轴，沈源、曹夔音画。香色绸硬板帘四架。

第二进院内，正殿面阔七间，名“瞻睇烟云”，由明间、东暖阁、西暖阁组成。院落建有东西配殿各五间。正殿明间陈设：

御笔“瞻睇烟云”匾一面，迸裂。御笔“随安室”锦边匾一面。楠木挂板杉木床二张，上铺白毡一块，虫蛀。黄锦座褥迎手、石青妆缎边黄锦心靠背一分，红雕漆如意一柄，填漆痰盆一件，黄杨木痒挠一件。左边洋漆方胜小香几一件，上安宣德古铜双环炉一件，紫檀木座。呆黄玻璃箸瓶盒一分，铜匙箸。右边青花白地瓷撞罐一件，紫檀木座。霁红五寸瓷盘一件，楠木座。

东暖阁寝宫陈设：

南面，楠木包镶床三张，上铺白毡一块，虫蛀。黄猩猩毡一块，石青缎边，虫蛀。黄锦座褥迎手、石青妆缎边黄锦心靠背一分，红雕漆如意一柄，填漆痰盆一件。左边御题《棉花图》一分。右边御题《耕织图》一分。紫檀木小炕案一对，裂缝。左案上安白玉双莲荷叶觚一件，紫檀木座，此件连座失去（黄签注：此件于本年七月初八日由造办处领回）。乾隆款铜掐丝三足辅耳小鼎一件，紫檀木盖座，顶嵌玉。乾隆款瓷珐琅玉春壶一件，花梨木座。右案上安白底红花瓷甘露瓶一件，紫檀木座。青玉龙耳八分炉一件，乌木盖座，顶嵌玉，此件失去，惟乌木座现存（黄签注：此件于本年七月初八日由造办处领回）。汉玉双螭炉一件，青玉出戟箸瓶一件，乌木座铜匙箸，此件失去，惟乌木座现存（黄签注：此件于本年七月初八日由造办处领回）。青玉圆香盒一件，乌木座，此件连座失去（黄签注：此件于本年七月初八日由造办处领回）。定窑木瓜盘一件，铜口掉釉，紫檀木座，盘内有耳挖、牙签、小手刀三件。镶嵌博古紫檀木边漆心挂屏一对。两边挂御笔字对二副，紫檀木边影木心半圆桌一张。上安哥釉瓶一件，口底走釉，花梨木座。铜朝天耳四足小鼎一件，紫檀木盖座，顶嵌牛油石，此件惟牛油石失去（黄签注：此件于本年七月初八日由造办处领回玉顶一件）。铜掐丝珐琅嵌玉连座双带葫芦瓶一件，景泰款。厂官釉钵盂缸一件，黑漆座，桌下安。玻璃挂屏镜一面，走锡。御笔字对一副，填漆绣墩二个，掉漆破坏，锦垫缎边旧。北边花罩：楠木包镶床三张，上铺白毡一块，虫蛀。铺地白毡二块，虫蛀，有□条。香色绸夹幔一架，旧，此件失去惟石青绸刷现存（黄签注：此件于本年九月三十日由衣库送到）。夔龙门紫色绸夹幔一架，旧，此件失去，惟石青绸刷现存（黄签注：此件于本年九月三十日由衣库送到香色夹幔一架）。铜掐丝珐琅三足薰香炉一件，楠木几座。香色绸硬板帘二架。南夹道花梨木藤屉椅二张，文锦垫，旧。御笔字板墙上刻。北夹道紫檀木边瘿木心半圆桌一张，瘿木心裂缝。上安青花瓷盘一件，紫檀木座。洋蜡人一件，玻璃门花梨木匣盛。下安梁诗正字挂屏一件（黄签注：此件首领董五经撤去）。

第三进院内，正殿面阔七间，名“澜碧”。殿东头为东暖阁，殿西头为戏台。殿后有抱厦三间。正殿明间陈设：

康熙御笔“澜碧”匾一面，御笔“烟霞水石”匾一面，锦边挂对一副。正面洋漆金花宝座一张，漆崩裂。上铺黄缎绣金龙座褥一件，里渍。随足踏连套。红雕漆如意一柄，填漆痰盆一件，两边南漆梅花式高香几一对。左几上安乾隆款铜掐丝珐琅炉瓶盒一分，紫檀木座，铜匙箸。右几上安青花瓷盘一件，紫檀木座。面西楠木包镶床一张，上铺白毡一块，石青缎边，黄锦座褥迎手、石青妆缎边黄锦心靠背一分，红雕漆如意一柄，填漆痰盆一件，紫檀木书桌二张，裂缝。左桌上安象牙巧工笔筒一件，玻璃罩紫牙座。内插竹木牙笔三支，此件失去，惟竹木管笔二支现存（黄签注：此件于本年七月初八日由造办处领回）。白玉墨床一件，紫檀木座。此件连座失去（黄签注：此件于本年七月初八日由造办处领回）。英石山一件，紫檀木座，此件连座失去（黄签注：此件于本年七月初八日由造办处领回）。白玉异兽一件，白玉巴斗水盛一件，有绺璺，白玉匙，此件连座失去（黄签注：此件于本年七月初八日由造办处领回）。乾隆款瓷珐琅高口瓶一件，紫檀木座。绿石砚一方，黑彩漆匣盛，此件连匣失去（黄签注：此件于本年七月初八日由造办处领回）。黑漆砚匣一件，内盛黑漆砚，御临米芾尺牍一册。右桌上安青花白地瓷小撞罐一件，楠木座。乾隆款铜掐丝珐琅炉瓶盒一分，紫檀木座，铜匙箸。月白釉瓷木瓜盘一件，楠木座。御笔字横披一张，董邦达画斗一张，汪由敦字对一副，射光灯二对，紫檀木座。紫色绸夹软帘二架，此二件连刷失去（黄签注：此件于本年九月三十日由衣库送到）。樟木□床四张，绿锦套，两边摆。

另有御制《拟白居易新乐府》一部计二十套，于乾隆四十六年（1781年）十月九日由懋勤殿领来选安在澜碧殿后抱厦大柜内。乾隆五十二年（1787年）正月由懋勤殿领来《御题养正图诗》一套十二册，五月由圆明园茶库领来《钦定时晴斋法帖》一套，放在澜碧殿后抱厦大柜内。《万寿衢歌乐章》全函，计三本小式，于乾隆五十五年（1790年）九月十四日由武英殿领来，选安在澜碧殿面西宝座床上。又有赵孟頫管道升合璧一轴、米芾尺牍一轴、管道升《墨竹》一轴、刘仲贤《耕织图》一轴、仇英文徵明《鉴古十图》书画合卷一轴、仇英《秋猎图》一轴、祝允明草书《苏台八景词》一轴、黄彦英《梅花》一轴、陆治《花鸟》一轴、张昭临董其昌书一轴、《明皇试马图》一轴，于乾隆五十六年（1791年）六月等选安在澜碧殿后抱厦大柜内。[1]

西路即西跨所。南面是穿堂门，面阔三间。第一进院内，正北是一座门楼，名“圆光门”，东西配殿各三间。第二进院内，正殿面阔五间，名“萝香径”。由

1　陈00015嘉庆十一年《汤泉后宫库存陈设档铺垫木器等项》，中国第一历史档案馆。

明间、次间、暖阁组成。明间陈设有康熙御笔“萝香径”匾一面，香色绸硬板帘二架。东暖阁陈设：

柏木包镶藤屉床一张，上铺白毡一块，虫蛀。红毡套一块，石青缎边刷，虫蛀。铺地白毡二块，虫蛀，有□条。填漆琴桌一张，上安紫檀木嵌螺钿小插屏一件。

西暖阁陈设：

杉木床五张，上铺白毡一块，虫蛀。红毡套一块，石青缎边绸刷，虫蛀。黄妆缎座褥迎手、石青妆缎边黄妆缎心靠背一分，红雕漆如意一柄，红漆痰盆一件，紫檀木炕案一对，裂缝。左案上安乾隆款玛瑙葵花笔洗一件，紫檀木座。古铜象耳炉一件，楠木座。红玻璃箸瓶盒一分，铜匙箸。白玉小花觚一件，有绺璺，紫檀木座。右案上安铜掐丝珐琅笔筒一件，紫檀木座。内插竹木笔四支。红玛瑙水盛一件，铜匙箸牙座。犀角张骞乘槎笔架一件，紫牙座，虫蛀（黄签注：此三件首领董五经撤去）。钧釉荷花水盛一件，口破，紫牙座。嘉窑青龙蒜头瓶一件，花梨木座。黑石砚一方，紫檀木嵌玉匣盛。御临王羲之帖一册，洋漆书格一对，掉漆。左格《渊鉴类函》一部十套，每套各九本。《书画谱》一部三套，二套各七本，一套八本。《诗宿》一部三套，每套各六本。《广群芳谱》一部四套，每套各八本。右格《佩文韵府》一部十套，二套各八本，四套各九本，二套各十本，一套十一本，一套十二本。《文选》一部四套，每套各六本。《历代诗余》一部六套，每套各八本。樟木□凳四张，随红毡套，旧破。乾隆锦边挂屏条山对一副。

第三进院内，正殿面阔五间，名“敦素”，东墙外有厢房五间。殿内陈设：

康熙御笔“敦素”匾一面。正面：黑漆大宝座一张，上铺白毡一块，虫蛀。红锦座褥一件，随黄锦搭一件，现在库存。黑彩漆足踏一件，红毡套黄缎边刷。花梨木藤屉椅八张，锦垫旧破。傅雯画门二张。

东暖阁陈设：

楠木包镶床三张，上铺白毡一块，虫蛀。铺地白毡二块，虫蛀，有□条。香色绸夹幔一架，夔龙门香色绸夹幔一架，填漆案一张，迸裂。上安翡翠矾红莲瓣观音瓶一件，掉釉一块，紫檀木座。白玉鱼磬一件，紫檀木架，木锤。乾隆款霁红玉壶春一件，紫檀木座。朱伦瀚画一张。花梨木藤屉椅四张，绿锦垫旧。

西暖阁陈设：

楠木包镶床三张，上铺白毡一块，虫蛀。铺地白毡二块，虫蛀，有□条。填漆案一张。上安乾隆款青花白地瓷双螭吉利瓶一件，花梨木座。青绿三足鼎一件，紫檀木盖座，顶嵌玉。乾隆款铜掐丝珐琅三喜瓶一件，紫檀木座。蒋溥挑山字一张，香色绸硬板帘二架，香色夹幔一架。

据《汤泉行宫地盘画样全图》所示，敦素斋院落中心建有水池（喷泉），东配殿五间。敦素斋在乾隆帝心中备受重视，曾有几首诗咏颂。其中有一首："朴斫溪斋额敦素，文是尧年垂宝露。忆予十二始髫龄，扈游曾此蒙恩顾。尔时宵旰原悉知，此日绳承得无慕。还淳返朴纵未能，齐礼道德宁弗虑。"[1]据此推测敦素斋应是康熙时期所建，乾隆幼年曾有幸跟随祖父康熙皇帝游览此地。

第四进院内，有西跨所的转角临河房十多间和东厢房三间。

东路即东跨所。第一进院内，有前层殿面阔三间，东西厢房各三间。倒座值

1 （清）弘历：《御制诗四集》卷二十八。

房五间。第二进院内，二层殿面阔三间，东西厢房各三间。第三进院内，三层殿面阔五间，东西厢房各三间。后有游廊通往后山，经更衣亭，可直达沐浴堂。更衣亭分为南北间。沐浴堂面阔三间，分为明间、东间和西净房。从现存汤泉行宫遗址及《汤泉行宫地盘画样全图》来看，该沐浴堂是一处不大的长方形场地，由温泉池塘、净房组成，沐浴堂北面的温泉水直接流入湖中。

在中所北部，竹竿山上有一峰亭，平面呈正方形。东北部是惠泽阁，重檐顶，平面呈正方形，乃皇帝事神礼佛的场所。

三　东所

东所位于中所的东侧，四面环水，东西两面建桥，西面的小桥通往中所。

东所正殿名“泛涟晖”，面阔五间，殿东西分别是东暖阁和西暖阁。正殿南面是东九间库。正殿后面是后殿房（也称后照房）、西耳房二间。东所北部有一座四方亭，或称钓鱼亭。西跨所有书房三间，大殿东有穿堂和厢房五间。西跨所院外之西是临河厅，面阔三间。

乾隆三十六年（1771年）《查核办理汤泉后宫各所陈设铺垫等项物件清册》[1]载正殿明间陈设：

> 康熙御笔“泛涟晖”匾一面，花梨木大琴桌一件，迸裂。上安青绿雷纹多环尊一件，紫檀木座，裂。紫檀木边牛油石心插屏一架，乾隆款汝釉三羊尊一件，紫檀木座。张宗苍挂画一轴，梁诗正字挂屏一件。黑彩漆椅四张，迸裂，锦垫旧。香色绸硬板帘大小二件，里有渍脏。

东暖阁陈设：

> 樟木挂板杉木床三张，上铺白毡一块，虫蛀。铺地白毡一块，虫蛀，有□

1　陈2100乾隆三十六年《查核办理汤泉后宫各所陈设铺垫等项物件清册》，中国第一历史档案馆。

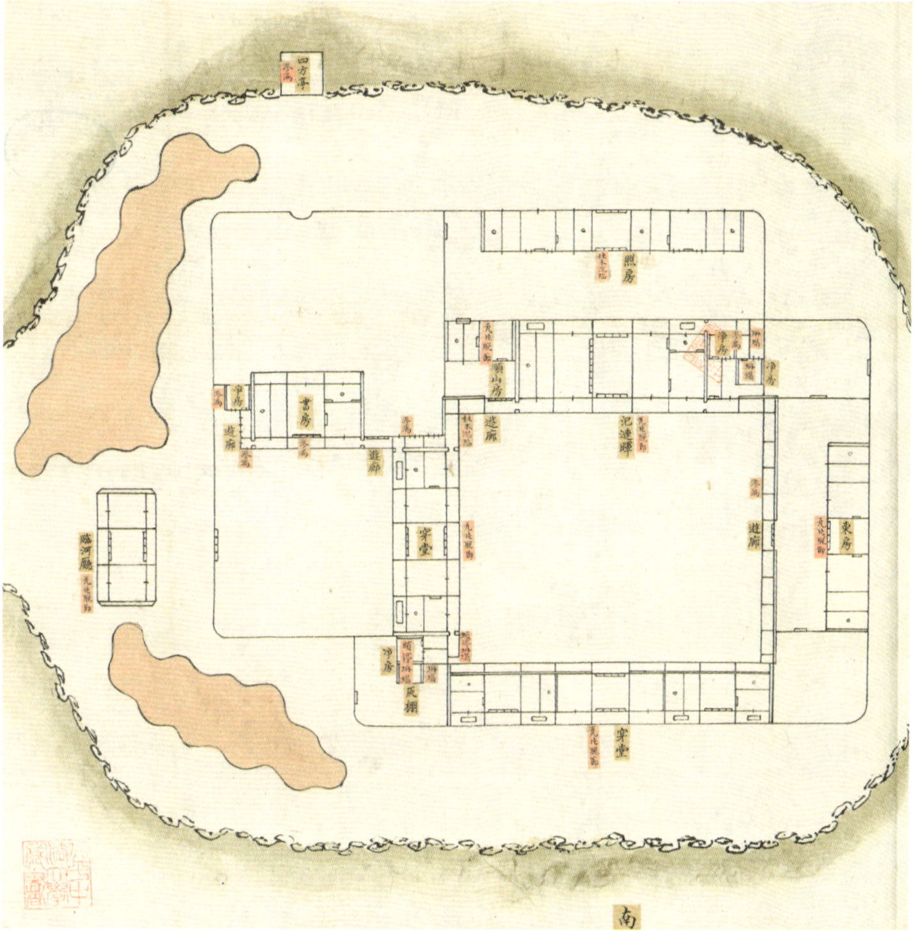

《汤泉行宫东所地盘画样图》，故宫博物院藏

条。香色绸夹幔一架，旧破。花梨木琴桌一张。上安宣铜虬耳炉一件，紫檀木座。紫檀木箸瓶盒一分，黑漆绣墩二件，妆缎垫。

西暖阁陈设：

面东宝座杉木床五张，白毡一块，虫蛀。红毡套一块，石青缎边刷，虫蛀。香色锦座褥迎手、石青妆缎边香色锦心靠背一分，红雕漆如意一柄，红漆痰盆一件。左边青花瓷盘一件，花梨木座。洋漆卷管香几一件。上安宣铜汝耳番字炉一件，楠木座。黄杨木箸瓶盒一分，铁匙箸。洋蜡娃娃一件，锦匣玻璃门，虫蛀。右边洋漆长方书桌一张，漆裂。上安金黄玻璃八角笔筒一件，内插竹木笔四支，抓笔一支，青玉描金梅瓶一件，紫檀木座。白黑玉松灵献寿陈设一件，白檀座（黄签注：此件首领董五经撤去）。雍正款玛瑙敦碗一件，紫檀木座。雍正款青花白地双管瓶一件，花梨木座。绿石砚一方，紫檀木匣盛。白晶石水盛一件，紫檀木座。铜镀金匙。青白玉墨床一件，紫檀木座。红墨一锭（黄签注：此二件首领董五经撤去）。御临孙过庭书谱一册，影木嵌玻璃冠架一件，洋漆书格一对，迸裂掉漆。左格康熙款铜掐丝珐琅盒一件，紫檀木座，缺坏不全。茶晶寿桃陈设一件，紫檀木座。英石山一件，紫檀木座。仙山一座，夹纸糊锦玻璃罩，虫蛀。乾隆款玛瑙茶圆一件，紫檀木嵌玉托（黄签注：此件总管萧云鹏带走）。银晶水□一件，红漆描金座。《康熙字典》一部六套，二套各八本，四套各六本。两格安。右格雕竹狮子一件，紫檀木座。荆石山一件，夹纸锦座。雍正款铜掐丝珐琅圆盒一件，紫檀木座。瓷莲荷笔洗一件，高丽木座。乾隆款月白釉橄榄囊一件，紫檀木座。御笔挑山字对一副，樟木□凳四张，红毡套。

东所的平面布局不是十分严谨，在正殿之前东西配殿的位置，东侧是游廊，西侧为穿堂五间，内部仅设置松木床六张，白毡、红毡各两块。其后照房设松木桌、松木凳。

东所泛漪晖殿内未见宝座，而只有琴桌、漆椅，床的座褥、靠背等均为香色，而非皇帝专用的明黄色。西暖阁及书房内所设器物中，以文房用具居多。由此看来，该处可能是皇子们来汤泉沐浴时读书、休憩之处。

从东所东岸尽直向南，在东南角有一处像是船坞。乾隆三十六年（1771年）陈设档[1]记载，东所船坞及相关用品有：

---

1 陈2100乾隆三十六年《查核办理汤泉后宫各所陈设铺垫等项物件清册》、陈0029乾隆三十八年《汤泉行宫各所陈设铺垫等项物件清册》，中国第一历史档案馆。

湖船一只，披水四块，扑拉船一只，披水四块，随侍牛舌头船二只。大小布篷三件，好麻幌索四根，篾柱四根（糟坏），大小船罩二十四把，罩椿二十四把。湖船上云檀二根，湖船橹二件（糟烂一件），木篙十七根（内坏十四根），竹篙二十根（全裂坏），大小抱杆六根（绳糟坏），鹅黄绒绳一根，大小铁锚八个。船上蜈蚣旗二杆，定风旗二根。软铁钩子十二个（内坏一个），大铁撺三把，锚木绳四条，毛顶头绳四根，链船黄绒绳六条，铁撺十二把（内坏八把）。黑彩漆宝座椅一张。船上白毡大小共十二块，锦垫二个，青缎座褥二个，黄地红花哔叽缎套一个，黄锦座褥一个，杌子二个，黄布挖单一块，蓝布挖单三块，上用拖床四个，白毡四块，红毡四块，随侍拖床十个。

据《大清会典事例》，乾隆五十四年（1789年）奏准："汤山船只大小共四只，向由奉宸苑奏请修理，嗣后交汤山苑丞等经管。"[1]与上述档案记载一致。从现存建筑遗迹和《大清会典事例》、陈设档所载船坞及其一应物品来看，这里曾经是供皇室成员水上游赏时所乘游船的停靠地点。在中所、北所的临水岸边，尚有多处可拾级而上的踏步，亦可能是驻舟后的登岸处。

四　西所

西所位于中所的西南端，东西两面临水。宫门面阔三间，位于月台之上，四周建有游廊。正殿面阔五间，名"澄怀观道"，殿东西两头分别为东暖阁、西暖阁，东西配殿各三间。

澄怀观道殿明间陈设：

御笔"澄怀观道"匾一面，御笔"直方大"锦边匾一面，锦边挂对一副。正面楠木包镶床三张，上铺白毡一块，虫蛀。红猩猩毡一块，虫蛀，石青缎

1　（清）昆冈等纂修:《钦定大清会典事例》（光绪朝）卷一一九五，光绪二十五年刻本影印本，台北新文丰出版股份有限公司，1976年。

边。花梨木边缂丝心炕九屏风一座，心破一扇，拔缝六扇。黄锦座褥迎手、石青妆缎边黄锦心靠背一分，红雕漆如意一柄，填漆痰盆一件，填漆书桌二张。左桌上安霁红瓷盘一件，花梨木座。乾隆款铜掐丝珐琅炉瓶盒一分，紫檀木座铜匙箸。乾隆款青花天盘口纸□瓶一件，紫檀木座。右桌上安紫檀嵌螺钿笔筒一件，内插竹木牙笔四支。乾隆款铜掐丝珐琅水盛一件，铜匙。乾隆款铜掐丝珐琅笔架一件。乾隆款铜掐丝珐琅墨床一件，随朱墨一锭。宣德款青花白地瓷吉利瓶一件，迸釉不全，紫檀木座。绿石砚一方，紫檀木匣。御临苏轼诗帖一册。花梨木大案一对，拔缝。左案上安雍正款白地五彩梅瓶一件，紫檀木座。宣铜镀金海棠双喜四足薰香鼎一件，紫檀木座。青绿出戟撇口雷纹三羊尊一件，花梨木座。《通鉴纪事本末》一部八套，每套各十二本。两案安。右案上安雍正款青花六方双管尊一件，紫檀木座，掉漆，口底掉釉。青绿四喜辅尔敦彝盖鼎一件，花梨座。青绿兽面方尊一件，花梨木座。梁诗正字横披一张，励宗万字横披一张（黄签注：此二件首领董五经撤去）。傅雯画门二张，紫色绸夹软帘二架。

东暖阁陈设：

楠木包镶床三张，上铺白毡一块，虫蛀。铺地白毡一块，虫蛀，有□条。黄锦座褥迎手、石青妆缎边黄锦心靠背一分，红雕漆如意一柄，填漆痰盆一件，填漆小炕案一对，左案上安乾隆款铜掐丝珐琅炉瓶盒一分，紫檀木座铜匙箸。右案上安定瓷出戟花觚一件，紫檀木座。龙泉釉三足鼎一件，紫檀木盖座顶嵌玉，盖破。白玉灵凤盖瓶水盛一件，紫牙座。紫檀木小案一张，上安乾隆款铜掐丝珐琅瓶一件，紫檀木座。青绿象鼻四足鼎一件，花梨木盖座，顶嵌牛油石。乾隆款铜掐丝珐琅观音瓶一件，高丽木座。郎世宁画一张，梁诗正字对一副，张雨森画一张，楠木□床一张，绿锦垫。

西暖阁陈设：

楠木包镶床三张，上铺白毡一块，虫蛀。铺地白毡一块，虫蛀，有□条。黄锦座褥迎手、石青妆缎边黄锦心靠背一分，红雕漆如意一柄，填漆痰盆一件，黑漆书桌一对，掉漆。左桌上安宣铜虬耳炉一件，楠木座。呆黄玻璃箸瓶盒一分，铜匙箸。右桌上安乾隆款瓷珐琅瓶一件，紫檀木座，底瑑一道。烧古鎏金大鸡盖瓶一件，紫檀木座。月白釉瓷木瓜盘一件，楠木座。紫檀木小案一张，裂缝。上安乾隆款瓷珐琅观音瓶一件，紫檀木座。青绿商金出戟长方鼎一件，花梨木盖座，顶嵌牛油石。古铜七孔插屏一件，紫檀木座。沈源画一张，楠木□床一张，绿锦垫。

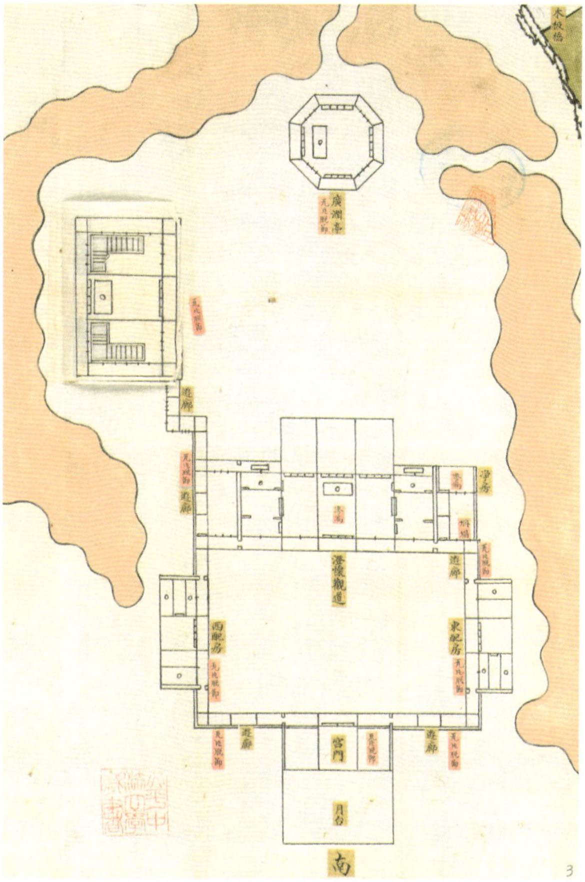

《汤泉行宫西所地盘画样图》，故宫博物院藏

另，正殿中三间有后抱厦，内陈设有黑漆罗汉宝座一张，上铺白毡一块，黄锦座褥一件。从正殿通过曲折的游廊可到西北的开襟楼。楼坐西朝东，面阔三间，上下二层。楼下陈设：

紫檀木宝座一张，随紫檀木足踏一件，黄缎套。红猩猩毡一块，绣黄缎座褥一件，渍。红雕漆如意一柄，填漆痰盆一件，新添。将原设波罗漆痰盆一件撤下，入库存收。花梨木镶嵌花卉五屏风一座，掉镶嵌，竹边迸裂。紫檀木六方高香几一对，裂缝。左几上安康熙款铜掐丝珐琅炉瓶盒一分，紫檀木座铜匙箸。右几上安五彩瓷盘一件，黑漆座。填漆案一对，迸漆。上安《渊鉴类函》一部二十套，每套各十本。周鲲画一轴，贺永清画一轴，励宗万字大斗方一张，戴临字大斗方一张。香色绸夹软帘二架，香色绸硬板帘二架。

楼上陈设：

楠木包镶床一张，上铺白毡一块，虫蛀。红锦座褥一件，红雕漆如意一柄，填漆痰盆一件，新添。将原设波罗漆痰盆一件撤下，入库存收。

在西所的正北方向、开襟楼的东北方向，还建有一座八角亭，名“广润”，亭三面环水。广润亭陈设：

洋漆如意宝座床一张，上铺白毡一块，虫蛀。红猩猩毡琴边一条，石青缎边黄锦座褥一件。红雕漆如意一柄，红漆痰盆一件，黑漆高香几一对，迸漆。左几上安宣铜虬耳炉一件，楠木座。竹箸瓶黄杨木盒一分，铜匙箸。右几上安青花白地瓷木瓜盘一件，紫檀木座。

五　北所

北所位于中所竹竿山北，与中所隔湖相望，其东南方向有木板桥通往中所。北所前殿面阔五间，名“水镜秋霜”，包括明间、东间、东暖阁、西暖阁。殿后有抱厦三间。后殿面阔七间，名“渊清玉洁”。

水镜秋霜殿明间陈设：

御笔“水镜秋霜”匾一面，御笔挂对一副。西面楠木挂板杉木床二张，上铺白毡一块，虫蛀。黄地红花毡一块，石青缎边，虫蛀。黄妆缎座褥迎手、石青妆缎边黄妆缎心靠背一分，红雕漆如意一柄，填漆痰盆一件。白果木镶心小书桌二张。左桌上安月白釉瓷木瓜盘一件，楠木座，内盛牙佛手二个。宣铜虬耳炉一件，楠木座。呆黄玻璃箸瓶盒一分，铜匙箸。青花白地出戟花觚一件，紫檀木座迸裂。右桌上安黄杨木罗汉一件，紫檀木座。绿石仙山一座，破坏不全，紫檀木座。乾隆款汝釉双管瓶一件，掉釉，紫檀木座。

东间陈设：

御笔“沁香浮玉”夔龙边匾一面。填漆几腿大案一张。白瓷暗龙瓶一件，缺瓷，口底走釉，紫檀木座。沉香木山一座，花梨木座。霁红柳叶高口尊一件，走釉，紫檀木座。青花白地瓷盘二件，盘底缺瓷，紫檀木座。几上安香色绸硬板帘二架。

东暖阁陈设：

楠木包镶床五张，上铺白毡一块，虫蛀。红猩猩毡一块，青缎边，虫蛀。黄妆缎座褥迎手、石青妆缎边黄妆缎心靠背一分，红雕漆如意一柄，填漆痰盆一件。黑漆书桌一对。左桌上安雕竹根笔筒一件，内插竹木牙笔三支。银晶水盛一件，紫牙座，碧玉匙。白玉福寿仙灵笔山一件，紫檀木座。白玉夔龙墨床一件，紫檀木座（黄签注：此五件首领董五经撤去）。汉玉圆觥一件，口缺边，花梨木座。盛京石砚一方，紫檀木边漆心匣盛。御临王帖一册。右桌上安青花白地瓷撞罐一件，紫檀木座。宣铜汝耳炉一件，花梨木座。黄杨木箸瓶盒一分，铜匙箸。青花白地葵花木瓜盘一件，紫檀木座。填漆小方香几二件。上安霁青瓷盘一对，紫檀木座。紫檀木边座油画插屏二件，御笔字挑山一副，袁英画条一张，沈映晖画条一张。

后抱厦陈设：

填漆宝座一张，漆裂，上铺黄锦座褥一件，里破。黑漆菱花高香几一对，掉漆。左几上安宣铜绳耳炉一件，铜座。红玻璃箸瓶盒一分，铜匙箸。右几上安青花白地瓷木瓜盘一件，紫檀木座。填漆案一对，迸裂。左案上安月白哥釉瓜式尊一件，紫檀木座。青玉圆璧磬一件，有络璺，紫檀木架座，裂缝，无锤。粉定拱花天盘口尊一件，掉釉，里口有缺处，紫檀木座。右案上安乾隆款哥釉四方太平尊一件，紫檀木座。青玉磬一件，紫檀木架座，角靶木锤。雍正款厂官釉出戟双喜尊一件，掉釉，紫檀木座。洋漆嵌螺钿椅四张，迸漆，青缎垫，两边摆。

渊清玉洁殿明间陈设：

御笔“渊清玉洁”匾一面。东间正面楠木包镶床三张，上铺白毡一块，虫蛀。黄妆缎座褥迎手、石青妆缎边黄妆缎心靠背一分，红雕漆如意一柄，填漆痰盆一件，紫檀木冠架一件。洋漆金花香几一件。上安宣铜鎏金汝耳炉一件，楠木座。紫檀木琴桌一张，裂缝。上安乾隆款大观釉三弦双环尊一件，花梨木座，裂缝。王致诚画横披一张，迸裂。吴棫画一张，填漆绣墩四件，蓝缎垫。香色绸硬板帘一架。

西暖阁陈设：

包镶床五张，上铺白毡一块，虫蛀。红猩猩毡一块，石青缎边，虫蛀。黄妆缎座褥迎手、石青妆缎边黄妆缎心靠背一分，红雕漆如意一柄，填漆痰盆一

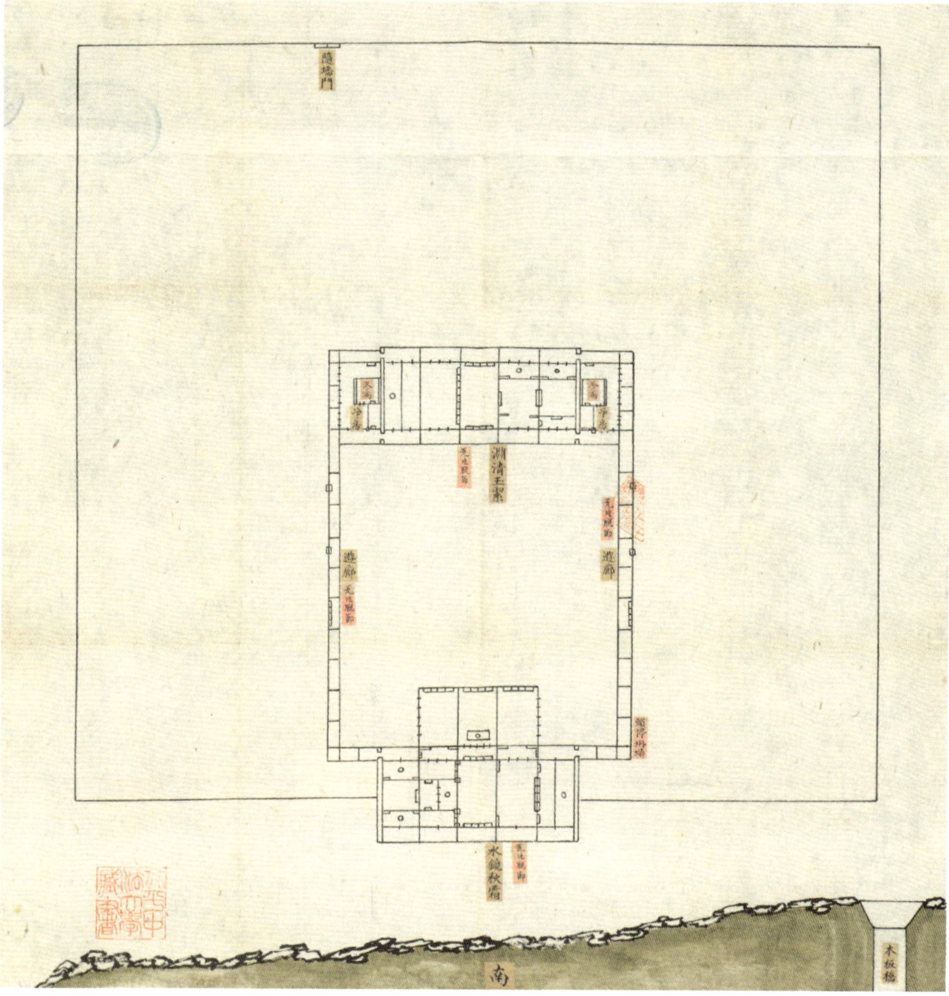

《汤泉行宫北所地盘画样图》，故宫博物院藏

件。左边木盘一件，内盛牙佛手二个。黑漆香几一件，掉漆。上安宣铜兽面小炉一件，楠木座。铜掐丝珐琅箸瓶盒一分，铜镀金匙箸。右边洋漆冠架一件，铜珐琅盘一件，掉珐琅，紫檀木座。洋漆格一对。左格《渊鉴类函》一部十套，每套各九本。《困学纪闻》一部二套，每套各八本。右格《史记》一部六套，每套各十本。《性理大全》一部四套，每套各十本。《李集》一部二套，每套各十本。紫檀木边雕鸂鶒木心挂屏一对，掉边裂缝，两边挂。御笔挑山对

一副。填漆椅八张，绿锦垫。香色绸硬板帘一架。粗瓷鱼缸二口，内有一口有璺。

揽秀亭位于北所西南方向，平面呈十字形，亭内陈设：

填漆宝座一张，上铺白毡一块，虫蛀。月白妆缎椅搭座褥一件，旧。紫檀木边集锦画夹纸插屏一件，填漆高香几一对，掉漆。左几上安青花白地瓷木瓜盘一件，花梨木座。右几上安英石山一件，紫檀木座。

第四章　汤泉行宫活动

第一节　温泉沐浴

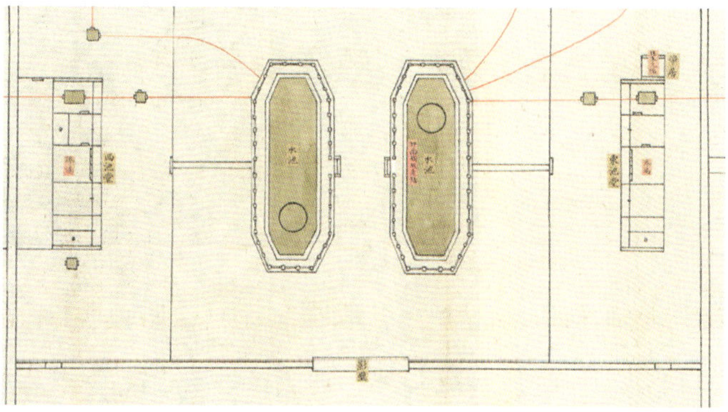

《汤泉行宫前宫地盘画样图》局部之前宫东池堂、西池堂，故宫博物院藏

汤泉行宫的最主要功能就是为清皇室提供温泉沐浴和温泉疗疾，这是其最大的特色。根据清宫档案和样式房图样可知，汤泉行宫的温泉沐浴场所和沐浴设施主要分布在前宫。下面我们大体浏览一下这里的布局。

在前宫，两座委角长方形温泉池两侧有东池堂、西池堂。澡雪心神殿有东沐浴堂（最西头为池堂，即西池堂）、漱琼西沐浴堂（最西头为池堂，即西池堂）。后殿东围房也有池堂两座。二宫门外亦有东、西池堂十间。

据乾隆四十五年（1780年）《汤泉行宫前宫陈设铺垫等项物件清册》[1]载，二宫门外，东西池堂陈设：

内有木踏垛一件，毡帘二架，松木床四张，青毡六块，松木格三个，松木

1　陈00134乾隆四十五年分《汤泉行宫前宫陈设铺垫等项物件清册》，中国第一历史档案馆。

柜一个，松木□凳四条，粗瓷鱼缸四口。

漱琼西沐浴堂之西池堂陈设：

柏木□床三张，白毡、白布挖单、铺地白毡各一块，锡盘一件，锡踏垛一件（白布套）。沐浴石墩，杌子，喷壶一分（大小共十四件），石青布窗帘二架。

东沐浴堂之西池堂陈设：

杉木床一张，上铺白毡一块，铺地白毡一块，锡盘一件，锡踏垛一件，锡喷壶一件，白布包石墩二件，白布包小方墩四个，石青布夹窗帘一架。

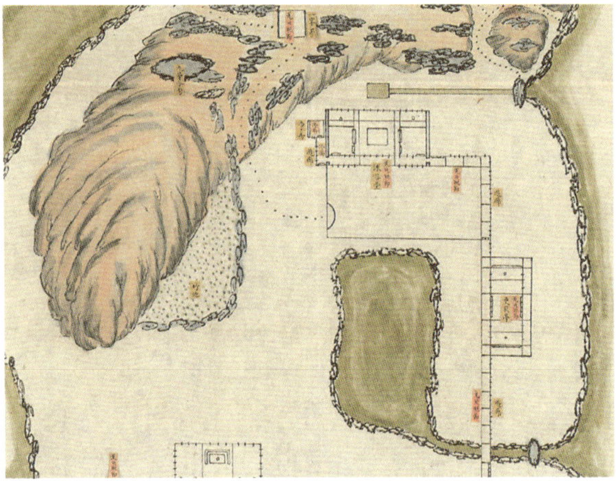

《汤泉行宫中所地盘画样图》局部之沐浴堂、更衣亭，故宫博物院藏

更衣亭旧影，1935 年

东围房池塘陈设：

杉木小床三张，白毡一块，虫蛀。

二宫门外两个委角长方形温泉池的热水分别引向前宫的东、西两个区域。东池的水流向东池堂、二宫外东围房池堂、澡雪心神殿东沐浴堂之西池堂和后层殿

东围房的两座池堂。西池水流向西池堂、二宫外西围房池堂、漱琼西沐浴堂之西池堂，还流向西侧院墙外的男女民堂。正如乾隆皇帝《恭依皇祖温泉行元韵》诗云："方沼甃玉左复右，灵脉喷珠澄且泓。曲沟引导达户户，中各向暖当南荣。"[1]该诗形象地描绘了汤泉行宫前宫温泉池的暖流顺着沟渠引入各户的生动景象。

西侧委角长方形温泉池具有高水温的天然优势，俗称热水池。漱琼西沐浴堂之西池堂是行宫中最大的室内池堂，其温泉水即源自西侧委角长方形温泉池。"漱琼"匾额出自康熙皇帝御笔，乾隆皇帝也有多首咏颂漱琼室的诗文。故漱琼西沐浴堂是供皇帝温泉沐浴专用。

汤泉行宫后宫亦有沐浴设施。例如中所北部的沐浴堂、更衣亭。

在后宫，中所北部有沐浴堂、更衣亭，陈设如下：

沐浴堂明间陈设：

> 松木床一张，上铺白毡一块，虫蛀。红毡套一件，石青绸边刷虫蛀。锦座褥一件，旧破。铺地白毡四块，虫蛀。凉席四块，糟破。锡踏垛一件，锡喷壶一件，白布包圆墩二个，白布包小方墩八个。

沐浴堂东间陈设：

> 松木床二张，白毡一块，虫蛀。红毡套一块，石青缎边绸刷虫蛀。青座褥一件，旧。樟木□凳一张，随红毡套石青缎边刷虫蛀。青缎座褥一件，旧。铁梨木藤屉椅四张，青缎椅搭垫，旧。香色绸夹软帘二架。

西净房陈设：

> 宣铜炉楠木座铜瓶洋漆扇面盒，铜匙箸茅葫芦一分。

1 （清）弘历：《御制诗二集》卷四十四。

更衣亭南北间陈设：

松木床六张，白毡二块，虫蛀。红毡套二块，缎边石青绸刷，虫蛀。石青妆缎座褥二，香色绸夹帘二架，旧。

一 温泉疗疾

汤泉行宫因温泉疗疾的特效而备受清朝皇室青睐。汤泉行宫的御制诗文表明了康熙、雍正、乾隆、嘉庆、道光诸位皇帝都曾在这里沐浴过。其他皇室成员也有机会享受温泉疗疾，如康熙皇帝的祖母孝庄文皇后，还有乾隆皇帝的生母孝圣宪皇后等。

康熙皇帝幼年失去双亲，备受祖母孝庄文皇后的关照，祖孙感情颇为深厚，皇帝对太皇太后也是极尽孝爱之心。康熙十一至二十年（1672—1681年），皇帝先后六次侍奉祖母去温泉坐汤疗疾，其中有两次是到昌平汤山温泉行宫。[1]每次去汤泉行宫，康熙帝都要亲自陪同，沿途进膳、行路都照料得无微不至。如康熙十四年（1675年）八月十七日，康熙帝侍奉祖母前往汤泉行宫，"在路凡遇泥泞处，上必下马看视，俟辇行过，然后上马。"[2]随行到汤泉行宫大门，搀扶祖母下辇，护送到寝宫。太皇太后此次疗疾休养自八月十七日至九月十一日，长达二十五天。疗养结束，皇帝还要亲自去汤泉行宫把祖母接回紫禁城，也是扶掖降辇，送入宫内。从这些生活细节足可看出，身为一国之君的康熙皇帝，感情十分细腻，对祖辈充满了拳拳孝心和无限敬爱。

康熙皇帝晚年，曾因病专程到汤山温泉休养。康熙五十六年（1717年）十二月初六日，其嫡母孝惠章皇后病逝。年逾六旬的康熙帝焦劳备至，抱病服丧，至翌年正月初四日"肢体不能动履，已寝卧五旬矣……容颜憔悴，皮骨仅存"[3]，故正

1 杨珍:《康熙皇帝一家》，第27页，学苑出版社，2009年。
2 《康熙起居注》第一册，第222页，中华书局，1984年。
3 《康熙起居注》第三册，第2481页，中华书局，1984年。

月初八赴汤泉行宫疗疾调理。半个月后，康熙皇帝对前来奏事大臣说：“今至汤泉，颜色稍复，精神亦增。朕壮年时病愈不过数日，颜色即可复旧。今已年高，病虽渐愈，手尚作颤，不能即时复旧。”尚书张鹏翮奏对：“皇上坐汤，甚为合宜。”康熙帝说：“虽相合，但有汗出，不能多坐。”[1]自康熙五十七年（1718年）正月初八至二月二十八日，康熙皇帝驻跸汤泉行宫疗疾休养达五十天之久。

乾隆皇帝十二岁时，曾随祖父康熙皇帝赴汤泉沐浴。其《敦素斋》诗云：“忆予十二始髫龄，扈游曾此蒙恩顾。”他在《恭依皇祖温泉行元韵》的诗文中，盛赞汤泉行宫：“嵩山仙池杳莫辨，建武别馆徒相争……湗然忽放屋池满，氤氲澹荡难为名。济凉酌暖拟紫府，蒸霞吐雾疑赤城。”[2]

乾隆皇帝也曾多次陪同其母孝圣宪皇后到汤泉行宫洗浴疗养。皇太后有时是专程到汤泉疗养，有时则是往返热河途经汤泉时驻跸于此。特别是自乾隆二十八年（1763年）起，乾隆皇帝每次奉母临幸热河，第一天必然投宿在汤泉行宫，以缓解其母的旅途劳顿，足见乾隆皇帝对母亲的一片孝心。乾隆皇帝《恭奉皇太后幸汤泉》诗云：“翠辇驻云庄，春晖载小阳。灵波暄不冻，胜地景偏长。数八称功德，龄千益寿康。不须分别见，是水一如汤。”[3]乾隆四十六年（1781年）《过汤山》诗云：“北望汤山过路岐，不禁忆昔拊心悲。四年前每安舆驻（诗注：自癸未年为始，每奉圣母幸热河，初顿必驻汤山，以冀缓程安适，至此分路处，率遣额驸福隆安先至汤山候驾问安），正是遣人候驾时。”[4]该诗抒发了皇帝对失去母亲的无限伤感之情。

乾隆皇帝在《至汤泉行宫停跸作》中如是说：“乙未春在兹，往盘向东去。壬寅春在兹，自盘西归住。胥已隔六年，光阴何其速。予亦过古稀，孜孜日犹故（诗注：余自庚子年七旬刻行用宝二，一曰古稀天子之宝，一曰犹日孜孜）。闻说坐温泉，益龄蠲疾愈。因之信宿停，匪为游观趣。诸景旧题遍，忧乐率多遇。兹惟

1 《康熙起居注》第三册，第2485页，中华书局，1984年。

2 （清）弘历：《御制诗二集》卷四十四。

3 （清）弘历：《御制诗初集》卷二十三。

4 （清）弘历：《御制诗四集》卷六十二。

默领之，藻祛神以悟。”[1]从诗中可以看出，作为古稀天子的乾隆皇帝，也笃信温泉既可祛除疾病，又能延年益寿。

不过，乾隆皇帝也是深谙老年人对泡温泉应有所节制的道理，其七十九岁时题诗《汤泉行宫八咏》之《池塘》云：“架木为堂下覆池，引泉备浴避风吹。十年前或来一试，耄耋非宜久不为。”据他说这个道理得益于圣祖康熙皇帝的教诲。其在八十七岁时再作《汤泉行宫八景》之《池塘》云：“室里砌成文石塘，本因水暖室非凉。高年者合戒勤浴，圣论熟闻示训煌。”乾隆皇帝诗注云：“予昔侍圣祖时，曾蒙训及老年人勤浴非养生所宜，故于己酉题诗有‘十年前或来一试，耄耋非宜久不为’之句，时予年七十有九，今又加八年，追维圣训，谨识弗忘。”

康熙皇帝《季冬汤泉》云：“祈年正喜逢长至，澡德非同玩物华。……灵泉每助消寒效，总为纯阳辨正邪。”[2]乾隆皇帝《温泉行》亦云：“温泉实擅地灵奇，暖流暄波谁所为。或云流黄（硫黄）孕泽府，延龄愈疾功用资。”[3]《汤泉行宫八咏》之《温泉》云：“炎液暄波能愈疾，曾闻泉脉出流黄（硫黄）。化工神运不思议，功德应教证水王。”[4]当年康熙、乾隆二帝虽知温泉水对疗疾有效，由于所处时代和认知的局限，对其科学原理尚缺乏深刻认识。

值得一提的是，康熙皇帝在其杂著《几暇格物篇》的《温泉》一篇中，专门论及温泉疗疾的适宜年龄、疗程以及调养的注意事项。他在同著《熬水》中记述了其每遇温泉，即采用银碗盛水隔汤，用文火收炼，然后根据碗底沉淀积石之不同来判断温泉水质的好坏，而不是仅凭泉水气味来判断温泉优劣。这体现了康熙皇帝的探索精神和一定程度上的科学精神。

1 （清）弘历:《御制诗四集》卷八十八

2 （清）玄烨:《御制文四集》卷三十四。

3 （清）弘历:《御制诗四集》卷三。

4 （清）弘历:《御制诗三集》卷二十九。

二　临幸汤泉行宫行程

根据清代历朝起居注的相关记载，大致可以看出清皇室临幸汤泉行宫之行程的大体内容。

（一）太皇太后汤泉行宫行程

《康熙起居注》中多见太皇太后临幸赤城、遵化、昌平、热河等地温泉的记载。据说她每次温泉疗疾，身体得以舒缓，疗效显著。其中太皇太后两次幸汤泉行宫的记载比较详细，每次康熙皇帝必躬亲送迎，往返途中备加照顾。太皇太后驻跸汤泉行宫期间，康熙皇帝虽然公务缠身，仍会多次到此向太皇太后请安，而且是当日往返。

1.康熙十四年（1675年）

本年八月十七至九月十一日，太皇太后幸汤泉行宫。八月十七日卯时，太皇太后登辇，皇帝随辇行，出东华门，皇帝骑马护送，设卤簿。王、贝勒以下文武各官跪送。出安定门，至进膳处用膳。九月十一日辰时，大设卤簿。太皇太后自温泉行宫启行，皇帝骑马护送回京。至太平庄南进膳处，至安定门，进东华门，至太皇太后宫。

2.康熙十五年（1676年）

本年八月十二至十月十二日，幸汤泉。八月十二卯时，太皇太后登辇，皇帝随辇行，出神武门，设卤簿。王、贝勒以下文武各官跪送。出安定门，至进膳处用膳。十月十二日，大设卤簿，奏乐。辰时，上诣太皇太后行宫，候太皇太后登辇，上随辇行，皇帝骑马护送。至进膳处用膳，由安定门进神武门，至太皇太后宫。

据以上记载，太皇太后两次幸汤泉行宫，第一次去程是出紫禁城东华门，出京城安定门，回程是原路返回。第二次去程是出紫禁城神武门，出京城安定门，回程也是原路返回。太皇太后乘辇，皇帝骑马。设卤簿仪仗，奏乐。且王、贝勒以下文武各官跪送。往返途中都要用膳，去程用膳处在安定门外，回程用膳处在太平庄南。

（二）康熙皇帝汤泉行宫行程

康熙皇帝一生多次临幸汤泉，大都从畅春园启行。《康熙起居注》记载，康熙五十四年（1715年）汤泉行宫竣工，此时皇帝已经年过六旬，身体每况愈下，故幸汤泉行宫次数增多。皇帝驻跸期间，在行宫仍然勤于政事。如康熙三十九年（1700年）九月，皇帝驻跸汤泉行宫期间，部院各衙门奏章每日转送内阁，内阁三日一次驿送行宫办理。

1.康熙五十四至五十六年（1715—1717年）

这三年期间，康熙皇帝多次赴汤泉行宫。如康熙五十四年的三月、四月、十月、十二月；五十五年的正月、二月、闰三月、四月、九月、十月；五十六年的正月、四月、十月、十一月。期间大多由畅春园启行，驻跸汤泉，有时北巡回京途中，从热河启行至汤泉。

2.康熙五十七年（1718年）

本年康熙皇帝幸汤泉行宫，从紫禁城启程，要先赴畅春园，然后再赴汤泉行宫。如五十七年正月初六，皇帝出神武门，出西直门，驻跸畅春园。初九从畅春园启行，赴汤泉治疗足疾。

（三）雍正皇帝汤泉行宫行程

雍正皇帝只有一次驻跸汤泉行宫的记载。雍正四年（1726年）十一月十六日，皇帝出神武门，出西直门，驻跸圆明园。次日从圆明园启行，驻跸汤泉。皇帝驻跸汤泉期间，忙于处理大量政务。二十五日，从汤泉回京，先诣寿皇殿行礼，然后由神武门回宫。

（四）乾隆皇帝汤泉行宫行程

乾隆皇帝一生多次临幸汤泉行宫，多从圆明园启行，或因其生母孝圣宪皇后其时住在圆明园。皇帝或专程赴汤泉行宫休养，或于幸盘山和木兰秋狝时，途经汤泉行宫。相关记载多见于《乾隆帝起居注》《大清高宗纯皇帝实录》。

乾隆六年（1741年）九月丁丑，谕："朕于十六日至汤山，驻跸数日。二十日至圆明园。自十六日以后，每日照常进本，各部院衙门及八旗照常轮班奏事，汤山去京不远，有应行引见官员，即著带来引见。"

乾隆十三年（1748年）闰七月己巳，上启銮幸盘山，回京途中，驻跸汤山温泉行宫。

乾隆十八年（1753年）八月戊戌，上以秋狝木兰，奉皇太后自圆明园启銮，驻南石槽行宫。此次回京时驻跸汤山行宫。

乾隆二十八年（1763年）五月，上以秋狝木兰，奉皇太后自圆明园启銮，巡幸塞外。是日，皇太后驻跸汤泉行宫，上驻跸南石槽行宫。

乾隆皇帝《三月三日叠壬寅旧作韵》诗云："启跸仍斯日（诗注：是日启跸往盘山，先驻汤泉，壬寅亦于三月三日启跸），轮年又阅三（诗注：寅至巳又三年矣）。撰辰忘古节（诗注：虽值上巳，不为修禊也），乘暇发春骖。首顿汤泉近，行宫旧路谙。水温地气暖，韶汇已熏酣。"[1]该诗记载了乾隆四十七年（1782年）和乾隆五十年（1785年）乾隆皇帝三月三启跸前往盘山途中，是日先驻跸汤泉行宫之事。

（五）嘉庆皇帝汤泉行宫行程

嘉庆皇帝临幸汤泉行宫的记载不多，一般从汤泉行宫返回圆明园。嘉庆二十一年（1816年）九月，多次从汤泉行宫回驾圆明园。

综上，康熙时期，太皇太后从紫禁城往返汤泉行宫设卤簿、奏乐。关于皇帝往返汤泉行宫之礼仪，康熙皇帝从京城或行宫启行，是否还设卤簿，《康熙起居注》中没有记载。是礼仪从简，不设卤簿？还是起居注官因得到皇帝的恩准而未加详载？我们不得而知。不过，从康熙、雍正、乾隆、嘉庆等帝的起居注来看，这几位皇帝临幸汤泉的记载中，均没有设卤簿仪仗的记载。

另外，从雍正时起，皇帝从汤泉行宫返回紫禁城的途中，新增一项礼仪，那就是要先到景山寿皇殿行礼，然后再回紫禁城。乾隆皇帝也遵循雍正皇帝创设的这项礼仪之规，如乾隆十二年（1747年）九月十七，皇帝驻跸汤泉行宫。十九日，先诣寿皇殿行礼，再从神武门回宫。

1 （清）弘历:《御制诗五集》卷十三。

第二节 处理政务

康熙、雍正、乾隆三帝至汤泉行宫休养，或巡幸途经于此小憩期间，仍料理政务。皇帝批阅章奏，召见群臣，与其共商时政，留下了行宫理政的佳话。据《康熙起居注》可知，皇帝多次在汤泉行宫的正门处理政务、审理案件，即使在正月严寒之时也是如此。

一 康熙皇帝

据《康熙起居注》记载，康熙五十四年（1715年）四月二十六日：

> 上巡幸口北，由畅春园启行，驻跸汤泉。是日，北路捕盗同知张充国、都司鲍尽忠等来朝。二十七日壬辰，上驻跸汤泉，未时，上御汤泉正门，补授副将、参将员缺。阅改日新等射，随命诸皇子及善射者射。[1]

此次巡幸自四月二十六日至十月十九日，达六个月之久，往返两次皆驻跸汤泉行宫，每次驻两天。

同年十二月十三日辰时，上自畅春园诣汤泉驻跸。十八日巳时，上御行宫。大学士松柱、学士查弼纳以折本请旨："复请九卿所题，宝泉、宝源二局需用铜斤，均交江南八处总督、巡抚，动正项钱粮采买。"[2]又复请刑部等衙门复江西巡抚佟国勷所题"大盗关奇等照律即行正法，准如所拟"一疏。康熙帝曰："尔等会同三法司，于伊等内有造谋为首伤人、杀人者，将一二人正法，余具照例减等，发往黑龙江。本发还，着查明再议具奏。"[3]当日，皇帝还处理了宗人府、吏部、户部、理藩院等所题折本。

---

1 《康熙起居注》第三册，第2167页，中华书局，1984年。
2 《康熙起居注》第三册，第2236页，中华书局，1984年。
3 《康熙起居注》第三册，第2237页，中华书局，1984年。

《康熙帝读书像》，故宫博物院藏

二十一日，除处理宗人府、刑部所题折本之外，又复请兵部所题“请将熟识水性之王政行等十五员，发往各省沿海水师营内，遇缺即用一疏”。康熙帝曰：“依议。游击潘承家系台湾、澎湖等处效力，功加左都督。南巡之时，曾在御舟，人才好，熟识水性。遇有沿海要地副将缺出，即行补授具奏。”[1]

自十二月十三日至二十五日，康熙皇帝驻跸汤泉行宫近半个月期间，在此处理了大小政务十余宗。

康熙五十五至五十六年（1716-1717年），皇帝曾八次到汤泉行宫驻跸，处理政务数十宗。

康熙五十七年（1718年），康熙帝在汤泉行宫驻跸期间，快刀斩乱麻，果断粉碎了朱天宝奏请复立皇太子胤礽的阴谋。据《康熙起居注》记载：

1 《康熙起居注》第三册，第2238页，中华书局，1984年。

正月二十日己巳，是日，翰林院检讨朱天保奏请复立皇太子，将本交奏事六品官双全等转奏。上御汤泉行宫正门，令朱天保近前。问曰："尔奏折内云，二阿哥仁孝，何由而知？"朱天保供云："奴才之父朱都纳语及，故得闻之。"上问曰："尔父行走之时，二阿哥无疾尚好。二阿哥学问、弓马、艺能，原无可议之处。但得疯疾病发时即诸事不省，举动乖张。即如尔掌院徐元梦，二阿哥在朕前背立，以手指伊，詈及父母推入河内，复引出殴打。不但此也，亲伯父及伯叔之子、皇子等，皆以不可道之言詈之。此非疾乎？此等之处，尔知之否耶？"朱天保辞穷，供云："奴才不知，冒昧陈奏，理应万死。"上问曰："尔奏折内云，今二阿哥圣而益圣，贤而益贤，尔从何而知？"朱天保供云："我父闻之看守之人。"上问曰："看守之人何名？"朱天保辞穷，但云该死。上问曰："朕以尔来奏此本，必有一篇大文章。使人传问，恐将尔有理之言不能详尽，或致遗漏，特亲出逐一研讯。尔一无知稚子，三语即穷，如何奏此大事？必有同谋递信之人，可据实供出。"朱天保供云："此皆我父朱都纳同戴保商议缮本，令我来奏。"上曰："将朱天保押住，朱都纳、戴保着用九条铁链锁来，交与皇子、大臣等严审。"……是日，将朱都纳、戴保拿至。伊等供连副都统常赍、原任学士金宝，因将常赍、金宝亦拿至。[1]

二十一日，康熙帝御汤泉行宫正门，逐一审问朱都纳、戴保、金宝、常赍。

二十三日，康熙帝御汤泉行宫正门，审问齐什。并言辛泰不值得一问。

二十七日，满九卿、大人等奏，将朱都纳拟凌迟立决，朱天保立斩，朱都纳二幼子俱立绞，家产籍没入官。戴保、常赍俱拟绞监候，秋后处决。金宝充发黑龙江，于苦差处行走。辛泰枷号三个月，鞭一百。齐什革去都统领衔，交该旗及族中人等，在伊家永远拘禁。

二月十八日，刑部会同满九卿、詹事、科道，遵旨将朱都纳等议罪案内，戴保改立斩。戴保之兄革退，枷号三个月，鞭一百，不准折赎。

1 《康熙起居注》第三册，第2483—2484页，中华书局，1984年。

二月二十六日，康熙帝认为朱天保不忠不孝极矣，令将其当日正法。戴保最为凶恶，断不可留，立即斩首。朱都纳、常赍从宽免死。金宝从宽，免充发，交与步军统领隆科多，将大枷永远枷示，永不赦免。朱都纳、戴保等妻儿，具入官为奴，朱都纳二幼子也免死入官，调入别旗，不许滞留本旗。齐什交宗人府，照鄂善例拘禁，辛泰着照部议结。[1]

通过亲自审理朱天宝、朱都纳、戴保等一批违旨妄奏复立太子的官员，康熙帝在汤泉行宫果断平息了这场政治风波。

二　雍正皇帝

据《世宗宪皇帝实录》载，雍正四年（1726年）十一月：

十七日乙巳，上幸汤泉驻跸。铸给直隶布政司按察司经历、理问等官印。免江西南昌等七县，本年分水灾额赋有差。两广总督孔毓珣题广西太平府佶伦土知州冯世英故，请以其子冯朝宪承袭，下部知之。

十八日丙午，上驻跸汤泉。户部议复，云贵总督鄂尔泰疏言，停止大理、沾益二局鼓铸，请于云南临安二府，共加炉九座，鼓铸钱文，以四万串发运湖广、四川、江西、两广等处。应如所请，从之。裁湖南永顺、保靖二司经历缺，各改设同知一员，从湖南巡抚布兰泰请也。

十九日丁未，上驻跸汤泉。户部议复，四川总督岳钟琪疏报，松潘口外毛革蛇湾各番寨贡纳粮马数目，并分别年分起科，从之。

二十日戊申，上驻跸汤泉。吏部议复，补用教职例由抚臣考校，其考试四等、五等者，俱令解任学习三年，再行考试六等者革职。各学教官所属文武生员抗欠钱粮，捏词唆讼，该教官不行申详、纵容徇庇者革职。如六年之内所属士子无前项过犯，该督抚学臣将该教官保题，以应升之缺即用，从之。免湖

1 《康熙起居注》第三册，第2495页，中华书局，1984年。

《雍正帝读书像》，故宫博物院藏

南、巴陵等四县本年分水灾额赋有差。

二十一日己酉，上驻跸汤泉。户部议复，仓场侍郎托时等议御史殷式训条奏漕务各款：一、粮艘往来，兵丁于岸上催赶呼应不灵，请于蔡村上下建造船只，令兵丁坐船催押，来则催重，回则催空。二、各仓例设满汉监督各一员，办理仓务。中南二仓相隔一城，一仓一人，难于查看，应于中仓添设汉监督一员，南仓添设满监督一员，可无顾此失彼之虞。三、应给旗丁口粮三升八合，令其自便，或本帮有欠，抵补本帮；或别帮有欠，卖抵别帮。四、漕粮起卸及运到大通桥，每见粮袋堆贮空隙处所，恐至霉滋，应令经纪车户，加谨铺垫，如有口袋霉烂、粮米成饼，串运入仓等弊，查出照数赔补；如不行查出，别经发觉，将仓场侍郎、巡仓御史一并交部议处。俱应如所请，从之。

二十二日庚戌，上驻跸汤泉。刑部右侍郎存柱，缘事降调，调礼部右侍郎莽鹄立，为刑部右侍郎。户部议复，仓场侍郎托时等条奏，万安仓请开设东门二座，添船八只以便水运入仓，并令每年挑浚河道，应如所请，从之。礼部左侍郎郝林，以老疾乞休，命加尚书衔致仕。

二十三日辛亥，上驻跸汤泉。以翰林院侍讲蒋涟充日讲起居注官。以额外副都统克什图为散秩大臣，署正蓝旗护军统领……

二十四日壬子，上驻跸汤泉。封大学士富宁安为三等侯，世袭罔替。阿禄科尔沁贝勒汪扎尔故，遣官致祭。

二十五日癸丑，上回宫。[1]

雍正皇帝虽然在汤泉行宫只休养了短短八天，但每天处理的政务依然很多，涉及水灾、漕运、铸钱、封侯、遣祭、官员调整任用等诸多事务。

三　乾隆皇帝

《高宗纯皇帝实录》也有乾隆皇帝于汤泉行宫处理政务的记载。例如，乾隆六年（1741年）九月丁丑，谕："朕于十六日至汤山，驻跸数日。二十日至圆明园。自十六日以后，每日照常进本，各部院衙门及八旗亦照常轮班奏事，汤山去京不远，有应行引见官员，即著带来引见。"[2]戊寅，是日驻跸汤山，至辛巳皆如之。皇帝在行宫处理户部、礼部、工部等奏本，并"调刑部尚书韩光基为工部尚书，以左都御史刘吴龙为刑部尚书。赏恤湖南凤凰、永绥二厅剿苗阵亡兵丁如例……壬午，上回銮，诣恩佑寺行礼，奉皇太后居畅春园。"[3]

乾隆十三年（1748年）闰七月己巳，上启銮幸盘。乙亥，上回銮。回京途中，戊寅，驻跸汤山温泉行宫。翌日如之。己卯，谕："蠲免江苏元和、昭文、吴江、昆山、新阳、青浦、靖江、沛县、嘉定、崇明等十县本年雹灾额赋，加借崇明县饥民一月口粮。"[4]

---

1 《世宗宪皇帝实录》卷五十，《清实录》第七册，第755—757页，中华书局，1986年。

2 《高宗纯皇帝实录》卷一百五十，《清实录》第十册，第1158页，中华书局，1986年。

3 《高宗纯皇帝实录》卷一百五十，《清实录》第十册，第1162页，中华书局，1986年。

4 《高宗纯皇帝实录》卷三百二十一，《清实录》第十三册，第292—293页，中华书局，1986年。

《乾隆帝写字像》，故宫博物院藏

乾隆十八年（1753年）八月戊戌，上以秋狝木兰，奉皇太后自圆明园启銮，驻南石槽行宫，谕："此次巡幸木兰，所有经过州县，着加恩蠲免本年应征地丁钱粮十分之三，总督方观承照例查办，该部即遵谕行。"[1]此次回京时，十月癸巳，驻跸汤山行宫。[2]

乾隆二十八年（1763年）五月甲戌，上以秋狝木兰，奉皇太后自圆明园启銮，是日驻跸汤山行宫。乙亥，谕曰："刘纶已调补户部尚书，陈宏谋未到任之先，其兵部尚书事务著刘纶兼署。……以山东布政使崔应阶为贵州巡抚，山西按察使梁翥鸿为山东布政使，陕西粮驿道佛德为河南布政使，直隶霸昌道裴宗锡为直隶按察使，调直隶按察使，王检为山西按察使。"[3]

1 《高宗纯皇帝实录》卷四百四十五，《清实录》第十四册，第790页，中华书局，1986年。
2 《高宗纯皇帝实录》卷四百四十八，《清实录》第十四册，第840页，中华书局，1986年。
3 《高宗纯皇帝实录》卷六百八十七，《清实录》第十七册，第693—694页，中华书局，1986年。

第三节　博览群书

汤泉行宫内，书籍、文房用具陈设随处可见。乾隆御制诗中，多次出现咏汤泉行宫书房的诗句。如乾隆五十四年（1789年）《汤泉行宫八咏》之《书室》："驻辇原欣清暇多，书斋到处缥缃罗。"[1]根据乾隆三十六、三十八年（1771、1773年）汤泉后宫各所陈设档、乾隆四十五年（1780年）汤泉前宫陈设档和嘉庆八年（1803年）《汤泉行宫后宫各所陈设铺垫等项物件清册》，并结合清内务府绘《汤泉行宫地盘画样全图》，可以大体厘清书籍和文房用具在汤泉行宫各处的分布与特点。

一　书籍和文房用具的陈设分布

在前宫，澡雪心神殿明间、后层殿明间均陈设书籍。在漱琼西沐浴堂明间陈设书籍，西沐浴堂二层有西书屋，东沐浴堂二层有东书房。乾隆皇帝《漱琼室》诗云："石髓淙暄波，涌出如汤熟。益人同功德，每来必沐浴。弹冠与振衣，三间语义足。虽然或异焉，大宝箴曾读。察察以为明，斯岂苍生福。"[2]可以看出，乾隆皇帝在前宫泡汤洗浴的同时，还要在那里读书明理，召见臣工。

在后宫，南所主要建筑由对时育物殿和办事殿组成。办事殿，顾名思义，是皇帝接见群臣处理政务的场所。据乾隆三十六年（1771年）陈设档[3]记载，办事殿的西间陈设书籍，东暖阁设有书房。乾隆四十年至六十年之间（1775—1795年），曾分别从紫禁城、圆明园、热河行宫等处领来笔砚、册页及陈设器物等数十件加以充实。[4]

中所主要分为中、东、西三路。据乾隆三十六年陈设档记载，中路第一进

1　（清）弘历:《御制诗五集》卷四十六。

2　（清）弘历:《御制诗四集》卷三。

3　陈2100乾隆三十六年《查核办理汤泉各所陈设铺垫等项物件清册》，中国第一历史档案馆。

4　陈4400《汤泉后宫陈设铺垫等项物件清册》，中国第一历史档案馆。

院石髓苓芬殿明间陈设书籍，第二进院瞻睇烟云殿西暖阁陈设文具，第三进院澜碧殿明间和后抱厦陈设文具和法帖。西路萝香径殿西暖阁设有书籍和文具。乾隆四十年至六十年间又由宫内懋勤殿、造办处、圆明园、热河等处陆续领来或送来文房用具和书籍册页等物品[1]，充实了澜碧殿后抱厦内和瞻睇烟云殿东暖阁的陈设。

乾隆三十六年至乾隆晚期，瞻睇烟云殿明间随安室虽然没有文房用具陈设，仅有少量书籍，但它确是乾隆时期的书房，乾隆帝曾明确说："御园及行宫书室率题此额，犹弗忘昔之意也。"[2]他在此处也曾多次题诗："随安室是旧书斋，佳处题檐数典皆。"[3]"逐处随安作室名，顾名思义在躬行。给求养欲恒廑念，昔易今难每绻情。柳为风轻拂檐袅，草当春暮绕阶荣。坐来不易前番者，摛句欣于笔砚精。"[4]

东所主要有泛涟晖殿和西跨所书房及后照殿等建筑。泛涟晖殿西暖阁设文房用具和少量书籍，西跨所书房陈设文房用具。乾隆五十五年（1790年）由各处领来或送来文房用具、册页等物件，陈设于西跨所东暖阁。

西所主要建筑有澄怀观道殿、开襟楼及东西配殿等。乾隆三十六至三十八年（1771—1773年），澄怀观道殿明间、开襟楼楼下各设有文房用具和书籍。乾隆四十七至四十九年（1782—1784年），在澄怀观道殿东暖阁增设文房用具。

北所主要有水镜秋霜殿和渊清玉洁殿。乾隆中期，水镜秋霜殿东暖阁陈设文房用具和法帖，渊清玉洁殿西暖阁陈设书籍。乾隆四十四至六十年（1779—1795年），水镜秋霜殿西暖阁增设文房用具和少量书籍，后抱厦增设法帖。

通过梳理可以发现，书籍和文房用具遍布汤泉行宫的前宫以及后宫的南所、中所、东所、西所和北所，足见乾隆皇帝对读书、写作的重视。这些书籍和文房用具也为乾隆皇帝博览群书、研习琴棋书画、陶冶性情提供了极大的便利。乾隆五十四年（1789年）《汤泉行宫八咏》之《书室》云："驻辇原欣清暇多，书斋到处缥缃罗。抽开一卷便有益，益自因心可会么。"[5]

1　陈4400《汤泉后宫陈设铺垫等项物件清册》，中国第一历史档案馆。

2　（清）于敏中等:《日下旧闻考》第一册，卷十七，第236页，北京古籍出版社，1981年。

3　（清）弘历:《御制诗四集》卷三。

4　（清）弘历:《御制诗四集》卷二十八。

5　（清）弘历:《御制诗五集》卷四十六。

二　书籍和文房用具陈设特点

在汤泉行宫各处，书籍和文房用具的陈设具有以下几个特点。

（一）专设书籍而无文房用具

前宫澡雪心神殿明间、漱琼西沐浴堂明间、后层殿明间、后宫南所办事殿西间、中所石髓苓芬殿明间、瞻睇烟云殿明间随安室、北所渊清玉洁殿西暖阁均陈设书籍。

澡雪心神殿明间，南漆几腿案上陈设《万寿盛典》一部四套，每套各十本；《钦定春秋传说汇纂》一部四套，每套六本。

漱琼西沐浴堂明间，楠木琴桌上陈设《春秋左传》一部四套，每套各七本。

后层殿明间，楠木书格陈设书籍种类和数量最多。如《渊鉴类函》一部十二套，每套各七本；《老子》一部一套，计九本；《庄子》一部二套，一套八本，一套七本；《荀子》一部，计八本；《全唐诗》一部十二套，每套各十本；《南丰文集》一部二套，每套各十二本；《范文正公集》一部二套，每套各十二本；《御订全金诗》一部二套，每套各六本；《元文薮》一部二套，每套各六本；《词谱》一部四套，每套各十本；《古文渊鉴》一部四套，二套各七本、二套各五本；《月令辑要》一部二套，每套各六本；《佩文韵府》一部十套，二套各八本、四套各九本、二套各十本、一套十一本、一套十二本；《御选唐诗》一部二套，一套七本，一套八本；《康熙字典》一部二套，每套七本；《象山文集》一部二套，每套各十本；《韵府拾遗·经解》一部六十套；《资治通鉴纲目》一部八套；《韩昌黎文集》一部四套。

南所办事殿西间，洋漆书格一对。陈设《咏物诗选》一部八套，每套各八本；《性理精义》一部一套，计五本；《全唐诗录》一部八套，每套各五本；《数表》一部一套，计三本。

中所石髓苓芬殿明间，花梨木几腿案一对。陈设《文献通考》一部十二套，每套各十本；《御制南巡记》一件。于乾隆五十年（1785年）二月初六日由懋勤殿领来。

中所瞻睇烟云殿明间随安室，瘿木几腿案一张。陈设《题画诗类》一部四套，二套各七本、二套各八本。

北所渊清玉洁殿西暖阁，洋漆格一对。陈设《渊鉴类函》一部十套，每套各九本；《困学纪闻》一部二套，每套各八本；《史记》一部六套，每套各十本；《性理大全》一部四套，每套各十本；《李集》一部二套，每套各十本。

（二）专设文房用具而无书籍

后宫中所澜碧殿明间、瞻睇烟云殿西暖阁、东所西跨所西间、西所澄怀观道殿东西暖阁、北所水镜秋霜殿东西暖阁专设文房用具。

后宫中所澜碧殿明间陈设紫檀木书桌二张。陈设象牙巧工笔筒一件，内插竹木牙笔三支，白玉墨床一件，白玉巴斗水盛一件，绿石砚一方，黑彩漆匣盛，黑漆砚匣一件，内盛黑漆砚，《御临米芾尺牍》一册。

中所瞻睇烟云殿西暖阁陈设南漆小格一对。陈设康熙款铜掐丝珐琅小水壶一件，红玛瑙果式笔架一件，窗台上黑漆文具一件。

东所西跨所西间陈设洋漆格一对。陈设雍正款玛瑙笔洗一件，乾隆款水晶腰圆笔洗一件，铅笔二件。

西所澄怀观道殿东暖阁陈设填漆炕案一对，陈设汝釉葵花洗一件，于乾隆四十七年（1782年）八月二十四日由热河领来；二方观象砚二匣，于乾隆四十九年（1784年）五月初六日由内廷领来；窗台上陈设汉玉三螭洗一件，于乾隆四十七年（1782年）八月二十四日由热河送来。

西所澄怀观道殿西暖阁陈设黑漆书桌一对。两桌下安二方观象砚二匣，于乾隆四十九年（1784年）五月初六日由内廷领出一分，于同年十二月十一日由内廷领出一分。

北所水镜秋霜殿东暖阁，乾隆三十六年（1771年）陈设黑漆书桌一对。左桌上安雕竹根笔筒一件，内插竹木牙笔三支，银晶水盛一件，碧玉匙，白玉福寿仙灵笔山一件，白玉夔龙墨床一件，于乾隆三十三年（1768年）七月初八日由造办处领来；盛京石砚一方，紫檀木边漆心匣盛，《御临王帖》一册，于乾隆五十二年（1787年）三月初七日奉旨安设；六方观象砚一匣，于乾隆四十七年（1782

年）正月初八日由内廷领来；《御制全韵诗》全函，于乾隆四十五年（1780年）五月二十二日由武英殿领来；青玉桃式洗一件，于乾隆四十七年（1782年）正月二十八日由造办处领来。

水镜秋霜殿西暖阁，陈设红彩漆炕案一张。上安竹嵌松石笔筒一件，内插扇一柄，漆竹笔二只，紫石砚一方，黑漆嵌玉匣盛，玉海棠式水盛一件，随铜匙，玉卧马笔山一件，玉异兽墨床一件，红墨一锭，以上均于乾隆五十五年（1790年）四月二十六日由热河送来。案下安雕漆梅花盒一对，于乾隆五十五年（1790年）四月二十六日由热河送来；二方砚一匣，于乾隆四十九年（1784年）十二月十一日由圆明园领来；《御制古稀说》一册，于乾隆四十五年（1780年）十二月二十六日由懋勤殿领来。

（三）书籍与文房用具兼备

后宫南所办事殿东暖阁、中所萝香径殿西暖阁、澜碧殿后抱厦、东所泛涟晖殿西暖阁等地，既有书籍也有文房用具。

后宫南所办事殿东暖阁陈设书籍有《御选宋诗》一部四套，每套各十本；《御选金诗》一部四套，每套各六本；《御选元诗》三套，每套各十本；《御选元诗》一套，计十本；《御选明诗》一部八套，每套各八本；《历代赋汇》一部六套，每套各七本。文房用具有泡素笔架一件，墨四锭，洋漆匣盛。还有黄杨木琴桌一张，西洋剪子二把，显微镜一件，玳瑁边水晶眼镜一件，铁盒盛，子儿皮小千里眼一件。

乾隆四十七至五十五年（1782—1790年），南所办事殿东暖阁的书籍和文房用具陈设加以充实。如《大功告成》册页八册，紫檀嵌玉笔筒一件，内插手卷一件、抓笔一支、竹管笔三支，玉三足圆洗一件（牙雕裂缝），玉圆盒墨床一件，朱墨一锭，玉异兽笔山一件，五彩瓷水盛一件，石匙，玉双鱼洗一件，石砚一方，黑漆嵌玉匣盛，俱系乾隆五十五年（1790年）四月二十六日由热河送来；《咏物诗选》一部计十八套，每套各八本；《六巡江浙恭纪赋》一册，于乾隆四十九年（1784年）五月初六日由圆明园领来；六方砚一匣，于乾隆四十九年（1784年）五月初六日由圆明园领来；《全唐诗录》一部计八套，每套各九本；《拟白居易新乐府》

一套，于乾隆四十七年（1782年）五月二十一日由懋勤殿交出。

中所萝香径殿西暖阁陈设书籍有《御临王羲之帖》一册；《渊鉴类函》一部十套，每套各九本；《书画谱》一部三套，二套各七本、一套八本；《诗宿》一部三套，每套各六本；《广群芳谱》一部四套，每套各八本；《佩文韵府》一部十套，二套各八本、四套各九本、二套各十本、一套十一本、一套十二本；《文选》一部四套，每套各六本；《历代诗余》一部六套，每套各八本；《春秋左传》一部计四套；《康熙字典》一部计六套。文房用具有铜掐丝珐琅笔筒一件，内插竹木笔四支，红玛瑙水盛一件，犀角张骞乘槎笔架一件，钧釉荷花水盛一件，黑石砚一方，紫檀木嵌玉匣盛，云霭芝函墨二匣，于乾隆五十二年（1787年）正月初七日由懋勤殿安设。

中所澜碧殿后抱厦陈设黑漆琴桌一张，随旧锦囊。陈设大棋象棋一分，花梨木匣盛，琴桌、象棋于乾隆三十三年（1768年）十二月初九日由内廷交来；《读书纪略》一套计八本，《敬胜斋法帖》四匣，每匣十册，于乾隆三十年（1765年）二月初九日由内廷交出；《御制全韵诗》一部计十二套，于乾隆四十三年（1778年）正月十一日由懋勤殿领来；《新乐府》一部计二套，于乾隆四十三年（1778年）三月二十二日由武英殿领来。

紫檀木大柜一对，随镀金锁钥四份，于乾隆四十七年（1782年）三月二十五日由圆明园领来。左柜内设：墨刻字画一张，于乾隆四十年（1775年）十二月二十五日智虞司领来；《皇舆图》一分，于乾隆四十五年（1780年）三月二十一日由造办处领来；《南涧甲乙稿》一部计十二套，《西台集》一部计二套，《雪山集》一部计二套，《山谷诗注》一部计四套，《净德集》一部计二套，《大戴礼记》一部计二套，《文定集》一部计二套，《春秋考》一部计二套，《蒙斋集》一部计二套，《絜斋集》一部计二套，《文公集》一部计二套，《元和郡县志》一部计四套，《尚书详解》一部计四套，《御选明臣奏议》一部计四套，《琉球国志略》全函。

右柜内设：《岭表录异》全函，《傅子》全函，《蛮书》全函，《禹贡指南》全函，《项氏家说》全函，《浮沚集》全函，《五曹算经》全函，《归潜志》全函，《续吕氏家塾读诗记》全函，《唐书直笔》全函，《方言注》全函，《聚珍版程氏易象意言》全函，《易学滥觞》全函，《止堂集》全函，《吴园周易》全函，《汉官旧仪》全函，《文苑英华辨证》全函，《陶山集》全函，《鹖冠子》全函，《耻堂存稿》全函，《浩然斋雅谈》全函，《五经算术》全函，《谏续录》全函，《明本释》全函，《直斋书录解题》一部计二套，《五代史纂误》全函，《敬斋古今黄主》全函，《墨法集要》全函，《絜斋毛诗经筵讲义》全函，《海岛算经》全函，《朝野类要》全函，《金渊集》全函，《易说》全函，《郭氏传家易说》全函，《茶山集》全函，《老子道德经》全函，《论语意解》全函，《学林》全函，《云谷杂记》全函，《公事弟子集》全函，《苏沈良方》全函，《绛帖平》全函，《春秋辨疑》全函，《小儿药证真诀》全函，《春秋传说例》全函，《南阳集》全函，《忠肃集》全函，《意林》全函，《麟台故事》全函，《简斋集》全函，《文子缵义》全函，《猗觉寮》全函，《毗陵集》全函，《两汉刊误补遗》全函，《拙轩集》全函，《涧泉日记》全函，《夏侯阳算经》全函，《邺中记》全函，《孙子算经》全函，《周易口诀义》全函，《三国志辨误》全函，《易纬》全函，《春秋繁露》全函。《饔牖间评》全集，《仪礼释误》全函，《农桑辑要》全函，《考古之一》全函，《帝范》全函，《仪礼释宫》全函，《郑志》全函，《岁寒堂诗话》全函，《文中集》全函，《东观汉记》全函，《学易集》全函，《唐语林》全函，《水经注》一部计四套，《涑水纪闻》一部计十二套，《融堂书解》一部计十二套，《浮溪集》一部计二套，《宋朝事实》一部计二套，《华阳集》一部计二套，《景文集》一部计二套，《彭城集》一部计二套，《公事集》一部计四套，《功媿集》一部计八套，《后山诗注》一部计二套，《春秋集注》一部计二套，《宝真斋法书赞》一部计二套，《仪礼集释》一部计二套，《诗总闻》一部计二套，《元宪集》一部计二套，《春秋释例》一部计二套，《四库全书考证》一部计二套，《柯山集》一部计四套，《元朝名臣事略》一部计二套，《诚斋易传》一部计二套，《张燕公集》一部计二套，《禹贡说断》全函，《易原》全函，《万寿衢歌乐章》全函。《建炎以来朝野杂记》一部计二套，每套十六本；《能改斋漫录》一部计二套，每套十六本；《祠部集》一部计二套，每套八本；《牧庵集》一部计二套，每套六本；《元丰九域志》一部计二套，每套五本；《舆地广记》一部计二套，每套八本；《乾道稿》一部计四套，一套二本、一套四本、二套各六本；《东汉会要》一部计二套，每套八本；《五代会要》一部计二套，每套八本；《春秋经解》一部计二套，每套六本。《周髀算经》一套计六本，《九章算术》一套计四本，《聚珍版书目录》一本，《墨刻彭元瑞皇极殿灯联词》一册。

以下书集墨刻共十项俱由库存选安：《御笔再题彭元瑞所撰皇极殿灯联》一册，《热河志》一部计六套，《王公功绩表传》一套，《钦定四库全书总目》一部计十六套，《御定墨刻十三经》一部计四十套，《千叟宴诗》一部计六套，《万寿盛典》一部计四套，《诗经乐谱》一部计四套，《通鉴讲章》一部计二套，以上柜内存贮书籍一百四十种，俱系乾隆四十一年至嘉庆五年（1776—1800年）二月武英殿陆续领来。

东所泛漪晖殿西暖阁陈设洋漆书格一对。陈设《康熙字典》一部六套，二套各八本、四套各六本。洋漆长方书桌一张。上设《御临孙过庭书谱》以及笔筒、毛笔、墨、墨床、砚、水盛。乾隆三十六年（1771年）文房用具有金黄玻璃八角笔筒一件，内插竹木笔四支，抓笔一支，绿石砚一方，白晶石水盛一件，铜镀金匙，青白玉墨床一件，红墨一锭。还有洋漆长方书桌一张。乾隆三十八年（1773年）载，文房用具陈设水晶三友笔筒一件，瓷莲盒笔洗一件，铜珐琅笔架一件，铜珐琅水盛一件，铜珐琅墨床一件，随朱墨一锭，以上三项于乾隆三十六年（1771年）七月初八日由懋勤殿安设。元双韫彩墨一匣，格顶上安墨，于乾隆五十二年（1787年）正月初七日由懋勤殿安设。九江瓷笔筒一件（紫檀座裂），内插扇一柄，竹笔二只，乾隆五十五年（1790年）四月二十六日由热河送来。

以上各处陈设形式也不相同，书籍一般陈设在书格内及桌案炕几上，文房用具都是分散陈设在桌案炕几上下。后宫中所澜碧殿后抱厦书房内，书籍的陈设形式以书柜存贮为主，种类多达一百四十种，此处是行宫内最大的书库。

（四）陈设变化

1.初期陈设文房用具，后期添设书籍

中所澜碧殿明间，乾隆三十六年（1771年）陈设紫檀木书桌二张，上设笔筒（内插竹木牙笔）、墨床、水盛、绿石砚、黑漆砚等，《御临米芾尺牍》一册，《诚礼恭纪》一册，于乾隆四十八年（1783年）十二月初一日由武英殿领来；《御制全韵诗》一部计二套,《韫华逢吉》一册,《性理精义》一套,《龙美延祥》一册，于乾隆五十二年（1787年）三月初七日由圆明园领来;《谐奇趣图》一分计二十页，楠木匣盛,《黄河源图》一分计五页，楠木匣盛，以上二项于乾隆六十年（1795年）五月初二日由造办处领来;《伊犁回部图》一分计三十四页,《金川图》一分计十六页,《台湾图》一分计十二页,《安南图》一分计六页,《廓尔喀图》一分计八页，以上五分于嘉庆六年（1801年）五月十二日由造办处领来;《平定湖南苗疆战图》一分计十六页,《贵州狆苗战图》一分计四册，紫檀匣盛，于嘉庆八年（1803年）十二月二十二日由造办处领来。

东所西跨所西间，乾隆三十六年（1771年）陈设雍正款玛瑙笔洗一件，乾隆款水晶腰圆笔洗一件，铅笔二件，仿宋《诗经》二套,《书经》一套,《易经》一套,《春秋》四套,《礼记》四套，以上五项于乾隆四十九年（1784年）三月二十五日由武英殿领来;《大功告成》一册，于乾隆五十五年（1790年）四月二十六日由热河送来。

北所水镜秋霜殿东暖阁，乾隆三十六年（1771年）陈设黑漆书桌一对，上设笔筒、水盛、笔山、墨床等,《御制全韵诗》全函，于乾隆四十五年（1780年）五月二十二日由武英殿领来;《御临王帖》一册，于乾隆五十二年（1787年）三月初七日奉旨安设。

2.初期陈设书籍，之后撤走，后期再设书籍和文房用具

后宫南所办事殿西间，据乾隆三十六年（1771年）《查核办理汤泉各所陈设铺垫等项物件清册》载，洋漆格一对，陈设书籍有《咏物诗选》《性理精义》《全唐诗录》《数表》。据乾隆三十八年（1773年）《汤泉各所陈设铺垫等项物件清册》载，此时南所办事殿西间洋漆书格及书籍已被移走。据嘉庆八年（1803年）《汤泉行宫陈设铺垫等项物件清册》可知，乾隆四十七年至五十五年（1782—1790年），陆续新添了《全唐诗录》《拟白居易新乐府》《咏物诗选》《六巡江浙恭赋》《大功告成》几部书籍和洋漆炕桌一对，炕桌上设笔筒、笔架、毛笔、墨、砚、水盛、笔洗。

（五）书籍类别

按照传统的图书分类法，汤泉行宫各所陈设的书籍涵盖经、史、子、集四大类。经部包括儒家经传和小学方面的书，史部包括各种历史书、地理书，子部包括诸子百家的著作，集部包括诗、文、词、赋等总集、专集。从书籍的内容来看，汤泉行宫各所陈设书籍内容十分丰富。大致分如下几类：

儒家经典：《诗经》《书经》《礼记》《易经》《春秋》《论语意原》《絜斋毛诗经筵讲义》《尚书详解》《大戴礼记》《仪礼集释》《易说》《郭氏传家易说》《周易口诀义》《春秋左传》《春秋考》《春秋释例》《春秋经解》《钦定春秋传说汇纂》《御定墨刻十三经》《性理大全》《性理精义》等。

历史：《史记》《两汉刊误补遗》《东汉会要》《三国志辨误》《五代会要》《宋朝事实》《资治通鉴纲目》《涑水纪闻》《通鉴纪事本末》《建炎以来朝野杂记》《元朝名臣事略》等。

诸子百家：《老子》《庄子》《荀子》《鹖冠子》等。

文学：《全唐诗》《全唐诗录》《御选唐诗》《御订全金诗》《御选宋诗》《御选金诗》《御选元诗》《御选明诗》《题画诗类》《咏物诗选》《御制全韵诗》《历代诗余》《历代赋汇》《新乐府》《南丰文集》《象山文集》《拟白居易新乐府》《范文正公集》《韩昌黎文集》《词谱》《诗宿》《文选》《古文渊鉴》等。

地理：《禹贡指南》《禹贡说断》《水经注》《元丰九域志》等。

方志：《元和郡县志》《琉球国志略》《热河志》。

天文历书：《月令辑要》。

农学：《农桑辑要》《广群芳谱》。

数学：《海岛算经》《周髀算经》《孙子算经》《九章算术》《夏侯阳算经》《性理精义》《数表》等。

医学：《小儿药证真诀》。

典章制度：《文献通考》《万寿衢歌乐章》。

法帖：《御临王羲之帖》《御临米芾尺牍》《敬胜斋法帖》《淳化阁法帖》《兰亭八柱帖》《快雪堂法帖》《御临孙过庭书谱》等。

辞书：《佩文韵府》《康熙字典》等。

类书：《渊鉴类函》。

图画：《万寿盛典》《黄河源图》《皇舆图》《盛京舆图》《台湾图》《伊犁回部图》《廓尔喀图》《金川图》《安南图》《谐奇趣图》《平定湖南苗疆战图》《贵州狆苗战图》《书画谱》等。

诗文：《御制古稀说》《大功告成》《六巡江浙恭赋》《御笔南巡记》《五代五福堂记》《千叟宴诗》《御选明臣奏议》《墨刻彭元瑞皇极殿灯联词》《韫华逢吉》《龙美延祥》等。

目录：《钦定四库全书总目》《聚珍版书目录》。

乾隆皇帝酷爱读书，徜徉于书海，从书中汲取养分，与古人进行精神上的交流。他曾赋诗《读书》曰："行漏丁丁乙夜时，几余随地读书宜。孔颜乐处谁寻得？羲皇上人我不为。两字中庸常抱愧，千秋兴废每遐思。蛟炉篆袅望怀永，不觉花棂魄影移。"[1]

汤泉行宫陈设书籍是清宫文化典籍收藏的重要组成部分。为了满足皇帝阅读需求，行宫各所陈设的各类书籍约有两百种，近千套，数千册。相同的书籍陈设多套，并有多种版本陈设在不同的地方。如清代官修的大型类书《渊鉴类函》，在前宫澡雪心神殿的后层殿明间、后宫西所开襟楼下、中所萝香径殿西暖阁和北所渊清玉洁殿西暖阁均有陈设。清代官修大型辞藻典故辞典《佩文韵府》在前宫澡雪心神殿的后殿明间、后宫中所萝香径殿西暖阁均有陈设。《康熙字典》陈设在前宫澡雪心神殿的后殿明间和后宫东所泛涟晖殿西暖阁。

历代诗文是乾隆皇帝十分钟爱的书籍，他还亲自将唐、宋、金、元、明等历代诗编选成册。在汤泉行宫陈设的历代诗文书籍种类多、数量大、陈设地点多。如《全唐诗》《全唐诗汇》《历代诗余》《御选全唐诗》《御选宋诗》《御选金诗》《御选元诗》《御选明诗》《御选历代诗余》等，分别在前宫澡雪心神殿后殿明间、后宫南所办事殿西间、东暖阁及后宫中所萝香径殿西暖阁等处也都有陈设。乾隆皇帝深受古代文人思想影响，常常以"稽古右文"自居，喜欢以诗言志，以诗寄情，以诗记事，一生所写诗文多达四万余首，其中描写汤泉行宫殿、堂、斋、轩、

1 （清）弘历：《御制诗初集》卷二十三。

书室、读书及温泉沐浴等诗句就有数十首。如《驻汤山行宫即事》曰："于此得佳趣，于焉驻旅鞍。灵区自仙境，暖液辟秋寒。绿柳色如故，黄华芳未阑。研精书室静，天定信随安（诗注：向在书窗颜额曰'随安'，今离宫别院亦以是名之）。"又有诗曰："天空皎日明，别院九秋清。坐久怀前岁，蒐还喜近京。劭农咨父老，询政觐公卿（诗注：是日京中王公九卿来接）。得悉田多稼，因之一畅情。"[1]

当乾隆皇帝在汤泉行宫短暂停留、来去匆匆而无暇看书之时，也常常感慨，抒发愧疚之情。如《书室》云："书室由来贮缥缃，园人护晾本其常。今朝驻宿明朝去，无暇翻看愧莫当。"另一《书室》诗云："架庋缥缃卷帙多，不知其数况其他。一朝驻即荒唐别，隐虑南华笑若何。"

第四节　琴棋书画

乾隆皇帝自幼受满汉文化的熏陶，有着深厚的文化底蕴。受儒家文化影响，他对汉族文人所追求的种种理想境界十分向往，谕令宫廷画家创作了多幅表现其儒雅生活的作品，如春日松下品茶、盛夏观荷纳凉、秋季熏香抚琴、冬季赏雪吟诗或集雪烹茶等，这其中有的是他亲历亲为的行乐活动，有的则是他理想中的一种行乐状态。

乾隆五十七年（1792年）十月初三，乾隆皇帝作《御制十全记》一篇，以志武功十全，并令翻写满、蒙、汉、藏四种文字，建盖碑亭，以昭武功而垂久远。虽然乾隆皇帝自称"武功十全"，却也喜欢舞文弄墨，抚琴对弈，以文人自居。其《题澄观斋》云："翰墨香为侣，琴尊静者谐。"从乾隆时期汤泉行宫陈设不难看出他对琴棋书画的钟爱。

---

1 （清）弘历:《御制诗初集》卷四十四。

一　琴

从起居注、御制诗文以及清宫收藏可知，乾隆皇帝十分雅好古琴，对清宫御藏古琴视若珍宝，对它们进行鉴赏、整理、定级。他不仅亲自指导专人对明代著名律学家、音乐家朱载堉的《乐律全书》进行修订、勘误，还命内务府将其撰文《御笔再题乐律全书》制成青玉册。乾隆皇帝不仅亲自操琴弹奏，亦有“高山流水觅知音”的雅兴。在其御制诗文《题明世子朱载堉琴谱》中，曾述及他利用闲暇时间多次赴香山听唐侃弹琴的往事。其在这篇文章的文注中云：“唐侃，内府旗人，曾出兵受伤，善弹琴，任副都统，后年老乞休，居香山。乾隆辛酉年，曾听伊弹琴，音节抑扬，谓即古乐。屡有诗嘉之。”《香山听唐侃弹琴》《听唐侃弹琴》等几首诗专门记叙此事。乾隆皇帝认为古琴堪称太始正音，世间筝、琵、笛、筑皆无法与其相比。

据有关专家研究，故宫博物院藏《乾隆皇帝抚琴图》是乾隆皇帝谕令宫廷画家张宗苍创作的表现他脱离世嚣，于山野之中悠然自得的臆想之作。画幅右上皇帝御题五言诗：“松石流泉间，阴森夏亦寒。构思坐盘陀，飘然衫带宽。能者尽其技，劳者趁此闲。谓宜入图画，匪慕竹皮冠。癸酉夏日题。”“癸酉”为乾隆十八年（1753年），乾隆皇帝时年43岁。该诗与张宗苍于同年奉敕所绘的《乾隆皇帝松荫挥笔图》轴所题内容相同。此外，故宫博物院还藏有《弘历观荷抚琴图》，画中乾隆皇帝身着汉装，临湖抚琴，远处高山流水，喻其襟怀心境。

遍览汤泉行宫陈设档，不见琴身影，只见琴桌在。也许由于古琴非常珍贵，皇帝出行会随身携带，但不会把古琴长期陈设在行宫中。

前宫陈设琴桌四张，库存琴桌八张。如后层殿东暖阁花梨木琴桌一张、西暖阁豆瓣楠镶花梨木琴桌一张，漱琼西沐浴堂明间楠木琴桌一张、东暖阁填漆琴桌一张，东西围房库存漆木琴桌八张。

后宫各所陈设琴桌十九张。如南所办事殿东暖阁黄杨木琴桌一张，中所石髓苓芬殿东暖阁紫檀木琴桌一张，瞻睇烟云殿西暖阁紫檀木边竹节琴桌一张，紫檀木琴桌一张，澜碧殿东暖阁填漆琴桌一张，后抱厦黑漆琴桌一张，西跨所萝香径

《乾隆皇帝抚琴图》，故宫博物院藏

《弘历观荷抚琴图》，故宫博物院藏

乾隆仿哥釉象棋，故宫博物院藏

建福宫花园汉白玉棋盘

殿东暖阁填漆琴桌一张，东跨所前层殿明间洋漆琴桌一张，东间黑彩漆琴桌一张，东跨所三层殿西间黑漆琴桌一张，二层殿东西厢房黑漆琴桌一张，三层殿东西厢房松木琴桌二张，二宫门外值房楠木琴桌二张，东所泛涟晖殿明间花梨木大琴桌一件，东暖阁花梨木琴桌一张，宫门外值房黑漆琴桌一张，北所渊清玉洁殿明间紫檀木琴桌一张。其中中所琴桌就达到十四张。

上述琴桌材质有楠木、紫檀木、花梨木、黄杨木、松木，漆艺包括黑漆、填漆、黑彩漆、洋漆。

二 棋

围棋和象棋在清宫均很流行。乾隆时期，宫廷乃至寻常百姓以及兵营都盛兴围棋。乾隆皇帝酷爱围棋和象棋，且棋艺高超。紫禁城北部建福宫花园内的汉白玉石桌上当年刻制的棋盘至今依然清晰可见。养心殿后殿内炕桌上陈设着乾隆时期制作的一副仿哥釉象棋，非常精致。

汤泉行宫后宫中所后抱厦洋漆圆桌二张，随夹布套。左桌上安黑漆琴桌一张，随旧锦囊。大棋象棋一分，花梨木匣盛。

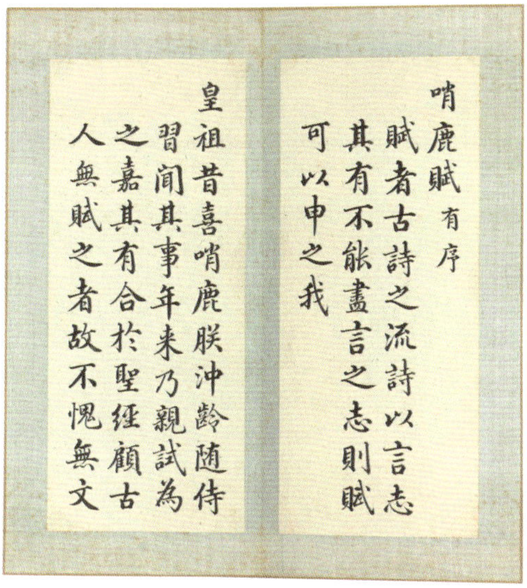

弘历楷书《哨鹿赋》册，故宫博物院藏

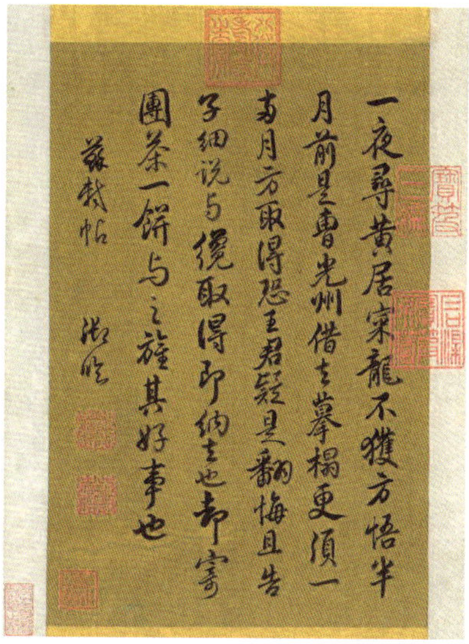

弘历行书临《苏轼帖》轴，故宫博物院藏

三　书

乾隆帝擅长楷书和行书，虽然风格单一，但功底扎实有力，别具一格。从清宫珍藏的历代书画作品上，大都能领略到乾隆皇帝的御笔题跋，其御笔楹联和贴落在紫禁城也是随处可见。

汤泉行宫亦如此，不仅有乾隆皇帝御笔匾额和大量御笔字，也有嘉庆皇帝的御笔字贴落。虽然汤泉行宫原有的这些御笔匾额和御笔字已无存，但通过爬梳档案，我们可以了解基本情况。

乾隆皇帝御笔匾额：前宫澡雪心神殿明间“气煦春温”锦边匾。前宫后层殿东暖阁“漾霞”字匾。后宫南所对时育物殿明间“对时育物”匾。中所石髓苓芬殿明间“风岩云壑”锦边匾。瞻睇烟云殿明间“瞻睇烟云”匾、“随安室”锦边匾。澜碧殿明间“烟霞水石”匾。惠泽阁“青莲妙相”匾、“泽润田功”匾。西所澄怀观道殿明间“澄怀观道”匾、“直方大”锦边匾。北所水镜秋霜殿明间“水镜秋霜”匾、东间“沁香浮玉”夔龙边匾。北所渊清玉洁殿明间“渊清玉洁”匾。

南海迎薰亭旧影，亭内乾隆御笔“对时育物”匾与汤泉行宫后宫南所对时育物殿明间题额相同，摄于20世纪初

共计十四面，其中前宫二面，后宫十二面。

乾隆皇帝御笔字：前宫澡雪心神殿明间御笔挑山字一张、御笔字对一副。后层殿明间贴御笔字横披一张。东暖阁御笔字挑山对一副、西暖阁御笔字对一副。漱琼西沐浴堂明间御笔横披一件、御笔字斗方一张。东暖阁御笔字对二幅、御笔字斗方一张、御笔字一张。

后宫中所石髓苓芬殿明间御笔锦边挂对一副、御笔挑山字一轴。石髓苓芬殿东暖阁御笔字一张、御笔字对一副。中所瞻睇烟云殿东暖阁两边挂御笔字对二副、御笔字对一副，御笔字板墙上刻。瞻睇烟云殿西暖阁御笔字对一副。中所澜碧殿明间御笔字横披一张。澜碧殿后抱厦御笔黑漆挂对一副。东所泛涟晖殿西暖阁御笔挑山字对一副。北所水镜秋霜殿明间御笔挂对一副。水镜秋霜殿东暖阁御笔字挑山一副。渊清玉洁殿西暖阁御笔挑山对一副。

乾隆皇帝御笔字前宫十一件，后宫十五件，共计二十六件。其中后宫中所就多达十一件，这也能看出乾隆皇帝对后宫中所特别看重。

嘉庆皇帝御笔字据嘉庆八年（1803年）汤泉行宫陈设档，中所瞻睇烟云殿西次间北风窗上添挂御笔字诗匾一面，于嘉庆八年（1803年）二月十九日懋勤殿奉旨安设。隔断板中方窗上贴御笔字斗方一张，于嘉庆八年（1803年）二月十九日懋勤殿奉旨安设。据道光十二年（1832年）汤泉行宫陈设档，中所石髓苓芬殿嘉庆御笔挑山二张、嘉庆御笔挑山一张，东西门斗上挂嘉庆御笔挂屏二件。瞻睇烟云殿东暖阁寝宫嘉庆御笔挑山字对一副、嘉庆御笔字对一副。北边花帘罩嘉庆御笔字大斗方一张。西次间南风窗上挂嘉庆御笔字匾式横披一面。西次间北风窗上挂嘉庆御笔字诗匾一面。隔断板中方窗贴嘉庆御笔字斗方一张。南风窗上添挂嘉庆御笔谒明陵八韵诗匾一面，于嘉庆九年（1804年）三月十二日奉旨安设。西暖阁花帘罩嘉庆御笔字挑山二张、嘉庆御笔字诗挑山一张、字对一副，于嘉庆十一年（1806年）二月十二日由懋勤殿奉旨换贴。东窗户上里边哀明陵三十韵手卷一分，于嘉庆九年（1804年）三月十二日有库存选安。东方窗心里边贴嘉庆御笔惠泽阁瞻礼诗斗方一张，于嘉庆九年（1804年）三月十二日奉旨换贴。嘉庆御笔字挂屏一件、嘉庆御笔字挑山一张。东门斗上贴嘉庆御笔斗方一张，于嘉庆九年（1804年）三月十四日奉旨换安。

嘉庆皇帝的御笔字共计二十件，主要集中在后宫中所的石髓苓芬殿和瞻睇烟云殿，尤其是瞻睇烟云殿的东暖阁和西暖阁，这也从侧面证明嘉庆皇帝对后宫中所特别重视。也许嘉庆皇帝临幸汤泉行宫期间，中所瞻睇烟云殿的东暖阁和西暖阁就是他在此地下榻休息之处。

此外，汪由敦、梁诗正、励宗万、观保、戴临的书法作品也陈设在汤泉行宫。如南所临河东三间房观保字斗方一张，中所瞻睇烟云殿东暖阁梁诗正字挂屏一件，中所澜碧殿明间汪由敦字对一副，中所澜碧殿东暖阁戴临字对一副，东所泛涟晖殿明间梁诗正字挂屏一件，西所澄怀观道殿明间梁诗正字横披一张、励宗万字横披一张，澄怀观道殿东暖阁梁诗正字对一副，西所开襟楼下励宗万字大斗方一张、戴临字大斗方一张。

四　画

乾隆皇帝身为一国之君，在繁忙的政务之余，亦好吟诗作画。清宫中琳琅满目的书画珍藏，为乾隆皇帝观摩临习历代名家的绘画创造了得天独厚的条件。此外，乾隆皇帝年幼时便可以接触到如叔叔允禧、允禄，西洋画家郎世宁等，向他们学习绘画知识，与他们探讨画理、切磋画艺，因此进步极快。据说，乾隆皇帝绘画作品有千幅之多，有花鸟画、山水画等。梅兰竹菊、松柏、水仙、牡丹等都是其御笔绘画的常见题材。如故宫博物院藏《一枝独秀图》《梅竹双清图》《水仙图册》《折枝牡丹图》《并蒂牡丹图》《杏花图》《金莲花图》《兰竹秀石图》《柳塘凫浴图》《濯足图》《寒山别墅图》《庚辰岁朝图并新正重华宫诗》等。乾隆皇帝还为祝贺母亲八十寿辰而创作了《多禄图》，以表孝敬之心。

从《清宫内务府造办处档案总汇》[1]可知乾隆皇帝绘画创作的一些记载。乾隆二十二年（1757年）十二月，首领太监桂元交御笔宣纸题画牡丹一张，传旨交启祥宫裱挂轴一轴；又记乾隆二十三年（1758年）一月，太监胡世杰交御笔宣纸牡丹画二张，传旨交如意馆即速裱做挂轴二轴；同年同月又记太监胡世杰交御笔墨竹牡丹一张，传旨将墨竹牡丹即速裱挂轴。

乾隆皇帝不仅酷爱绘画，也非常喜欢用名家书画装饰紫禁城、园林建筑和行宫。汤泉行宫仅有乾隆皇帝御笔画一张，悬于中所瞻睇烟云殿西暖阁。在汤泉行宫，名家绘画在前宫及后宫各所比比皆是，如黄筌、李公麟、王若水、周鲲、徐扬、蒋廷锡、冷枚、文永丰、李世倬、钱维城、高其佩、唐岱、李秉德、张雨森、朱伦瀚、张宗苍、董邦达、余省、郎世宁、王致诚、沈源、曹夔音、贺永清、袁英、吴棫等。这些名家作品在汤泉行宫的具体分布如下。

前宫澡雪心神殿明间，钱维城画对一副，徐扬画一张，张若澄东西画门二张。

1　中国第一历史档案馆、香港中文大学文物馆合编：《清宫内务府造办处档案总汇》第二十二册，第586页；第二十三册，第427页，人民出版社，2005年。

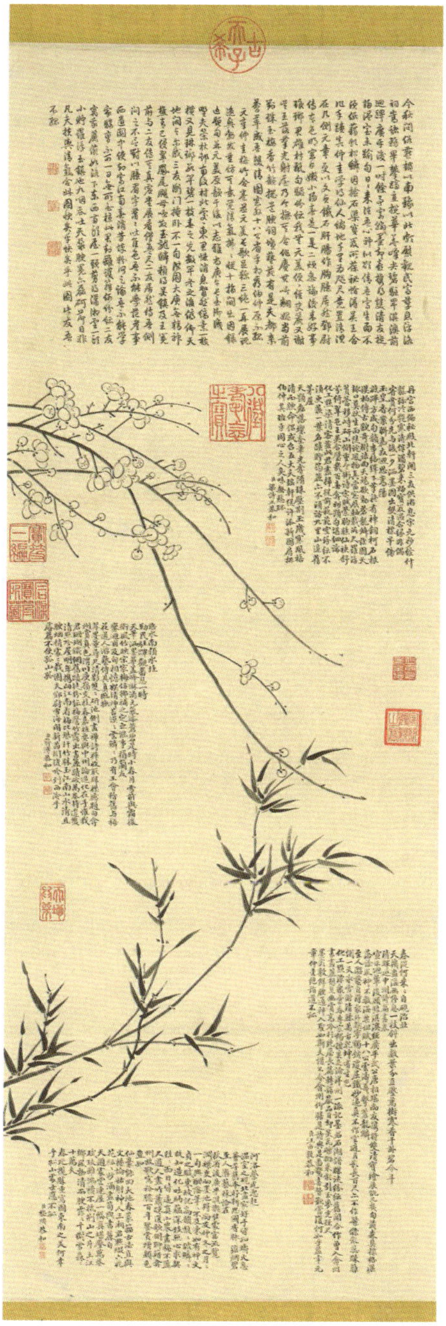

弘历《梅竹双清图》，故宫博物院藏

弘历《寒山别墅图》，故宫博物院藏

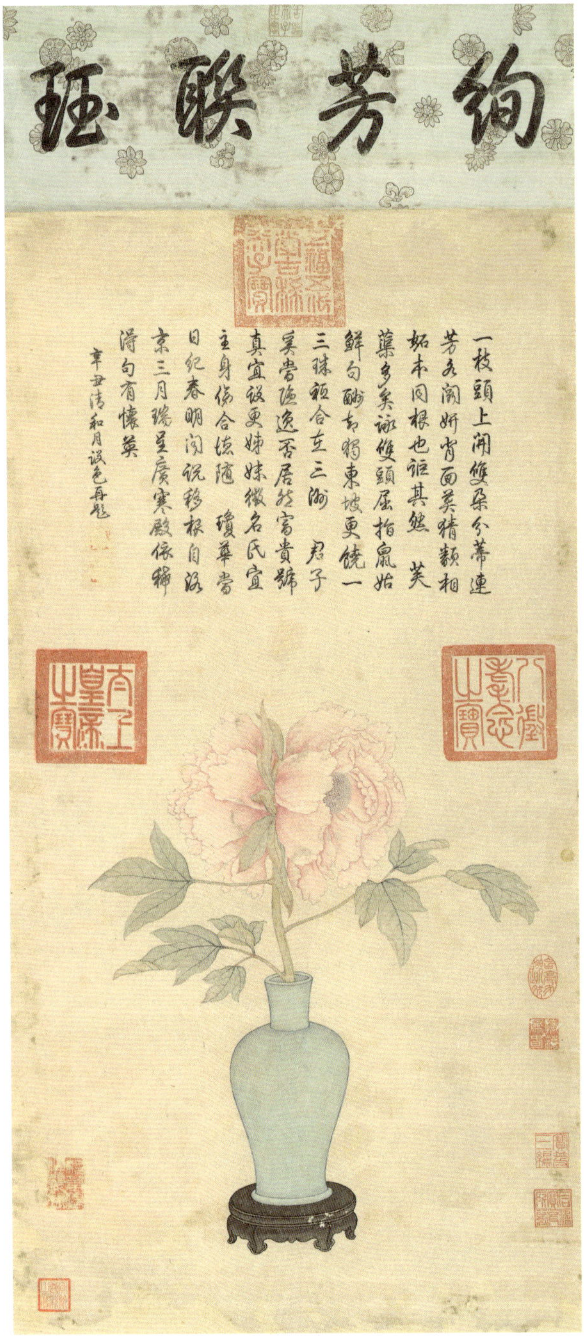

弘历《并蒂牡丹图》，故宫博物院藏

弘历《庚辰岁朝图》，故宫博物院藏

后层殿西暖阁蒋廷锡画一张，文永丰画对一副，李世倬画挑山一张。漱琼西沐浴堂明间李秉德画一张，钱维城画一张，余穉画门一张。漱琼西沐浴堂东暖阁钱维城画斗方一张、山水画一轴，面北陈士俊画门一张。后宫南所对时育物殿明间高其佩横披画一张，张雨森横披画一张。办事殿西间汪由敦字一张，傅雯画门一张。临河东三间房傅雯画门一张。

中所石髓苓芬殿明间沈源、曹夔音画《汤泉图》一轴，东暖阁唐岱画一张。中所瞻睇烟云殿西暖阁御笔画一张，戏台王炳画门一张，东暖阁寝宫御题《棉花图》一分，御题《耕织图》一分。中所澜碧殿明间董邦达画斗一张，东暖阁余省画横披一张，澜碧殿后抱厦挂画三轴，内李公麟一轴、黄筌一轴、王若水一轴。中所西跨所敦素殿明间傅雯画门二张、东暖阁朱伦瀚画一张。

东所泛涟晖殿明间张宗苍挂画一轴。

西所澄怀观道殿明间傅雯画门二张。澄怀观道殿东暖阁郎世宁画一张，张雨森画一张。澄怀观道殿西暖阁沈源画一张。西所开襟楼下周鲲画一轴，贺永清画一轴。

北所水镜秋霜殿东暖阁袁英画条一张，沈映晖画条一张。水镜秋霜殿西暖阁郎士宁画一张，冷枚画一张。渊清玉洁殿明间王致诚画横披一张，吴棫画一张。

值得一提的是，汤泉行宫有七处房间装饰了画门十张，也就是通景画。画家以高超的技法，描绘虚拟的门，营造出一种很奇妙的立体视错觉，使得室内空间得到了巧妙的延伸。参与画门的画家有傅雯、余穉、张若澄、陈士俊、王炳，唯有傅雯的画门多达六张。

第五节 起居就寝

据清代文献记载可知，皇帝、皇太后有时候赴汤泉行宫专为温泉沐浴或温泉疗疾，有时候则是往返塞外临时驻跸汤泉行宫。汤泉行宫有前后宫之分，后宫又有五所，如此之大，殿宇众多，那么汤泉行宫的前宫以及后宫各所的功能是否有所不同？皇帝、皇太后驻跸汤泉期间，他们日常起居、夜寝主要在何处？文献没有明确记载，根据汤泉行宫各处坐具卧具、铺垫陈设及御制诗文，大体可以分析一下。

一　宝座及配套铺垫

宝座是帝王的专用坐具。根据乾隆四十五年（1780年）汤泉行宫前宫陈设档和乾隆三十六年（1771年）汤泉行宫后宫各所陈设档，汤泉行宫宝座的材质有紫檀木、花梨木、铁梨木、榆木，漆艺有黑漆、洋漆、填漆之分。其中以紫檀木黑漆室内宝座为主，园林小亭宝座则为花梨木、铁梨木、榆木洋漆。具体陈设情况如下。

前宫漱琼西沐浴堂明间设有面西宝座，前两边楠木边纸心照背壁二扇。

后宫南所对时育物殿明间设黑漆罗汉宝座一张，锦座褥一件，红雕漆如意一柄，填漆痰盆一件。朱红油漆地平一件，上铺青毡一块，红毡套一块，黄缎边刷。

中所石髓苓芬殿明间设紫檀木宝座一张，上铺红猩猩毡一块，黄缎绣座褥一件，随黄缎绣靠背一件。紫檀木足踏一件，随黄羽纱套。红雕漆如意一柄，填漆痰盆一件。

中所澜碧殿明间设洋漆金花宝座一张，上铺黄缎绣金龙座褥一件，随足踏连套，红雕漆如意一柄，填漆痰盆一件。

中所澜碧殿后抱厦设紫檀木嵌寿山石镶银母洋漆文榻大宝座一张，红猩猩毡心嵌镶母龙点翠九屏风一座，上铺白毡一块，红猩猩毡琴边一条，石青缎边黄锦座褥一件，红雕漆如意一柄，填漆痰盆一件。

中所敦素殿明间设黑漆大宝座一张，上铺白毡一块，红锦座褥一件，随黄锦搭一件，黑彩漆足踏一件，红毡套黄缎边刷。

西所澄怀观道殿后抱厦设黑漆罗汉宝座一张，上铺白毡一块，黄锦座褥一件。

西所开襟楼下设紫檀木宝座一张，随紫檀木足踏一件，黄缎套，红猩猩毡一块，绣黄缎座褥一件，红雕漆如意一柄，填漆痰盆一件，花梨木镶嵌花卉五屏风一座。

清紫檀嵌牙花卉纹宝座，故宫博物院藏

清紫檀嵌瓷心罗汉床，故宫博物院藏

寿康宫明间宝座、足踏、屏风原状

清紫檀嵌珐琅五伦图宝座屏风，故宫博物院藏

由此可知，在前宫，宝座并非设在正殿澡雪心神殿，而是设在漱琼西沐浴堂明间，供皇帝在此温泉沐浴时落座休憩。这也从侧面证明前宫的功能就是以温泉沐浴为主。“漱琼”匾额由康熙皇帝御题，乾隆皇帝也有多首咏颂漱琼室的诗文，可以推断康熙皇帝和乾隆皇帝温泉洗浴主要在漱琼西沐浴堂。

后宫南所的办事殿是皇帝处理公务的地方，与办事殿相距不远的对时育物殿明间，不仅有宝座，还配有地平，规格很高。

中所石髓苓芬殿明间、澜碧殿明间、澜碧殿后抱厦、敦素殿明间均设宝座，或配足踏，或配屏风，可见中所是皇帝活动的主要场所。

西所位于后宫西南方位。按八卦学说，西南方属于坤卦，五行属土，推断西所可能是皇太后起居之处。这种风水理念与紫禁城内皇太后通常居住在西部慈宁宫、寿康宫一带相符合。

此外，后宫南所漱玉飞云亭设花梨木宝座一张。中所琳琅韵亭设铁梨木宝座椅一张。广润亭设洋漆如意宝座床一张。北所揽秀亭设填漆宝座一张，上铺白毡一块，月白妆缎椅搭座褥一件。钓鱼亭设榆木宝座一张，香色锦座褥一件。

二 床具及其配套铺垫

汤泉行宫前宫、后宫各所陈设床具材质主要包括楠木包镶、楠木挂板杉木、杉木、樟木挂板杉木、柏木包镶、柏木、松木。

（一）楠木包镶床

此床等级最高，大约33张，主要陈设在前宫后层殿明间和后宫中所、西所、北所主要殿宇的暖阁内。

前宫后层殿明间，正面楠木包镶床三张，上铺白毡、红毡各一块，黄缎绣金龙座褥靠背迎手一分，红雕漆如意一柄，紫檀木冠架一件，铜珐琅木瓜盘一件，木痒挠一件，红漆、金花痰盆各一件。

中所石髓苓芬殿东暖阁，楠木包镶床三张，上铺白毡一块，红地黑花猩猩毡一块，石青缎边，铺地白毡一块，黄妆缎座褥迎手、石青妆缎边黄妆缎心靠背一分，红雕漆如意一柄，填漆痰盆一件。

中所瞻睇烟云殿东暖阁寝宫，南面楠木包镶床三张，上铺白毡一块，黄猩猩毡一块，石青缎边，黄锦座褥迎手、石青妆缎边黄锦心靠背一分，红雕漆如意一柄，填漆痰盆一件。西暖阁，楠木包镶床三张，上铺白毡一块，红猩猩毡一块，石青缎边，铺地白毡二块，黄锦座褥迎手、石青妆缎边黄锦心靠背一分，红雕漆如意一柄，填漆痰盆一件，紫檀木小炕案一对。左案上安乾隆款霁红五寸瓷盘一件，楠木座，盘内有耳挖、牙签、小手刀三件。

中所澜碧殿明间，面西楠木包镶床一张，上铺白毡一块，石青缎边，黄锦座褥迎手、石青妆缎边黄锦心靠背一分，红雕漆如意一柄，填漆痰盆一件。

西所澄怀观道殿明间正面楠木包镶床三张，上铺白毡一块，红猩猩毡一块，石青缎边，花梨木边缂丝心炕九屏风一座，黄锦座褥迎手、石青妆缎边黄锦心靠背一分，红雕漆如意一柄，填漆痰盆一件。东暖阁，楠木包镶床三张，上铺白毡一块，铺地白毡一块，黄锦座褥迎手、石青妆缎边黄锦心靠背一分，红雕漆如意一柄，填漆痰盆一件。西暖阁，楠木包镶床三张，上铺白毡一块，铺地白毡一块，黄锦座褥迎手、石青妆缎边黄锦心靠背一分，红雕漆如意一柄，填漆痰盆一件。

北所水镜秋霜殿东暖阁，楠木包镶床五张，上铺白毡一块，红猩猩毡一块，青缎边。黄妆缎座褥迎手、石青妆缎边黄妆缎心靠背一分，红雕漆如意一柄，填漆痰盆一件。西暖阁南面，楠木包镶床三张，上铺白毡一块，铺地白毡二块。黄妆缎座褥迎手、石青妆缎边黄妆缎心靠背一分，红雕漆如意一柄，填漆痰盆一件，黑漆冠架一件。

北所渊清玉洁殿明间，东间正面楠木包镶床三张，上铺白毡一块，黄妆缎座褥迎手、石青妆缎边黄妆缎心靠背一分，红雕漆如意一柄，填漆痰盆一件，紫檀木冠架一件。西暖阁，面南包镶床五张，上铺白毡一块，红猩猩毡一块，石青缎边，黄妆缎座褥迎手、石青妆缎边黄妆缎心靠背一分，红雕漆如意一柄，填漆痰盆一件。

（二）楠木挂板杉木床

此类床大约17张，前宫13张，主要陈设在前宫漱琼西沐浴堂明间一张和东暖阁三张、西沐浴堂二层西书屋东间三张、东沐浴堂东暖阁三张、东沐浴堂后二层东书房西暖阁三张。后宫四张，中所瞻睇烟云殿明间二张，北所水镜秋霜殿明间二张。

漱琼西沐浴堂明间，楠木挂板杉木床一张，上铺白毡一块，虫蛀，红毡一块，虫蛀，银红锦座褥靠背二件，旧，红雕漆如意一柄，红雕漆金花痰盆一件。

漱琼西沐浴堂东暖阁，楠木挂板杉木床三张，上铺白毡一块，红毡一块，铺地白毡二块，黄妆缎座褥石青缎靠背二件，红雕漆如意一柄，红雕漆痰盆一件。

沐浴堂二层西书屋东间，楠木挂板杉木床三张，上铺白毡一块，铺地白毡一块，香色绸架幔一架，石青绸夹窗帘一架，毡帘一架，米色绸夹软帘一架。

东沐浴堂东暖阁，楠木挂板杉木床三张，上铺白毡一块，铺地白毡一块，米色绸夹软帘一架，花梨桌一张，上设烧古桃式炉一件，花梨木箸瓶盒一分，铜匙箸，石青绸夹窗帘一架。

东沐浴堂后二层东书房西暖阁，楠木挂板杉木床三张，上铺白毡一块，铺地白毡一块，香色绸架幔一架，软帘，石青绸夹毡帘一架，窗帘一架。

中所瞻睇烟云殿明间，御笔“瞻睇烟云”匾一面，迸裂，御笔“随安室”锦边匾一面，楠木挂板杉木床二张，上铺白毡一块，黄锦座褥迎手、石青妆缎边黄锦心靠背一分，红雕漆如意一柄，填漆痰盆一件，黄杨木痒挠一件。

北所水镜秋霜殿明间，西面楠木挂板杉木床二张，上铺白毡一块，黄地红花毡一块，石青缎边，黄妆缎座褥迎手、石青妆缎边黄妆缎心靠背一分，红雕漆如意一柄，填漆痰盆一件。

（三）樟木挂板杉木床

此类有三张，设在东所西跨所书房东暖阁。

（四）杉木床

此类49张，主要设在前宫澡雪心神殿明间一张、漱琼西沐浴堂二层西书屋明间三张、东沐浴堂四张、东沐浴堂后二层东书房三张、东围房池塘三张。后宫南所对时育物殿东西配殿12张、办事殿西间三张。中所西跨所萝香径殿西暖阁五张、临河房十张。东所泛漣晖殿西暖阁五张。前宫14张，后宫35张。

前宫澡雪心神殿明间，正面杉木床一张，上铺白毡、红毡、红猩猩毡各一块。黄缎绣花卉座褥靠背迎手一分，红雕漆如意一柄，红雕漆金花痰盆一件。

后宫南所办事殿西间，面东杉木床三张，上铺白毡一块，石青绸刷，黄妆缎座褥迎手、石青妆缎边黄妆缎心靠背一分，红雕漆如意一柄，填漆痰盆一件。

中所西跨所萝香径殿西暖阁，杉木床五张，上铺白毡一块，红毡套一块，石青缎边绸刷，黄妆缎座褥迎手、石青妆缎边黄妆缎心靠背一分，红雕漆如意一柄，红漆痰盆一件。

（五）柏木包镶藤屉床

此类有四张，设于中所西跨所萝香径殿东暖阁、东跨所前层殿东间、二层殿东间、三层殿东间。

（六）柏木床

此类仅见前宫三张，设于漱琼西沐浴堂西池堂。

（七）松木床

此类床数量最多，有296张，其中前宫58张，后宫南所44张，中所154张，东所22张，西所18张，大多陈设在前宫和后宫的次要房屋中。如前宫的配殿、围房和二宫门外东西池堂，后宫南所办事殿东暖阁、临河房、值房、围房，中所的临河房、厢房、值房和沐浴堂、更衣亭，东所的厢房、耳房、值房，西所的澄怀观道殿东西配殿。

后宫南所办事殿东暖阁，松木床三张，上铺白毡一块，虫蛀，红毡套一块，布边绸刷，黄锦座褥迎手、石青妆缎边黄锦心靠背一分，红雕漆如意一柄，填漆痰盆一件。

东所泛漪晖殿西暖阁设面东宝座杉木床五张，香色锦座褥迎手、石青妆缎边香色锦心靠背一分。西跨所书房三间设面东宝座松木床四张，香色锦座褥迎手、石青妆缎边香色锦心靠背一分。钓鱼亭设榆木宝座一张，香色锦座褥一件。

东所位于后宫正东方位。根据五行之说，东方属木，代表春天，主生长。这种理念与紫禁城建筑风水相一致。紫禁城里皇子读书处南三所即位于东部。东所的床具采用杉木而非楠木，座褥、迎手、靠背一律采用香色而非黄色，由此可知，东所应为皇子们在汤泉行宫期间居住、读书之地。

第六节　事神礼佛

古人云："国之大事，在祀与戎。"清代皇帝事神礼佛，祈求天地日月山川和祖先神灵的佑护，祈求风调雨顺，国泰民安，四海升平，江山永固，这是皇帝政务生活中必不可少的组成部分。清代宫廷宗教殿堂楼阁遍布紫禁城，有日日举行萨满教祭神仪式的坤宁宫，有肇建于明代沿用至清代的道观——钦安殿，有康熙时期营建的城隍庙，还有为数众多的藏传佛教佛堂，如中正殿、梵华楼、宝相楼、大佛堂、雨花阁等。

清代皇帝驻跸汤泉行宫期间，既要享受温泉沐浴，又要兼顾处理政务，当然还要在这里事神礼佛。因此，汤泉行宫也专门设有事神礼佛的场所。

中所石髓苓芬殿西间为佛堂，乾隆三十六年（1771年）档案所示内部陈设为：

“如是我闻”宣纸匾一面。楠木包镶床三张。楠木金漆大龛一件，铜释迦佛一尊，楠木金漆须弥座。楠木供桌二张，黄缎围桌一件，金累丝嵌石轮螺伞盖五供一分，五件，白玻璃罩珐琅托。玻璃果式供珐琅碗五件，宣铜汝耳炉一件，花梨木座。花梨木箸瓶盒一分，铜匙箸。青绿出戟长方鼎炉一件，紫檀木座。青绿方花觚一对，紫檀木座。宣德泥金字诸品经咒一部，紫檀匣盛。《般若波罗蜜多心经》二部。楠木金漆圆高香几一对，左几上安铜磬一件；右几上安铜镀金满达盆一件（内盛五色哈达五件），紫檀木座。缂丝红片金边香色妆缎心欢门一件，五彩掐金线缂丝幡一件，计六首。缂丝五彩锦围桌一件，铺地白毡、地平白毡、小白拜毡各一块。乾隆三十八年增设绢画佛像十二尊和青绿方蜡钎一对。

中所惠泽阁分为上下两层。二层供观音。档案记载陈设为：

御笔“青莲妙相”匾一面，雍正御笔“玉镜遥源”匾一面。堆金立粉龛一件，观音一尊，善才龙女二尊。朱红大案一张，青绿三足辅耳炉一件，青绿蜡钎一对，青绿象首花瓶一对，花梨木座。青绿香筒一件，古铜寿耳炉一件，花梨木座。花梨木箸瓶盒一分，铜匙箸。铜剪烛罐一分，随剪子。红油桌二张，黄布套。左桌上安铜磬一件，黄妆缎套，石青边刷黄缎垫；右桌上安铜铛铛一件，铜钹一对，铜手系一件，铜钟一件，木架，木鱼一件，锦垫，大鼓一面，木架，五色妆缎旛一分，计六首。石青寿字金龙黄妆缎欢门一件，黄缎夹幔一架，黄绸里。黄缎布拜毡一块，红毡一块，虫蛀。金漆圆盆一件，内盛哈达二个。一层供龙王。御笔“泽润田功”匾一面，雍正御笔“蒸泽流谦”匾一面。堆金立粉龛一件，龙王一尊，帅神六尊，朱红案一张，青绿三足辅耳炉一件，

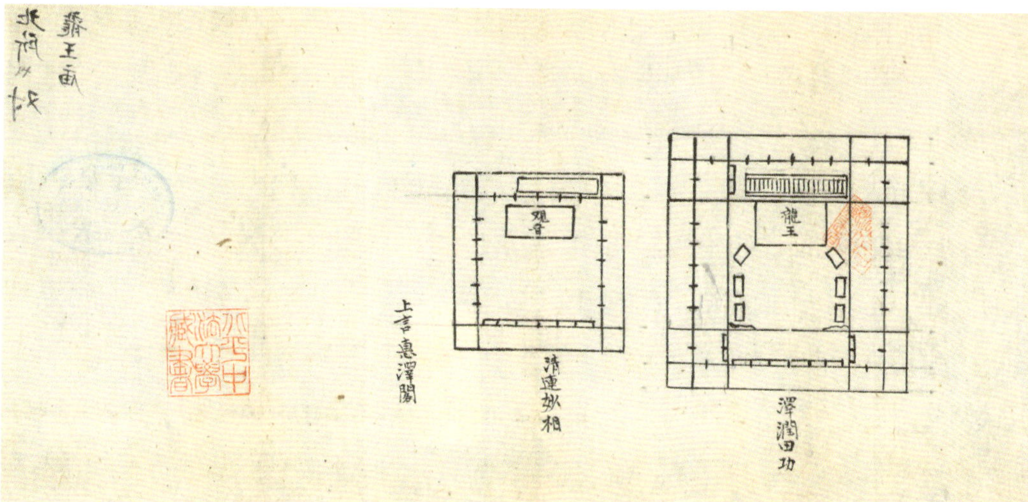

《汤泉行宫惠泽阁龙王庙地盘草图》，故宫博物院藏

青绿蜡钎一对，青绿象首花瓶一对，花梨木座。青绿香筒一件，铜寿耳炉一件，紫檀木座。紫檀木箸瓶盒一分，铜匙箸。铜磬一件，黄妆缎套石青妆缎边刷黄缎垫。五色妆缎旛一分，计六首。石青金龙黄妆缎欢门一件，黄缎夹幔二架，红绸里，内一架雨渍旧破。金漆圆盒一件，内盛哈达二个。白毡一块，红毡一块，虫蛀。铜剪烛罐一分，随剪子。

招提寺圣泉庵为一处独立院落，院门在南，建于月台之上，东西二座旗杆立于月台之上。大殿面阔三间，大殿两侧各有耳房两间，耳房为僧房。东西配殿各三间。

据乾隆六十年（1795年）二月二十五日《奏为修理汤泉等五处行宫估需工料银两事》[1]，在勘估核算汤泉行宫修缮事宜时，紧邻汤泉行宫院落的招提寺圣泉庵殿宇僧房院墙等皆一并统筹安排。如招提寺大殿前东西配殿二座六间漏顶二座二间，

1　奏案05-0455-050《奏为修理汤泉等五处行宫估需工料银两事》，中国第一历史档案馆。

僧房二座四间需修补。另招提寺大墙补砌凑长六丈，拆砌院墙凑长八丈，随门口九座，圣泉庵拆修旗杆二座。由此可见，招提寺圣泉庵是属于汤泉行宫的，也是清代皇帝驻跸汤泉行宫期间礼佛之处。

嘉庆七年（1802年）正月二十九日《奏为修理汤泉等处行宫估需工料银两数目事》[1]，招提寺应修坍塌虎皮石大墙六段凑长二十六丈八尺，又圣泉庵应修坍塌虎皮石大墙三段凑长十四丈八尺，随墙角门二座。

清代汤泉行宫事神礼佛的场所主要集中在中所的石髓苓芬殿西佛堂和惠泽阁，这从侧面说明，中所的确是汤泉行宫最核心的建筑群，是清代皇帝驻跸期间的下榻之处。不过，如果与紫禁城中的佛堂规模和陈设相比汤泉行宫中所石髓苓芬殿西佛堂和惠泽阁的陈设供奉则显得十分简单，不求规模数量，只求达意即可。汤泉行宫在把石髓苓芬殿西间辟为佛堂的同时，还专门为龙王和观音建造了一座三重檐四角攒尖楼阁——惠泽阁。惠泽阁内，龙王与观音供于一堂，神与佛和谐相处。龙王主水，执掌行云布水，汤泉行宫的肇建缘于温泉水，也因温泉水而闻名天下。因此，龙王神是汤泉行宫比较重要的神灵。观音是大慈大悲、普度众生的菩萨，在我国民间妇孺皆知，深入人心，十分流行。由此可见，惠泽阁的供奉对象和陈设体现出浓烈的世俗化特点。

第七节　欣赏戏曲

听戏，是清代皇帝重要的文娱活动。紫禁城内建造戏台，盛自乾隆。乾隆皇帝在紫禁城建造了畅音阁和漱芳斋两座大戏楼。紫禁城内还有两处室内戏台，均建于乾隆年间，均为乾隆帝观赏戏曲的场所，一处在漱芳斋，另一处则在倦勤斋。漱芳斋风雅存小戏台，是专为乾隆皇帝进膳时演出15分钟小戏而设。乾隆时期，南府太监常在倦勤斋小戏台为皇帝演唱岔曲。

汤泉行宫内也有两处室内小戏台，一处在中所瞻睇烟云殿明间，另一处在中

1　奏案05-0493-036《奏为修理汤泉等处行宫估需工料银两数目事》，中国第一历史档案馆。

所澜碧殿西间。

中所瞻睇烟云殿明间戏台，乾隆三十六年（1771年）陈设瘿木几腿案一张，裂缝，上安哥窑双管尊一件，紫檀木座。乾隆款铜掐丝珐琅角端一件，紫檀木座。青花双錾宝月瓶一件，紫檀木座。《题画诗类》一部四套，二套各七本、二套各八本。古铜火盆一件，铜盖座。案下安填漆方盒一对。几腿案上安洋漆绣墩八个，青缎垫。王炳画门一张。

据嘉庆八年（1803年）汤泉行宫陈设档载，瘿木几腿案上安青绿铜出戟方瓶一件，花梨木座。珐琅三足鼎一件，紫檀座。青花白地寿字瓶一件。以上三项于乾隆五十五年（1790年）四月二十六日由热河送来。古铜火盆一件，案下安松木座，于乾隆五十八年（1793年）十二月十八日由造办处领来。南风窗上悬御笔匾式字横披一张。

中所澜碧殿西间戏台，乾隆三十六年（1771年）陈设白毡一块，红毡一块，朱红油桌二张，随红锦围桌。朱红油椅四张，随红锦椅搭。旧朱红油桌一张，随藕荷描花围桌。榆木椅六张，随藕荷描花围桌。紫色绸夹软帘二架。线法画一张，新添。

清代汤泉行宫欣赏戏曲的主要场所均集中在中所的瞻睇烟云殿明间和澜碧殿西间，再一次说明，中所的确是汤泉行宫最核心的建筑群，是清代皇帝驻跸期间活动的主要场所。

第八节　观赏美景

汤泉行宫因温泉而建，因温泉而闻名。除了温泉之外，亭台楼阁、花草树木、碧池鱼鹤都是难得的美景。乾隆皇帝曾多次题写《温泉行宫八咏》，“汤泉八景”代表了汤泉行宫最具感染力的景致。以乾隆《汤泉行宫八咏》[1]为例，八处美景包括温泉、柳色、池塘、玉兰、山亭、游鱼、书室、官鹤。

---

1 （清）弘历:《御制诗五集》卷七十九。

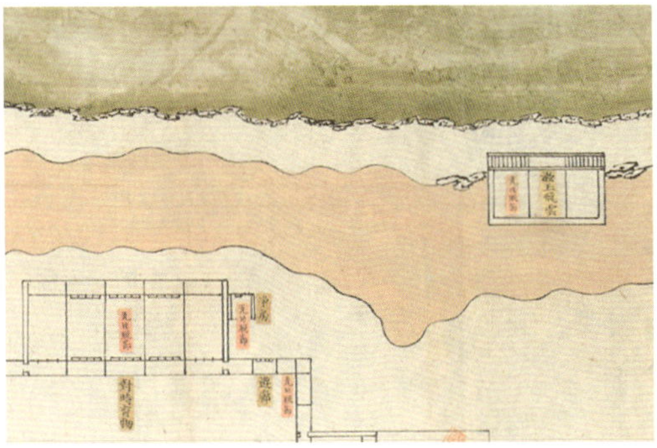

《汤泉行宫南所地盘画样图》局部之漱玉飞云亭，故宫博物院藏

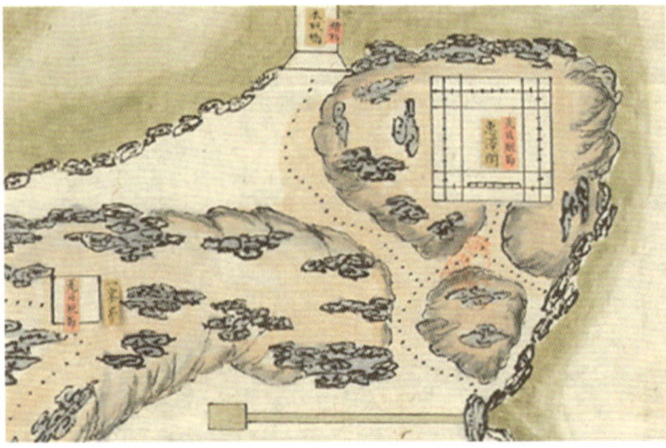

《汤泉行宫中所地盘画样图》局部之一峰亭、惠泽阁，故宫博物院藏

从《汤泉行宫地盘画样全图》看，行宫内的亭台楼阁，点缀在后宫园林的山水之间。或临水而建，或立于山上。

漱玉飞云亭，位于南所东北，横跨一湾碧水，面临东南湖面，亭内陈设有花梨木宝座一张，上铺白毡一块，青缎褥一件。

含绿亭，位于南所东北方向湖水的东岸，平面六边形，依山石傍水，有石踏步伸入水面，应是游船可以停靠的地方。

琳琅韵亭，位于中所，亭内陈设铁梨木宝座一张，上铺石青妆缎褥一件。

一峰亭旧影，摄于20世纪30年代

一峰亭，位于中所北部竹竿山中部，平面呈方形。乾隆皇帝御制诗《一峰亭》中，曾有对此亭的吟咏："平地涌一峰，虽卑亦荦峃。小亭冠其上，独立耸岳岳。天然自殊胜，造作终握齱。譬之读诗集，岛瘦郊寒若。神仙自有骨，俗子安

惠泽阁旧影，穆默摄，1901 年

可学。”[1]

惠泽阁，位于竹竿山东端伸入湖中的半岛上，四方重檐亭。据乾隆三十八年（1773年）陈设档载，雍正御笔“玉镜遥源”匾、“蒸泽流谦”匾和乾隆御笔“青莲妙相”匾、“泽润田功”匾悬于阁内。惠泽阁中佛道合供一堂，供奉观音一尊，善财龙女二尊，龙王一尊，帅神六尊，并有香炉、香筒、蜡钎、铜钟、铜钹、铜磬、大鼓、木鱼、经幡等。嘉庆皇帝《惠泽阁拈香瞻礼》诗云：“灵源孕地底，暖流漾和融。毓秀波澜活，钟奇脉络通。含温荡春煦，分润助田功。感祝谢神佑，

1 （清）弘历：《御制诗四集》卷三。

惠泽阁旧影，山本赞七郎摄，1901 年

惠泽阁旧影，1917 年

筹农切寸衷。”[1]嘉庆皇帝《汤泉行宫即景》诗云：“瓣香礼佛阁，惠泽沐新田。”[2]

钓鱼亭，位于东所，乾隆三十六年（1771年）汤泉后宫陈设档载，内设榆木宝座一张，上铺白毡一块，香色锦座褥一件。而据东所局部图可知，“四方亭”位于东所北岸，是一平面为正方形的亭子，三面临水。钓鱼亭与四方亭应是同一座亭子。

广润亭，平面呈八边形，即八角亭。内部陈设有洋漆如意宝座床一张，上铺白毡一块，红猩猩毡琴边一条，石青缎边黄锦座褥一件，红雕漆如意一柄，红漆痰盆一件，黑漆高香几一对。左几上安宣铜虬耳炉一件，楠木座；竹箸瓶黄杨木盒一分，铜匙箸；右几上安青花白地瓷木瓜盘一件，紫檀木座。

揽秀亭，位于北所的西南方向，平面呈十字形，内设填漆宝座，上铺白毡，月白妆缎椅，搭座褥一件，紫檀木边集锦画夹纸插屏一件。填漆高香几一对，左几上安青花白地瓷木瓜盘一件，花梨木座；右几上安英石山一件，紫檀木座。

1 （清）颙琰:《御制诗初集》卷三。
2 （清）颙琰:《御制诗二集》卷五十二。

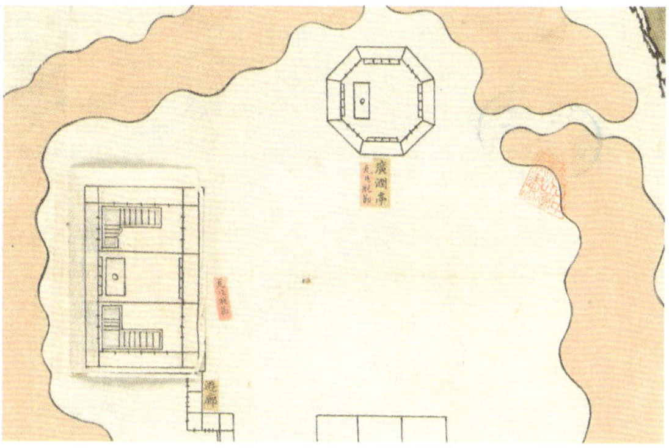

《汤泉行宫西所地盘画样图》局部之广润亭，故宫博物院藏

《汤泉行宫中所地盘画样图》局部之揽秀亭，故宫博物院藏

广润亭旧影，穆默摄，1901 年

除此以外，汤泉荷花、新荷、并蒂莲、莲花也是乾隆皇帝多次赋诗赞美的主题。乾隆皇帝经常以漱琼室、随安室、澜碧轩、敦素斋、泛涟晖殿为题抒发情怀。嘉庆皇帝也有咏颂于汤泉泛舟赏景的诗篇，如《汤山行宫泛舟即景》："地灵毓秀出温泉，气贯四时漾锦渊。映日暄波含皎洁，翻风暖浪叠沦涟。云浆涤渚罗纹活，炎液漾湄绮縠鲜。偶泛兰舟观灏景，岂同唐赋骋词妍。"[1]

1 （清）颙琰:《御制诗三集》卷三十九。

第五章　汤泉行宫匾额

第一节　汤泉行宫匾额通解

一　前宫

（一）康熙御笔"澡雪心神"匾（正殿）

汉代马融《长笛赋》："溉盥污秽，澡雪垢滓矣。"《魏书·释老志》："其为教也，咸蠲去邪累，澡雪心神，积行树功，累德增善，乃至白日升天，长生世上。"宋代陆游《雨后极凉》："孰能痛澡雪，此道庶少进。闭门君但学，妙理天岂吝。"

（二）乾隆御笔"气煦春温"锦边匾（正殿）

煦，即温暖。气煦春温，指春暖气温。

（三）康熙御笔"漱琼"匾（西沐堂）

唐代李白《望庐山瀑布二首》："无论漱琼液，还得洗尘颜。"宋代张元孝《醴泉歌》："冰壶日日漱琼液，涓滴解使心常醒。"漱琼，指清洗尘垢，涤荡心灵。

二　后宫南所

乾隆御笔"对时育物"匾（正殿）

据内务府造办处档案油作载，乾隆六年（1741年）十月初八，"对时育物"匾挂在汤泉，此匾的三面俱做铜字，务必赶年内要得。《易·无妄》之《象》曰：

“天下雷行，物与无妄，先王以茂对时育万物。”

乾隆皇帝御题“对时育物”匾，可以视为对其父雍正帝“对时育物豫皇情”的一种精神承继。而且从乾隆帝的诗句也可以看出，他常怀一颗“对时育物心”，将“对时育物”视为治国安邦的责任，不敢懈怠。

雍正皇帝《四时咏应制·夏》：“麦黄节候届朱明，百草蕃滋万汇荣。槛覆槐阴当午密，阶罗葵萼向阳倾。濯枝雨过园林润，解愠风来殿阁清。一榻桃笙临水畔，对时育物豫皇情。”[1]

乾隆皇帝《临芳墅》：“别墅水之涯，清华复静美。团团榆槐阴，罗罗花药蕊。偶憩如久居，心恒不离此。不离此缘何，檐额揭妙旨。对时育物心，翥凤飞龙体。”[2]

乾隆皇帝《新春玉泉山即事》：“排日灯宵庆赏阑，水源新岁暇来观。故知驹影曾无住，却喜韶光已露端。鱼陟虫蠕化机肖，泉流山峙太清宽。对时育物惟吾责，敢恣嬉游忽治安。”[3]

三 后宫中所

（一）康熙御笔“石髓苓芬”匾（中路第一进院正殿）

李时珍《本草纲目》拾遗小序提到，石部之下有石髓，即石钟乳。《枚乘·七发》：“漃漻薵蓼，蔓草芳苓。”苓芬，即芬芳之意。

“石髓苓芬”虽为康熙皇帝御题，乾隆皇帝在《题惠泉山房》诗中也以“苓芬石髓腴”的诗句向圣祖表达敬意。

乾隆皇帝《题惠泉山房》：“昔来游惠泉，听松试竹垆。八角石栏干，明汲转辘轳。茶香涤尘虑，泉脉即此夫。重临探灵源，乃知别一区。石梯拾级登，高下置精庐。潇洒绿琅玕，峭茜青芙蕖。山茶及水仙，放香妍且都。西北有空洞，洞

1 （清）胤禛：《世宗宪皇帝御制文集》卷二十三。

2 （清）弘历：《御制诗二集》卷八十九。

3 （清）弘历：《御制诗三集》卷十。

前方塘虚。淙淙出甘源，苓芬石髓腴。对之坐逾时，笑我前遭徒。境亦不可穷，奇亦难悉胪。名泉自千古，岂借膻芗吾。”[1]

（二）乾隆御笔“风岩云壑”匾（石髓苓芬殿）

云壑，指云气遮覆的山谷。风岩云壑即岩壑，山峦溪谷之意，指世外隐居之处。南朝谢灵运《酬从弟惠连》：“寝瘵谢人徒，灭迹入云峰。岩壑寓耳目，欢爱隔音容。”明代徐庸《云壑》：“白云满壑隐人居，闲傍青山自卷舒。霄汉无心不飞去，清阴长护案头书。”

（三）乾隆御笔“如是我闻”匾（西佛堂）

“如是我闻”出自《金刚经》，佛教用语，乃佛临涅槃前，弟子阿难所问四事之最后一问。由此一句加之经前，正可破后世之疑。表明是阿难尊者所集经藏尽是亲承佛前所听所受。

（四）乾隆御笔“瞻睇烟云”匾（中路第二进院正殿）

《宋书·武帝纪》：“朕驻跸于野，有事岐阳。瞻睇风云，徘徊以想。”瞻睇，指仰望。

（五）乾隆御笔“随安室”匾（明间）

随安，取随遇而安之义。随安室，是乾隆皇帝钟爱一生的书室，初在紫禁城重华宫，后在养心殿东暖阁，西苑瀛台、圆明园、长春园、清漪园、静宜园、汤泉行宫、避暑山庄等处的书室概题此额，甚至乾隆二十二年（1757年）第二次南巡至苏州居于灵岩寺行宫之时，仍为该行宫题额“随安室”。[2]

乾隆皇帝不仅钟爱“随安室”之名，而且留下了若干以“随安室”为题的御制诗文，屡屡阐发其对“随安”之名的深刻意涵。

乾隆皇帝《随安室八韵·在养心殿东暖阁内》：“随遇得居安，养心左序端。检身若不及，容膝已为宽。志与青年异（诗注：此予在青宫时即以名室，盖取随所遇而安之义，今则异曩日之志矣），题斯触处观（诗注：御园及行宫书室率题此额，犹弗忘昔之意也）。敢求一已逸，实觉万民难。为是勤宵旰，因之叶燠寒。祈

1 （清）弘历：《御制诗二集》卷六十八。

2 李文君：《康乾南巡匾额楹联通解》第228页，故宫出版社，2017年。

年无间意，望雨或忘餐。骄否（有韵）泰艰致，今非昔所欢。循名如责实，艴尔只三叹。”[1]

乾隆皇帝《驻汤山行宫即事》：“于此得佳趣，于焉驻旅鞍。灵区自仙境，暖液辟秋寒。绿柳色如故，黄华芳未阑。研精书室静，天定信随安（诗注：向在书窗颜额曰随安，今离宫别院亦以是名之）。”又有诗曰：“天空皎日明，别院九秋清。坐久怀前岁，蒐还喜近京。劭农咨父老，询政觐公卿（乾隆皇帝注云：是日京中王公九卿来接）。得悉田多稼，因之一畅情。”又有诗曰：“晴影入庭深，池流引暗琴。雪花喷龙口，香穗发兰心。脉脉符仁义，溶溶镇酌斟。徘徊思浴德，讵止涤尘襟。”[2]

乾隆皇帝《随安室有会》：“予十七岁居重华宫时曾颜书室曰随安，取随遇而安之义。即位后于西苑及圆明园、长春园、清漪园、静宜园、汤泉、避暑山庄等处每以题额。今六十年以来，随遇之义益堪静验。重华昔所额，阅六十年中，到处题三字，惟时验一躬。安居造以道，随物会其通。更惬符名者，台湾兹定功。”[3]

乾隆皇帝《题瀛台随安室》：“随安者取其随所遇而安之义，故凡胜地虚庭明窗净几无不以是颜其轩，盖借以触目会心云耳。书室依林俯碧澜，文窗纱绿称遐观。庭虚松柏泛清籁，坐久衣裳生峭寒。触目有怀皆远俗，忘言何处不随安。炉烟书永禽鱼适，长啸一声天地宽。”[4]

（六）康熙御笔“澜碧”匾（中路第三进院正殿）

澜，即大波浪。碧，即青绿色。澜碧即碧澜，意为碧波荡漾。明代夏言《苑中寓直记事四首》：“新赐文舟泛碧澜，扣舷容与得奇观。菱筒簇簇团花锦，荷盖亭亭翠玉盘。”乾隆皇帝也赋诗对“澜碧”之意进行阐释。

乾隆皇帝《澜碧榭》：“绮榭兰阶临碧池，春风拂水绉澜漪。陆机文赋诠神趣，

1（清）弘历:《御制诗三集》卷三十六。
2（清）弘历:《御制诗初集》卷四十四。
3（清）弘历:《御制诗五集》卷三十七。
4（清）弘历:《御制诗初集》卷七。

思发言流有若斯。”[1]

（七）康熙御笔“萝香径”匾（西路第二进院正殿）

唐诗中多见对“萝径”的迷人描述，明代高启还有一首题为“萝径”的五言诗。

唐代李白《送韩准、裴政、孔巢父还山》：“时时或乘兴，往往云无心。出山揖牧伯，长啸轻衣簪。昨宵梦里还，云弄竹溪月。今晨鲁东门，帐饮与君别。雪崖滑去马，萝径迷归人。相思若烟草，历乱无冬春。”

唐代孟浩然《宿业师山房待丁大不至》：“夕阳度西岭，群壑倏已瞑。松月生夜凉，风泉满清听。樵人归欲尽，烟鸟栖初定。之子期宿来，孤琴候萝径。”

唐代钱起《谷口书斋寄杨补阙》：“泉壑带茅茨，云霞生薜帷。竹怜新雨后，山爱夕阳时。闲鹭栖常早，秋花落更迟。家童扫萝径，昨与故人期。”

明代高启《萝径》：“幽溪入萝茑，几曲到岩扉。夏鸟深啼处，阴阴花坠稀。知当烟暝后，从此荷樵归。”

上述古诗中的“萝径”，指松萝掩映的小路。松萝也称女萝或萝茑。但是松萝本为地衣植物，喜阴湿的山林环境，寄生于松、杉等树木之上，无味。而紫藤萝花有芳香，故“萝香”应指紫藤萝之芳香，康熙御笔“萝香径”，其意应为紫藤萝掩映、飘满花香的小道。

（八）康熙御笔“敦素”匾（西路第三进院正殿）

明代顾起纶《国雅品·士品三》：“张尝与启札神交，词多敦素，亦是恬雅人。”敦素乃敦厚素雅之意。

（九）乾隆御笔“烟霞水石”匾（中路第三进院澜碧殿后抱厦）

宋代释文珦《山中吟》：“受性不分拿，处身常落魄。难以事王侯，唯堪友猿鹤。遂尔辞国都，终然住林壑。渴则饮涧溪，饥则茹薇藿。烟霞水石间，自得无穷乐。所归在一死，天地为棺椁。弃埋任从他，曾不加计度。乌鸢与蝼蚁，于吾无厚薄。清泰藕华池，深知可栖托。念兹常在兹，但观西日落。”

1 （清）弘历：《御制诗三集》卷二十九。

四　惠泽阁

（一）雍正御笔“玉镜遥源”匾

南朝梁王巾《头陀寺碑文》：“遥源浚波，酌而不竭。”北周庾信《周兖州刺史广饶公宇文公神道碑》：“高阳之子，少典之孙，苍林远遘，若水遥源。”宋代曾巩《幽谷晚饮》诗：“遥源窅难窥，磐石坦如磋。”

（二）雍正御笔“蒸泽流谦”匾

汉代刘向《说苑・敬慎》：“夫天道毁满而益谦，地道变满而流谦。”流谦，谓极其谦抑。

（三）乾隆御笔“青莲妙相”匾

南朝梁江淹《莲花赋》：“发青莲于王宫，验奇花于陆地。”（观音大士生于王宫，坐青莲花上。）梁元帝《玄览赋》：“紫绀之堂临水，青莲之台带风。”北周庾信《秦州天水郡麦积崖佛龛铭序》：“从容满月，照曜青莲。”《维摩诘经》曰：“目净修广如青莲”。由此可见，在南北朝时期，青莲都是和佛教有关的词汇。“青莲”意即青色的莲花，是一个包含佛理的名词。佛教认为莲花清净无染，因而青莲是佛教中一个很重要的意象。

唐代高僧玄奘《大唐西域记・呾叉始罗国》：“掬除洒扫，涂香散花，更采青莲，重布其地，恶疾除愈，形貌增妍，身出名香，青莲同馥。”唐代李群玉的《法性寺六祖戒坛》：“初地无阶级，余基数尺低。天香开茉莉，梵树落菩提。警俗生真性，青莲出淤泥。何人得心法，衣钵在曹溪。”

在《全唐诗》和《全唐文》中，“青莲”绝大多数都与表达佛道意义的内涵有关。李白《僧伽歌》：“此僧本住南天竺，为法头陀来此国。戒得长天秋月明，心如世上青莲色。”青莲，意为清净无染。《陪族叔当涂宰游化城寺升公清风亭》：“了见水中月，青莲出尘埃。”也说明青莲出淤泥不染。《与元丹丘方城寺谈玄作》：“清风生虚空，明月见谈笑。怡然青莲宫，永愿姿游眺。”这里的“青莲宫”指的是道教场所。《庐山东林寺夜怀》：“我寻青莲宇，独往谢城阙。”指的是佛教禅寺。

南朝梁简文帝《大爱敬寺刹下铭》：“俨如常住，妙相长存。”元代耶律楚材

《和抟霄韵代水陆疏文》之四：“山色水光呈妙相，鸟啼猿啸露圆音。”明末清初吴伟业《寿继起和尚》诗：“不羡紫衣夸妙相，惟凭白足遍诸方。”

（四）乾隆御笔“泽润田功”匾

《尚书·毕命》：“道洽政治，泽润生民。”《尚书·无逸》：“文王卑服，即康功田功。”孔传：“文王节俭，卑其衣服，以就其安人之功，以就田功，以知稼穑之艰难。”孙星衍疏：“文王就卑贱之事，安居之功，田作之功……言文王使就治康功田功，盖勤稼穑之事也。”唐代裴铏《传奇·陶尹二君》：“不及旬朔，肌肤莹滑，毛发泽润。未经数年，凌虚若有梯，步险如履地。飘飘然顺风而翔，皓皓然随云而升。”

五　后宫东所

康熙御笔“泛漣晖”匾（正殿）

关于“泛漣晖”的意涵，乾隆皇帝曾经予以阐释。《泛漣晖有咏》：“泛漣晖之轩，复仰奎文悬。绎言思圣意，盖以示训焉。何池不溶水，何水不泛漣。大都观水者，金波于月便。曰晖具昼义，夜游戒流连。敢不服膺遵，明当翠跸迁。”乾隆皇帝按：“晖辉通用，予以为晖从日，则当于日用，之若辉，则当用之于月，而日亦可用之，日长于月也，因咏晖字，阐其义如此。”[1]

乾隆皇帝《赋得泛漣晖》：“琳池春水漾，埼岸午风轻。泛籁千绡叠，含晖万烛明。活宁孙氏画，载忆魏家评。澹荡呈人监，徘徊缅圣情。”[2]

六　后宫西所

（一）乾隆御笔“澄怀观道”匾（正殿）

澄怀，澄心、静心，澄净胸怀。宗炳“好山水，爱远游。西涉荆巫，南登衡

1 （清）弘历:《御制诗五集》卷十三。
2 （清）弘历:《御制诗三集》卷二十九。

岳，结宇衡山，欲怀尚平之志。有疾还江陵，叹曰：‘老疾俱至，名山恐难遍睹，唯澄怀观道，卧以游之。’凡所游履，皆图之于室。”澄怀观道，本是禅的境界，澄怀方能观道，观道方能澄怀，在审美主客体的交融升华中达到最高审美境界。

（二）乾隆御笔“直方大”匾

《易·坤》：“六二，直方大，不习无不利。”《象》曰：“六二之动，直以方也。不习，无不利，地道光也。”《易经》坤卦文言传记载：“直其正也，方其义也。君子敬以直内，义以方外，敬义立而德不孤。直方大，不习，无不利，则不疑其所行也。”三国魏明帝《赠谥徐宣诏》：“宣体履至实，直内方外，历在三朝，公亮正色。”直内方外为君子之德。

七　后宫北所

（一）乾隆御笔“水镜秋霜”匾（前殿明间）

唐代李白《秋浦歌》：“白发三千丈，缘愁似个长。不知明镜里，何处得秋霜。”水镜秋霜，指平湖秋水，如镜池水映秋霜。

（二）乾隆御笔“沁香浮玉”匾（前殿东间）

《山海经》：“又东五百里曰浮玉之山。北望具区，东望诸毗。”浮玉山，即天目山。具区，即太湖，又名震泽、笠泽。浮山玉，亦省称“浮玉”，传说是仙人居住的地方。唐代陆龟蒙《奉和袭美太湖诗·初入太湖》：“又云构浮玉，宛与昆阆匹。”原注：“太湖乃仙家，浮玉之北堂。”浮玉山亦指江苏镇江的金山、焦山。宋代苏轼《润州甘露寺弹筝》诗：“江妃出听雾雨愁，白浪翻空动浮玉。”宋代周必大《二老堂杂志·记镇江府金山》：“焦山大江环绕，每风涛四起，势欲飞动，故南朝谓之浮玉山。”据《钦定南巡盛典》载，乾隆十六年（1751年）乾隆皇帝第一次南巡至江苏镇江，在金山寺行宫题额“紫金浮玉”。[1]清代王士禛《海门歌》：“中流一岛号浮玉，登高眺远何茫茫。”

1　李文君：《康乾南巡匾额楹联通解》第176页，故宫出版社，2017年。

（三）乾隆御笔“渊清玉洁”匾（后殿）

出自《三国志·魏志·陈矫传》：“渊清玉洁，有礼有法，吾敬华子鱼。”华歆，字子鱼，平原郡高唐县（今山东省高唐县）人。汉末至三国曹魏初年名士、重臣。渊清玉洁，意即如渊之清，如玉之洁。比喻人品高尚。

此外，据长编29045《汤泉行宫康熙御笔漱琼等各式匾额收拾见新安挂事》，其中所列匾额还包括康熙御笔“广润亭”匾。广润，即广为滋润，联想到汤泉行宫温泉沐浴之功用，其意义非常贴切。

第二节　从汤泉行宫匾额管窥康雍乾三帝思想

匾额是中国古代建筑特有的一种艺术表现形式，其文字内容与建筑相得益彰，抒发了题额者的情感，或言景状物，或彰显道德追求、处世哲学、人生境界、精神寄托。汤泉行宫是康熙皇帝和乾隆皇帝钟爱的驻跸之处，祖孙二人在这里题额不少。雍正皇帝继位之后，勤于政事，鲜有出京，日理万机之余，也曾临幸汤泉行宫，并留下两处匾额。综览汤泉行宫档案所载24处匾额，其中康熙御笔8处、雍正御笔2处、乾隆御笔14处。

一　康熙御笔匾额

（一）儒家修身育德类匾额

澡雪心神，意为净化心灵，积行树功，累德增善。漱琼，意为涤荡心灵。“澡雪心神”与“漱琼”可谓异曲同工。二匾高悬于堂，敦促肩负着家国天下责任的皇帝在温泉沐浴之时，更要净化心灵，修身养性，积德积善。浴身亦浴德，浴身与浴德相统一。这便是“澡雪心神”与“漱琼”蕴含的深刻意涵。乾隆皇帝十分敬仰其祖父康熙皇帝，所以在他营建盘山静寄山庄之时，特意将一间建筑题为“漱琼轩”。

敦素，意为敦厚素雅。乾隆皇帝至少有四首题为“敦素斋”的御制诗，如“古斋临碧溪，敦素仰尧题。示训诚谆矣，推行益恧兮。化民德先惭，敷教礼难齐。岂不唐虞企，其如世降低。”[1]“轩斋多古屋，题额仰羲文。朴斫今犹睹，淳风昔即勤。庭松饶画格，砌卉散仙芬。肯构吾方勉，益思尊所闻。”[2]“朴斫溪斋额敦素，文是尧年垂宝露。忆予十二始髫龄，扈游曾此蒙恩顾。尔时宵旰原悉知，此日绳承得无慕。还淳返朴纵未能，齐礼道德宁弗虑。”[3]“行宫历岁久，处处仰尧文。敦素垂斋额，还淳勉政勤。繁孳日以庶，侈靡自然纷。长此安穷虑，守成难是君。”[4]这四首《敦素斋》御制诗鲜明地阐释了“敦素”的道德教化之意，促使皇帝自勉要齐礼道德、淳勉勤政。这应该就是康熙御笔“敦素”的深刻含义。

（二）言景状物类匾额

“石髓苓芬”“澜碧”“萝香径”“泛涟晖”这四处匾额是对汤泉行宫温泉、花径、湖水等景物诗情画意般的描述。乾隆皇帝的两首御制诗对康熙御笔“澜碧”进行了很好的解读，如《澜碧轩》：“是处足于水，开轩即俯澜。无他惟一碧，有术在斯观。”《澜碧榭》：“温泉泉处热于汤，流出平湖弗甚凉。酌剂斯诚得中矣，观澜凭榭足徜徉。”

（三）园林亭台之名

广润亭是汤泉行宫后宫的园林之亭，悬康熙御笔“广润亭”匾额，其名应有两层含义。其一，温泉处处，随处可沐浴，广泛润泽；其二，皇恩浩荡，广润天之下之臣民。

---

1 （清）弘历:《御制诗四集》卷三。

2 （清）弘历:《御制诗三集》卷二十九。

3 （清）弘历:《御制诗四集》卷二十八。

4 （清）弘历:《御制诗五集》卷十三。

二　雍正御笔匾额

据乾隆三十八年（1773年）陈设档载，“玉镜遥源”和“蒸泽流谦”二匾悬于汤泉行宫后宫北部的惠泽阁内。惠泽阁一直供奉观音一尊，善财龙女二尊，龙王一尊，帅神六尊，并有香炉、香筒、蜡钎、铜钟、铜钹、铜磬、大鼓、木鱼、经幡等。由此可知，此阁乃佛道合供于一堂。嘉庆皇帝赋诗《惠泽阁拈香瞻礼》亦云：“瓣香礼佛阁，惠泽沐新田。”

玉镜遥源，指玉镜般的湖水源于遥远之地，意即睹水思源，源远流长，永不枯竭，蕴涵了“问渠那得清如许，为有源头活水来”的深刻哲学思想。蒸泽流谦，谓之汤泉沐浴，洁身益思谦，省身谦逊，则与“澡雪心神”之境界有异曲同工之妙。由此二匾不难看出雍正皇帝的哲学思考和道德境界。

三　乾隆御笔匾额

（一）儒家修身育德类匾额

渊清玉洁，意即人之品格如渊之清，如玉之洁。清帝诗云：“育德可澡身，心源鉴清淑。”乾隆御笔匾“渊清玉洁”与康熙御笔匾“澡雪心神”和“漱琼”彼此呼应，相互贯通。

直方大，意即君子敬以直内，义以方外，敬义立而德不孤。直内方外，形容君子内心正直，做事方正。《荀子·礼论》：“君子敬始而慎终，终始如一，是君子之道，礼义之文也。”

（二）哲学之思类匾额

澄怀观道，意即让自己的情怀、意念变得非常清澄，没有丝毫杂念，如此境界之下，方能体会山水之中蕴含的自然之道。这不仅是审美的最高境界，也是体察深悟万千世界的最佳之道。王羲之诗云：“争先非吾事，静照在忘求。”其“静照忘求”也表达了相似的理念。

康熙四十二年至四十七年（1703—1708年）间，在承德热河行宫东北角营建了一组建筑，其东所主殿康熙御题“澄观斋”。受其祖父康熙皇帝的影响，澄怀观道也是乾隆皇帝追求的思想境界。他不仅把汤泉行宫西所正殿题额为“澄怀观道”，还留下了以“澄观斋”为题的三十多篇诗文。如《澄观斋》：“过水寻幽径，依岩构迥斋。常教鹤守户，时下鹿书牌。翰墨香为侣，琴尊静者谐。澄怀观道妙，益觉此间佳。”[1]

（三）忧国忧民类匾额

对时育物之“物”，本义为农作。自然界万物随不同时节而生长、繁育，人类应因时育物。民以食为天，农业乃国之根本。身为一国之君的皇帝希冀天下农作均能对时育物，确保普天之下衣食足、仓廪实，丰衣足食、万民皆安。雍正皇帝诗句“对时育物豫皇情”和乾隆皇帝诗句“对时育物惟吾责，敢恣嬉游忽治安”以及乾隆御笔“对时育物”无不表达了对丰衣足食、万民皆安的殷切期望。此外，对时育物之“物”也可理解为人才。国之富强需要国之栋梁，故一国之君也应为人才成长创造条件。

泽润田功，意即以水灌溉农田，以期农业丰收。乾隆皇帝由温泉之水联想到农田灌溉，体现了一国之君的忧国忧民情怀。乾隆皇帝《晓行》诗云：“二麦南东遍，万民瞻就多。凭看率温饱，慰此更廑他。”[2]

（四）励志自勉类匾额

随安室之“随安”，取随遇而安之义，表示能顺应环境，在任何环境中都能满足。其义与安然若素、安之若素相近。在《随安室八韵》（养心殿随安室）当中，乾隆皇帝直言自己年轻时的人生态度是心态平和、随遇而安，而今身为一国之君、万民之主，深感为君之难，志向与年轻时大不相同，千斤重担压在肩上，心系黎民百姓，不敢图一己之安逸，惟冀年丰民富。“得悉田多稼，因之一畅情”，真可谓一枝一叶总关情。乾隆皇帝喜欢把他在宫内外的多处书斋题为“随安室”，其实他是将此题额作为对他的一种鞭策，时刻警醒自己要勤政爱民，要体恤天下黎民百姓。乾隆皇帝的此番良苦用心与其御笔“对时育物”“泽田润功”所表达的情感

1 （清）弘历：《御制诗二集》卷四十三。

2 （清）弘历：《清高宗御制诗四集》卷二十八。

张廷彦《弘历御园行乐图》，故宫博物院藏

是相一致的。

（五）佛道类匾额

如是我闻，此为佛经中语。青莲妙相，是佛教理念，追求青莲般洁净无染之境界。风岩云壑，则有道家玄学之理念，隐于崇山峻岭之间，内外空灵。

（六）言景状物类匾额

“气煦春温”“瞻睇烟云”“烟霞水石”“水镜秋霜”“沁香浮玉”诸多匾额描述了汤泉行宫春意盎然、灵岩秀水、云蒸霞蔚、平湖秋水等秀美景色，平添了几分诗意般的美感。诚如嘉庆皇帝御制诗《汤泉》对上述汤泉美景进行的高度概括，如“灵育丹砂出九渊，方池相映漾温泉。时临秋肃凉飔拂，气煦春和暖浪涟。镜玉蒸霞含石髓，潄琼分润及原田。漫言地不爱其宝，澡雪心神妙节宣。”

综上所述，汤泉行宫匾额虽然仅有二十多处，除了有言景状物者，更多则包含了康熙、雍正、乾隆三位皇帝的道德理念、哲学之思和忧国忧民情怀，祖孙三代皇帝体现出高度的一致性和传承性。一国之君徜徉于山水美景之间，儒释道集于一身，心系于民，惠泽天下。此外，汤泉行宫匾额的分布也可为我们判断汤泉行宫建筑布局演变提供重要的线索。

第六章　汤泉行宫诗文

康熙、雍正、乾隆、嘉庆、道光五位皇帝都有关于汤泉行宫的诗文。其中康熙帝2首，雍正帝1首，乾隆帝100首，嘉庆帝14首，道光帝1首。在乾隆皇帝的百首汤泉行宫诗作当中，咏颂汤泉八景的诗文就有六个系列48首。下面以乾隆皇帝和嘉庆皇帝的诗作稍做分析。

第一节　乾隆皇帝

一　景致抒怀

乾隆皇帝秋幸汤泉，放眼秋宇朝旭，近观庭轩树石、暖流清波，有感而发出"心神堪澡雪，抚景兴无穷"的赞叹。春临汤泉，虽春雨充沛，时盼夏雨至，只因忧麦收。如"节暄雨沛春""我时复望雨""因之怀麦秋，盖用增烦恼""所欣秋有稔，稍慰闾阎穷"。汤泉离宫别苑，犹如唐之华清宫，虽置身其中，乾隆皇帝仍时刻牵挂庄稼收成、百姓疾苦。每每由汤泉行宫之人、树、鸟、山联想到今秋收成在望，百姓日子会好些，才可稍感欣慰。

二　劭农询政

乾隆皇帝驻跸汤泉之时，并未忘情温泉沐浴，流连山水美景，总是时刻不忘咨农问政，了解民务，运筹军政。如“劭农咨父老，询政觐公卿。得悉田多稼，因之一畅情”“坐宣地方吏，民务细咨询”“耆定伊犁车甲韬”“大阅兼陈士气豪”。

三　荷花殊感

乾隆皇帝先后以汤泉荷花为题赋诗八首，“数年以来屡有是作，率疾其附炎欲速，以致先时零落。”汤泉水温，故此处荷花往往早开于他处，乾隆皇帝感慨这里的荷花早开早凋，恰似人世间趋炎附势者不得长久，由荷花联想到“君子小人不同道，或贵晚成或欲速。”虽然汤泉大小湖泊、池塘都种有荷花，荷叶田田，荷花灼灼，按常理这无疑都是一道美丽的风景。由于乾隆皇帝对此地荷花早开早谢的特殊感受，在他所作的行宫八景诗作中，全无荷花的踪影，荷花始终无缘荣列汤泉行宫八景之中。

四　汤泉八咏

乾隆皇帝六次专赋《汤泉行宫八咏》，计有温泉、柳色、池塘、玉兰、山亭、游鱼、书室、官鹤，这是乾隆皇帝汤泉八咏的永恒主题。在他看来，只有上述八景才是汤泉行宫值得称道的景致。

五　汤泉建筑

乾隆皇帝除了钟情于汤泉八景之外，还对行宫的几处建筑予以特别关注。如前宫漱琼室有诗二首，后宫中所随安室有诗二首，澜碧榭有诗四首，敦素斋有诗四首，一峰亭有诗二首，东所泛涟晖殿有诗二首。其中，“漱琼”“澜碧”“敦

清代绘画中表现的皇家园林荷花盛景

素”“泛涟晖”皆为康熙皇帝御题匾额，只有“随安室”“一峰亭”匾额为乾隆皇帝所题。

六　怀念至亲

乾隆皇帝尊祖至孝，对圣祖康熙皇帝、生母孝圣宪皇后的感情十分深厚。《恭依皇祖温泉行元韵》回忆了他年少蒙恩随康熙皇帝游汤泉行宫的特殊经历；《恭奉皇太后幸汤泉》则记述了他奉母临幸汤泉沐浴之事；《过汤山》则深情地表达了他对生母过世数年后依然备感伤怀的真挚情感。三首诗文如下。

恭依皇祖温泉行元韵

小春风日温而清，离宫驻跸逸趣生。

沙汀石濑率含冻，暄波漱响偏琤琤。

嵩山仙池杳莫辨，建武别馆徒相争。
当年卷阿可仰躅，至今圣藻星云明。
方沼甃玉左复右，灵脉喷珠澄且泓。
曲沟引导达户户，中各向暖当南荣。
细流龙首初滴注，有如瑞露浮金茎。
浩然忽放屋池满，氤氲澹荡难为名。
济凉酌暖拟紫府，蒸霞吐雾疑赤城。
水仙骑鲤在白壁，呼之举手欣相迎。
蠲疴益寿有奇助，何必缥缈求壶瀛。
承欢家法同孝养，神仙此耳无侈情。
绎思来歌续元韵，幸当海宇方承平。
耽逸忘武夙所戒，塞山回望云中横。
留连胜处亦曷可，明当启跸旋皇京。
新丰绣岭是炯鉴，毋容易视温泉行。[1]

恭奉皇太后幸汤泉

翠辇驻云庄，春晖载小阳。
灵波暄不冻，胜地景偏长。
数八称功德，龄千益寿康。
不须分别见，是水一如汤。[2]

过汤山

北望汤山过路岐，不禁忆昔拊心悲。
四年前每安舆驻，正是遣人候驾时。
诗注：自癸未年为始，每奉圣母幸热河，初顿必驻汤山，以冀缓程安适，

1 （清）弘历：《御制诗二集》卷四十四。
2 （清）弘历：《御制诗初集》卷二十三。

乾隆皇帝为其母崇庆皇太后祝寿的场景

至此分路处，率遣额附福隆安先至汤山候驾问安。[1]

第二节　嘉庆皇帝

一　景致抒怀

汤泉行宫的温泉、方池、桃溪、柳岸，可谓胜景无数，且此地南接京城，北连塞外，嘉庆皇帝认为骊山古迹已过往，惟有此处春盎然。置身于汤泉美景之中，

1 （清）弘历:《御制诗四集》卷六十二。

仍心系农耕，祈祷丰年。留下了“田陇涵濡益耕作，心祈曰肃念徵符”的诗句。

二 省耕觐吏

春耕时节，嘉庆皇帝赴京郊省耕，驻跸汤泉。面对着莎草、柳树、碧湖、浅浪、白云、远村、炊烟，可以说风光无限好。但省耕并非春游，皇帝还要接见官吏、批阅奏章、处理政务，所以是“省耕畿甸岂游豫，觐吏披章春昼延。”

三 事神礼佛

嘉庆皇帝驻跸汤泉行宫期间，亲临惠泽阁拈香瞻礼，以求神佛保佑惠泽天下百姓，农事顺利。曾有“瓣香礼佛阁，惠泽沐新田”“感祝谢神佑，筹农切寸衷”之句。

四 雨中抒怀

嘉庆皇帝临幸汤泉行宫，农事依然是他最牵肠挂肚之事，虽然感慨春雨酣畅淋漓，但夏初却雨水不足。幸逢上旬降雨，有感而发，随即赋诗一首《随安室对雨》：“春泽诚深透，夏初欠渥优。幸兹上旬雨，稍解寸心愁。抚字期无忝，筹农望有收。随安瞻额语，知足仰贻谋。”[1]

五 吟诵汤泉

嘉庆皇帝在他关于汤泉行宫的十多首诗文中，大部分都有吟诵汤泉的诗句，如“灵源孕地底，暖流漾和融”“地毓温泉灵异钟，方池暖浪漾溶溶”“地暖毓灵

1 （清）颙琰:《御制诗初集》卷三。

《嘉庆帝吉服像》，故宫博物院藏

液，波温漾锦渊”“暖浪浮霞地孕宝，暄波腾气水怀珠”“暖流漾潺湲”“地灵毓秀出温泉，气贯四时漾锦渊”“地灵蕴蓄聚丹砂，妙达温泉涌浪花”“双池蕴暖泉，汩汩漾流洑”“灵育丹砂出九渊，方池相映漾温泉”等。其有三首《汤泉》诗，其中《汤泉》：“灵育丹砂出九渊，方池相映漾温泉。时临秋肃凉飔拂，气煦春和暖浪涟。镜玉蒸霞含石髓，漱琼分润及原田。漫言地不爱其宝，澡雪心神妙节宣。”[1]这首诗巧妙地把康熙皇帝和乾隆皇帝的部分御题匾额串联其中，融为一体。

1 （清）颙琰：《御制诗三集》卷六十四。

《颙琰春苑展书图》，故宫博物院藏

第七章　汤泉行宫管理

清代行宫乃皇帝出行途中的驻跸之所，宛如皇帝旅行沿途的“紫禁城”，那么汤泉行宫是如何管理的？下面让我们一探究竟。

第一节　行政管理

一　内部管理层

伊桑阿等纂修《大清会典》（康熙朝）卷一百四十九“内务府”载，康熙二十三年（1684年），内务府增设奉宸院，奉宸院设掌印大臣一员、郎中二员、员外郎五员、主事一员、笔帖式八员；张廷玉等纂修《大清会典》（雍正朝）卷二百二十六“内务府·官制”载，奉宸苑卿，三品官；允祹等纂修《大清会典则例》（乾隆朝）卷一百六十七“内务府·奉宸苑”载，雍正六年（1728年），奏准奉宸苑卿定为三品。康熙时期内务府设立的奉宸院，后来多称之为奉宸苑，自此沿用至清末。托津等纂修《钦定大清会典事例》（嘉庆朝）卷八百八十六“内务府·官制·汤泉行宫”载，于康熙五十四年（1715年），汤泉行宫告成，设八品总领一人，无品级副总领二人，效力笔帖式二人。由此可知，汤泉行宫设汤泉总领一人，享受八品行政待遇；设汤泉副总领二人，无品级行政待遇；设效力笔帖式二人，承担文书档案工作。

常规情况下，汤泉行宫事务由总领和副总领负责管理。但遇有改扩建等重要工程，皇帝会临时任命高级官员来具体统筹，汤泉总领、副总领只是发挥协助作用。

据乾隆六年（1741年）《内务府大臣海望、三和奏为请派主事富拉他等监修汤泉工程事》，七月十日内务府大臣海望、三和奏称：

> 乾隆六年七月初六日，太监王常贵传旨：汤泉工程，着臣海望、三和派监修官二员。又，初七日特奉谕旨：着常保、倭赫管理汤泉工程事务，钦此钦遵在案。臣等伏思，汤泉工程紧急，若不多派人员，恐于工程迟滞。臣等拟得，上驷院主事富拉他，畅春园笔帖式保住、五十四，副库掌五格，库使全保，领催六十一俱属黾勉，稍谙工程。请将伊等着派监修，并汤泉总领、副总领亦着帮工，于工程事庶有裨益矣，谨此奏闻。于乾隆六年七月初十日交太监高玉转奏。奉旨：知道了，钦此。[1]

据此可知，当时汤泉工程浩大且工期甚紧，乾隆皇帝谕旨常保、倭赫管理汤泉工程事务。并准许做事勤勉、熟悉工程的上驷院主事富拉他、畅春园笔帖式保住、五十四、副库掌五格、库使全保、领催六十一等负责工程监修。汤泉总领、副总领只是帮工而已。

允祹等纂修《钦定大清会典则例》（乾隆朝）卷一百六十七“内务府·奉宸苑”载，汤山行宫设官，康熙五十四年（1715年）题准，设八品苑丞一人、未入流苑副二人、效力笔帖式二人。乾隆四年（1739年），增设未入流苑副一人。托津等纂修《钦定大清会典事例》（嘉庆朝）卷八百八十八“内务府·官制·汤泉行宫”载，嘉庆十七年（1812年），奉旨汤泉苑丞一缺，着即照奉宸苑等处之例，以六品顶戴，食八品俸，作为定额。

通过对《大清会典》的梳理可知，汤泉行宫的具体负责人既称为总领、副总领，也称为苑丞、苑副。

1　长编60746乾隆六年《内务府大臣海望、三和奏为请派主事富拉他等监修汤泉工程事》，中国第一历史档案馆。

自清代康熙、雍正至乾隆三朝，汤泉苑丞职衔一直为八品。关于汤泉苑丞的职衔待遇问题，在乾隆五十一年（1786年）发生过一件事，可资参考。据本年六月二十七日《永瑢等奏陈汤泉行宫苑丞不宜换六品顶戴事折》：

> 内务府总管李奉尧称，静明园、静宜园、奉宸苑、南苑等处苑丞向系七八品不等，经该管处先后奏请赏给六品职衔仍食七八品原俸在案。汤泉行宫苑丞看守陈设，常川驻守，又有协同总管稽查各处行宫之责，职任甚为繁要。各行宫千总均系六品，而汤泉行宫苑丞仍为八品，职微人轻，未免难资稽查整顿。故奏请为汤泉行宫苑丞赏给六品顶戴仍食八品原俸……[1]

内务府大臣议后，认为静明园、静宜园等处圣驾不时临幸，差务纷繁，园役众多，是以改换六品职衔。而汤泉行宫地方不甚大，已额设员外郎一名，总理该处事务，复设八品苑丞一员、苑副三员各司殿宇陈设等物，其一切稽查并管束园役人等，足资料理。为防各处行宫官员争相效尤，故李奉尧之奏被裁为毋庸议，就此搁置。其实，该折所载汤泉员外郎即为汤泉总管。

不过，时隔二十六年后，嘉庆皇帝又做出了将汤泉苑丞的待遇改为六品顶戴、食八品俸的决定。据《清仁宗睿皇帝实录》记载，嘉庆十七年（1812年）九月，福长安奏请为汤泉苑丞五云恩赏六品衔。嘉庆皇帝鉴于汤泉苑丞五云当差年久，著加恩赏给六品职衔，仍食八品原俸。嗣后该苑丞一缺，着即照奉宸苑等处之例，以六品顶戴食八品俸，作为定例。

二　行政隶属

张廷玉等纂修《大清会典》（雍正朝）卷二百三十三“内务府·奉宸院”载，康熙五十四年（1715年）定，汤山行宫交奉宸苑管理；托津等纂修《钦定大清

1　奏销档397-146乾隆五十一年六月二十七日《永瑢等奏陈汤泉行宫苑丞不宜换六品顶戴事折》，中国第一历史档案馆。

会典事例》（嘉庆朝）卷八百八十六“内务府·官制·汤泉行宫”载，乾隆四年（1739年），奏准增设副总领一人，六年谕：“口内自瑶亭行宫至汤泉，著交内务府总管于郎中、员外郎内，酌量人去得者，拣选一员引见，补授汤泉总管，令其总理。著伊等每年务须查看一次，如有应行粘补修理之处，令其修理。”又奏准，铸给办理汤泉事务图记，增设效力笔帖式二人。

由此可知，清代行宫以古北口为界，从京城至古北口之间的，称为口内行宫；从古北口至木兰围场之间的，称为口外行宫。古北口内，自瑶亭行宫至汤泉行宫，均由内务府总管。据乾隆二十八年（1763年）七月《总管内务府奏为派内务府大臣查看汤泉等处行宫事折》[1]载，乾隆六年（1741年）九月十六日，口内行宫由汤泉总管负责，口外行宫由热河总管负责。

事实上，奉宸苑是内务府的内设机构。汤泉行宫隶属于内务府下设的奉宸苑，汤泉行宫既接受奉宸苑的管理，又接受内务府的管理，是属于奉宸苑和内务府双重管理，其中内务府的管理权更大一些。据托津等纂修《钦定大清会典事例》（嘉庆朝）卷八百八十八“内务府·升除·汤泉行宫”载，如汤泉行宫原定八品苑丞缺，由内务府拣选应升人员引见补授。未入流苑副缺，由奉宸苑拣选补授。

此外，据清代奏案奏销档可知，汤泉行宫也接受东陵内务府总管的管辖。东陵内务府总管常常具文上奏，请奏汤泉行宫修缮、意外事件等事宜。

汤泉行宫行政关系层级从上至下大体为：内务府—东陵内务府总管—奉宸苑—奉宸苑员外郎—汤泉总管—汤泉苑丞、苑副。

三 官员品级和俸禄

托津等纂修《钦定大清会典》（嘉庆朝）卷七十二“内务府·总管大臣职掌”载，内务府总管大臣，系正二品；东陵总管大臣由马兰镇总兵兼，系正二品；奉宸苑卿，正三品；汤泉员外郎，从五品；汤泉总管，从五品；汤泉行宫苑丞，六

1 长编61340乾隆二十八年七月《总管内务府奏为派内务府大臣查看汤泉等处行宫事折》，中国第一历史档案馆。

品衔，食八品俸；汤泉行宫苑副，未入流，食笔帖式原俸。

允裪等纂修《钦定大清会典则例》（乾隆朝）卷五十一“户部·俸饷（上）”载，在京文武各官俸禄，正从二品银一百五十五两，米一百五十五斛；正从三品银一百三十两，米一百三十斛；正从五品银八十两，米八十斛；正从六品银六十两，米六十斛；正从七品银四十五两，米四十五斛；正从八品银四十两，米四十斛；正九品银三十三两一钱一分四厘，米三十三斛一斗一升四合；从九品银三十一两五钱二分、米三十一斛五斗二升；未入流俸银禄米与从九品同。由此可知，汤泉总管从五品俸银八十两，米八十斛；苑丞八品俸银四十两，米四十斛；苑副及笔帖式均为从九品俸银三十一两五钱二分、米三十一斛五斗二升。

光绪二十五年（1899年）十一月《为给发汤泉总管蔺沟等七处行宫千总等应领俸银事致内务府》，东陵总管内务府衙门咨称，据汤泉总管锡昌呈称，本处五品总管一员，每年应食俸银一百六十两。[1]

由此可见，乾隆时期汤泉总管的俸银是八十两、米八十斛。到了光绪时期，汤泉总管的俸银已经变为一百六十两。俸银看似涨了，是否还保留有八十斛的禄米待遇？还是取消了八十斛的禄米待遇，而把俸银从八十两涨到一百六十两？还需要查找档案资料进一步探讨。

四　官员选拔和任用

乾隆六年（1741年），汤泉总管的选拔由内务府从五品郎中或从五品员外郎中拣选引见，皇帝考察批准之后方才任命。据《乾隆帝起居注》载，乾隆二十九年（1764年）四月，着六达色补授汤泉总管。

据托津等纂修《钦定大清会典事例》（嘉庆朝）卷八百八十八“内务府·升除·汤泉行宫”载，乾隆四十六年（1781年）议准，八品苑丞由六品司库副内管领等缺升用。未入流苑副，照无品级库掌、催长食饷八年例，准其保送，以八品

1　奏案05-13-002-000953-0197光绪二十五年十一月《为给发汤泉总管蔺沟等七处行宫千总等应领俸银事致内务府》，中国第一历史档案馆。

司匠缺升用。乾隆五十四年（1789年）定，未入流苑副缺，由本处自行拣补。

道光时期，皇帝通常从苑副当中择优选一人擢升为苑丞。道光二年（1822年）五月初六日《奏为补授员外郎等员缺事折》载，总管内务府奏请，汤泉行宫六品职衔苑丞一缺，应升之苑副福明阿、永寿正陪二员带领引见，奉旨福明阿着补授六品职衔苑丞。[1]

道光十七年（1837年）三月二十八日《着钟英等补授上驷院委署主事六库郎中及前锋护军参领等缺事寄旨》[2]，又将汤泉行宫六品职衔一缺应升之苑副舒通阿、福寿保正陪二员带领引见，奉旨拟舒通阿着补授六品职衔苑丞。依然是按照惯例，从两名苑副当中择优选一升为苑丞。

光绪三十一年（1905年）十二月三十日《总管内务府呈考察官员等第职名清单》[3]，汤泉五品总管锡昌、三等达他一员。

由此可见，乾隆时期汤泉总管由内务府从五品郎中或员外郎中选拔推荐引见，由皇帝面察认定。到了道光时期，汤泉苑丞一缺通常由现任苑副当中选拔擢升，也需皇帝面察认定。从汤泉行宫苑副当中选拔苑丞，工作存在一定的延续性，且有前期行宫管理工作的经验积累，对于尽快熟悉、进入苑丞工作状态是十分有益的，这也是道光时期在汤泉行宫选人用人举措方面的一个进步。

五　总管、苑丞、苑副职责

托津等纂修《钦定大清会典事例》（嘉庆朝）卷九百三“内务府”载，汤山职掌，原定汤山行宫每年由该总管查勘一次，如有应行粘补修理之处，即行修理。又定，苑丞、苑副分管各殿座，轮流值宿，笔帖式管理档案。乾隆五十四年（1789年）奏准，汤山船大小共四只，向由奉宸苑奏请修理，嗣后交汤山苑丞等经

1　奏销档512-090-2道光二年五月初六日《奏为补授员外郎等员缺事折》，中国第一历史档案馆。

2　奏案05-0694-011道光十七年三月二十八日《着钟英等补授上驷院委署主事六库郎中及前锋护军参领等缺事寄旨》，中国第一历史档案馆。

3　奏案05-1045-070光绪三十一年十二月三十日《总管内务府呈考察官员等第职名清单》，中国第一历史档案馆。

管。自本处自行修理。

乾隆五十一年（1786年）五月三十日《奏陈汤泉行宫苑丞不宜换六品顶戴事折》[1]载，多罗质郡王永瑢等奏，汤泉行宫额设员外郎一员，总理该处事务。又设八品苑丞一员、苑副三员，专司殿宇陈设等物。其一切稽查并管束园役人等足资料理。

据乾隆二十四年（1759年）八月《东陵内务府总管伊为呈报岁修银两事折》[2]，可知汤泉总管常泰除负责领导汤泉总领武雅图以外，还负责领导石槽千总随喜、蔺沟外委把总杨大勇、密云县千总住格、罗家桥千总何泮、瑶亭千总彭之学等口内行宫的负责人及口内各行宫事务。

六 汤泉总管监守自盗的处罚

汤泉行宫总管是汤泉行宫以及口内其他行宫的主要负责人，职责包括对所辖行宫的防火、防盗、岁修、典守等一体照应，可谓责任重大，理应尽心尽力、恪尽职守。但事实上，在汤泉行宫曾经发生过行宫总管监守自盗的案件。

乾隆二十九年（1764年）七月十五日《奏为汤泉总管常泰侵盗钱粮及陈设供器将其及失察人员治罪事》[3]载，新旧总管在交接工作时，旧总管监守自盗之事东窗事发。新任总管六达塞呈报旧任总管常泰行宫库存什物短少数百件、钱粮银短少三百多两。据调查，常泰利用职务之便，私自侵盗官物九百八十二件（即南石槽、密云县、瑶亭、怀柔县、罗家桥五处行宫破损物件）、侵占官兵钱粮及粮价岁修核减等银三百余两，为掩盖罪行，欺上瞒下，从营造司骗取原始册档并销毁，自编假册档，私造印戳。按照大清律，凡侵盗仓库钱粮数在一千两以下者拟斩，杂犯准徒五年；一千两以上者拟斩监候。常泰侵盗侵占未必达到一千两，但他身为行

1 奏销档397-146乾隆五十一年五月三十日《奏陈汤泉行宫苑丞不宜换六品顶戴事折》，中国第一历史档案馆。

2 长编69540乾隆二十四年八月《东陵内务府总管伊为呈报岁修银两事折》，中国第一历史档案馆。

3 奏案05-0218-021乾隆二十九年七月十五日《奏为汤泉总管常泰侵盗钱粮及陈设供器将其及失察人员治罪事》，中国第一历史档案馆。

宫主管，却监守自盗，性质恶劣，故以重罪处罚，拟斩监侯并秋后处决。行宫大臣傅岩失察罚俸一年。怀柔县行宫千总邱良玉、罗家桥行宫千总何泮失职降二级。汤泉行宫苑丞武雅图、苑副常新、沈标、穆克登布杖八十，武雅图降二级留任。昌平州知州黄元圯交部查议。园户头目萧文凤、王什库、园户冯秋儿听从常泰指使拿送什物和昌平州工房书办林从正未认真详查常泰造册而用州印，杖八十并折责发落。副都统和尔经额失察常泰骗取原册改换册籍行径，罚俸两年。南石槽、密云县、瑶亭三处行宫的千总坚持原则，未在常泰交送的账目不符的假册籍上加盖图记，故而未被追究责任。

七 对汤泉总管任满或年迈不能理事的安排

汤泉总管任期通常为五年，任期届满可申请继续留任，获准可续任五年。对于年迈且不能理事之总管，可将其调拨回原衙门行走。

乾隆三十四年（1769）五月二日《公义奏请拣选汤泉盘山总管事》[1]，各行宫兵饷每年岁修估计以及册档文移俱由该总管经手办理，并亲往各行宫查看一切事物，有统辖之责。其看守园千总兵丁系由鹰手等项人役出身，不谙总管事务。盘山总管李永祥五年期满回京调用，汤泉总管常海虽未届满五年，年迈不能管人，不称总管之职，请将其拨回原衙门行走。今查汤泉总管下设八品苑丞一名，苑副三名，苑户匠役共五十名。

《道光起居注》载，道光十七年（1837年）四月，谕旨绵崧等奏总管期满请再留五年，着准汤泉总管吉兴再留五年以资熟手。由此可知，汤泉总管吉兴虽任期届满，由于熟悉行宫事务，经申请，道光皇帝批准他可以继续留任汤泉总管五年。

同治十年（1871年）二月二十二日《景霖奏为汤泉总管庆瑜年满请奏准留任事》[2]，庆瑜自同治五年（1866年）二月初六至十年二月，五年期满，其老练办

1 奏案03-0128-006乾隆三十四年五月二日《公义奏请拣选汤泉盘山总管事》，中国第一历史档案馆。

2 奏案04-01-16-0190-012同治十年二月二十二日《景霖奏为汤泉总管庆瑜年满请奏准留任事》，中国第一历史档案馆。

理各处行宫事务，慎重周详，查照同治七年（1868年）盘山总管嵩山、咸丰七年（1857年）盘山总管富亮成案，仰恳恩准，以资老手。

由此可见，汤泉行宫工作繁重，责任重大。行宫总管除负责巡查汤泉行宫本处一应事务，还负责巡查石槽、蔺沟、密云、罗家桥、瑶亭等口内行宫事务，对其体力和精力都是很大的考验。从乾隆至同治，汤泉总管的任期为五年，届满可回京调用，也可申请继续留任五年。然年迈总管虽未届满五年却无法胜任者，可将其拨回原衙门行走。

第二节　物资调配

一　陈设品

通览清代汤泉行宫历朝陈设档，可知行宫各殿及其房屋的陈设在乾隆朝已形成一定规模。其陈设品数量十分巨大，类别异常丰富，除生活家具、铺垫、门窗帘幔外，还有青铜器、玉器、漆器、书画、文具、图书等。陈设品当中不乏来自东洋的洋漆、倭缎，还有来自西洋的西洋剪、显微镜、铜天球，以及受西洋画技法影响的线法画。

汤泉行宫陈设的摆放完全按照皇帝的旨意来安排，皇帝会明确指示某件物品陈设于某个具体房间的某个具体方位。例如，乾隆十年（1745年）二月“二十九日，司库白世秀来说，太监胡世杰……传旨将汤泉中路头层殿西里间乐至怡神西边向东现挂的画换下送进，再将三层殿明柱现挂抱月对挪在抱厦后金柱上向南挂。钦此。”[1]

汤泉行宫陈设品的设计、制作、修理、补配、收拾等俱由清宫造办处奉旨承办。如乾隆皇帝降旨汤泉行宫浴堂需要安钟一座，为此铸造新钟。期间从画样、拨蜡样、做木胎漆挑杆架、刻年款到铸钟，皇帝全程指导把关，并提出具体要求。

1　长编28272乾隆十年二月初九《汤泉行宫乐至怡神乾隆帝御笔图字悬挂》，中国第一历史档案馆。

例如乾隆四十七年（1782年）三月十六日：

> 十六日常宁传旨，汤泉浴堂内安钟一座，着各处查，如无，着铸造一件，先画样呈览，钦此。于三月二十六日，又为汤泉浴堂内安钟一座，画得挑杆架铜钟纸样一张呈览，奉旨：钟拨蜡样呈览，其挑杆架做木胎漆，添做钟锤一个，钦此。于四月初三日，管理造办处事务舒文将汤泉行宫安设铜钟拨得蜡样一件持进交太监常宁呈览，奉旨：着在腰线上刻大清乾隆年造款样。钦此。于初四日将铜钟腰线上贴得大清乾隆年造款样交太监常宁呈览，奉旨：照样准做，得时镀金，其声音务要洪亮。钦此。[1]

另有乾隆五十七年（1792年）十二月二十八日：

> 二十八日，太监梅进宝来总管张进喜传旨：汤泉行宫瞻睇烟云殿内东里间西墙坎窗上做一寸柏木双灯草线边、刻木字横披一面，随托钉挺钩安挂。钦此。净高二尺，宽五尺六寸八分。[2]

陈设品的调配也是遵照皇帝的旨意来安排的。查阅清代奏案奏销档，可知汤泉行宫陈设品来源呈现多样化，有的来自紫禁城，有的来自热河，有的来自圆明园，其中以紫禁城来源为主。紫禁城各处如内廷、造办处、御书处、懋勤殿、茶库、寿安宫等。此外，汤泉行宫的陈设品也会调配到其他行宫。

如《乾隆六十年分汤泉后宫添减挪移清册，汤泉后宫各殿添减挪移陈设等项》[3]记载，乾隆五十九年（1794年）十二月初五日由御书处领来《万寿盛典》一部计四套；又于十二月十六日由寿安殿（宫）领来六方砚一匣。乾隆六十年

1 中国第一历史档案馆、香港中文大学文物馆编：《清宫内务府造办处档案总汇》第45册，第740页，人民出版社，2005年。

2 中国第一历史档案馆、香港中文大学文物馆编：《清宫内务府造办处档案总汇》第53册，第124页，人民出版社，2005年。

3 陈4397《乾隆六十年分汤泉后宫添减挪移清册，汤泉后宫各殿添减挪移陈设等项》，中国第一历史档案馆。

（1795年）三月十三日由造办处领来葫芦鼻烟壶一件（虫蛀）。以上三项俱未指示安设之处，现入本处库存。

石髓苓芬殿东暖阁左案下添安，《乾隆六十一年时宪书》一本，此项系本年十月十一日由茶库领来。

瞻睇烟云殿明间南风窗上添挂御笔字横披一面，此项系本年六月二十三日懋勤殿添安。

澜碧殿旧红油桌上添安《伊犁回部图》一份，《金川图》一份，《台湾图》一份，《安南图》一份，《谐奇趣图》一份，《黄河源图》一份。以上六份图章于本年五月初二日由造办处领来。

清宫钟表，故宫博物院藏

澜碧殿后抱厦右柜内添安《聚珍版书目录》一本，此项系本年五月初八日由懋勤殿领来。

渊清玉洁殿西暖阁红雕漆香桌上原设铜珐琅炉瓶盒二份，于本年三月初九日移往三家店行宫安设去讫。遂有本处库存选安红雕漆炉瓶盒二份，原为设。

二　生活消耗品

伊桑阿等纂修《大清会典》（康熙朝）卷一百四十“工部·柴炭”载，皇帝行幸汤泉等处，需用柴炭，照内务府来文，先期差官协同地方官，照时价办买。

若无皇帝临幸，各处行宫的日常管理也会需要一定的生活消耗品来维持。

如每年秋冬至初春，汤泉、石槽、密云、瑶亭、三家店、蔺沟、怀柔、罗家桥等八处行宫均需熏炕暖房，熏炕所需木柴费用，均从汤泉行宫米谷秫秸变价银当中支付。

汤泉行宫熏炕取暖，每年初春自正月起至二月、秋冬自八月起至十二月，共计七个月。每月需熏炕二次。如乾隆二十五年（1760年）六月十八日：

> 据汤泉总管常泰报称，乾隆十四年起至二十三年止，汤泉后宫内地二十三亩所得米谷秫秸变价银二百二十两八钱二分二厘，现存本处，并无动用之处。再，汤泉、石槽、密云县、瑶亭、三家店等每处应熏炕各四铺。蔺沟、怀柔县、罗家桥三处每处应熏炕各三铺，以上八处应熏炕共二十九铺。所需木柴向系权管办理，并未动项，应请照东路行宫熏炕之例办理。东路白涧、大新庄、丫髻山、桃花寺、隆福寺、燕郊六处，每年春初之时自正月起至二月应止，秋暮之时自八月起至十二月应止，共计七个月，每月熏二次，每铺每次用木柴三十五斛，每斛价银二厘。木柴所需费用在盘山果品变价银内动用。汤泉等八处二十九铺熏炕共需木柴一万四千二百十斛。每斛价银二厘，每年共用银二十六两四钱二分，请于米谷变价项下动用。[1]

据乾隆二十二年（1757年）八月三十日《东陵果品变价银两折》[2]载，汤泉等八处行宫一年所需笤帚等项领用过银二十八两七钱七分，系从盘山果品变价银两中支银购买。汤泉行宫每年只有米豆高粱秫秸变卖所得不多的银两，相比较而言，盘山果品变价银两较为丰厚，故汤泉等八处行宫一年所需笤帚用银还得从盘山果品变价银两中支银购买。

1 奏销档03-0315-054乾隆二十五年六月十八日《汤泉总管常泰报》，中国第一历史档案馆。

2 乾隆二十二年八月三十日《东陵果品变价银两折》，台湾“中央研究院”。

第三节 苑户匠役

汤山苑户（也称园户）、匠役对汤泉行宫的管理发挥着独特的作用，他们也享受着相对稳定的生活待遇，每人每月可以领取一定数量的米和银。

据允祹等纂修《钦定大清会典则例》（乾隆朝）卷一百六十七“内务府·奉宸苑”载，康熙五十二年（1713年）定，汤山苑户，每名月给银五钱，米一斛。各项匠役，各给地三十亩，月给银一两，米一斛。乾隆十二年（1747年）奏准，汤山苑户七十名，每名月支银五钱，米一斛。银较各处独少，嗣后每名各支银一两，米照旧支领。至该处地方，虽觉辽阔，但苑户七十名，不免过多。奉旨：汤山苑户着裁去三十名。乾隆十二年奏准，将汤山苑户的月银数量提高到每人每月一两，但裁减了三十名苑户，应留有苑户四十名。

乾隆三十四年（1769年）五月初二日《公义奏请拣选汤泉盘山总管事》[1]载，今查汤泉总管下设八品苑丞一名，苑副三名，苑户匠役共五十名。

道光十一年（1831年）十二月《内务府奏为粘修行宫收贮陈设撤减兵额等事折》[2]：

> 上谕盘山、汤泉、古北口内口外行宫均非朕常莅之地，俱暂缓粘修。各处陈设铺垫等项着交该总管妥为收贮，看守兵役应酌量裁撤，或应留四五人，或应留一二人，分别处所照料。汤泉行宫现设六品衔八品苑丞一名、苑副三名毋庸裁撤，苑户五十名，遇有缺出毋庸挑补，俟裁至十名时，即将四十名作为额缺。

由此可见，乾隆十二年（1747年）汤山苑户裁减三十名之后，应存四十名。

1 奏案03-0128-006乾隆三十四年五月初二日《公义奏请拣选汤泉盘山总管事》，中国第一历史档案馆。

2 奏销档565-095道光十一年十二月《内务府奏为粘修行宫收贮陈设撤减兵额等事折》，中国第一历史档案馆。

但到了乾隆三十四年（1769年），汤泉苑户役匠共有五十名。道光十一年（1831年）十二月，汤泉苑户仍保持在五十名，奉旨再次裁减，只保留十名。

苑户祖祖辈辈坚守在远离京城的行宫，长年辛苦劳作，清代皇帝也会恩赏奖励。嘉庆二十一年（1816年）九月，皇帝驻跸汤泉行宫，谕旨看守行宫把总、兵丁、园户等，加恩各赏每人半个月钱。

第四节 防卫

汤泉行宫之营建、岁修、陈设均为迎接皇帝驾幸居住使用，其安全防卫事属重大。行宫防卫部署分为内围和外围，外围由绿旗官兵把守巡查，内围由看守兵丁负责，兵丁数量不足十人，负责看守、扫除之事。兵丁既有看守之责，也需承种随差地亩，亦兵亦农。汤泉行宫防卫负责人设千总、把总和委署千总。千总任期为六年，期满方准升转。

道光十一年（1831年）《内务府奏为粘修行宫收贮陈设撤减兵额等事折》[1]载，行宫房间及看守兵丁均自康熙年间建立。行宫千总、委署千总、兵丁人等均系远年拨往当差并在此地久住，并有承种随差地亩。

允祹等纂修《钦定大清会典》（乾隆朝）卷九十一“内务府·都虞司”载，畿辅行宫，京东七处，京西四处，京北六处，古北口外有十三处。各设千总自一人至七人，委署千总自一人至十二人，兵自四人至二百七十一人，有差分隶汤泉、盘山、黄新庄、热河各总管管辖。

允祹等纂修《钦定大清会典则例》（乾隆朝）卷一百六十四“内务府·都虞司”载，行宫官兵，汤泉委署千总一人，兵九名。乾隆九年（1744年），兵丁缺，即于看守本行宫兵丁选补，不得其人，于四处看守行宫兵丁子弟内通融选补。千总六年期满，仍送府咨部。行宫之千总等典守陈设，稽查内围，董率扫除乃其专责，而外围巡缉则系提督标下汛弁之事。应交行宫总管及直隶提督各饬所属，恪

1 奏销档565-095道光十一年《内务府奏为粘修行宫收贮陈设撤减兵额等事折》，中国第一历史档案馆。

遵奉行。乾隆十二年（1747年），覆准汤泉总管所辖之汤泉等八处行宫内，除汤泉园户由附近居住之灰军、灰军余丁选补。口内各处行宫外围均系绿旗官兵巡辑所设，兵丁惟司内围看守及扫除之事。

托津等纂修《钦定大清会典》（嘉庆朝）卷七十三“内务府·都虞司”载，行宫千总，历俸六年，方准升转。

托津等纂修《钦定大清会典》（嘉庆朝）卷七十二“内务府·总管大臣职掌”载，汤泉行宫千总系正六品，汤泉行宫把总系正七品，汤泉行宫委署千总系正八品。

光绪二十五年（1899年）十一月二十九日《为给发汤泉总管蔺沟等七处行宫千总等应领俸银事致内务府》[1]载，十一月二十九日，东陵总管内务府衙门咨称，据汤泉总管锡昌呈称，本处五品总管一员，每年应食俸银一百六十两。蔺沟等七处行宫六品千总四员，每员每年应食俸银六十两，每员每月各应食地折银一两五钱，委署千总七名，兵二十八名，每月各应食饷银一两，地折银一两，共二两。自次年正月起至十二月止连闰八月计十三个月，共应食银二两平俸银并地折银饷一千三百八十八两。遵照八成实银支领，共应领八成实银一千一百十两四钱。

嘉庆十七年（1812年）十二月十九日《福长安奏为汤泉行宫看守兵丁添盖看守房等工程请饬交》[2]载，本年三月圣驾驻跸汤泉，谕旨前宫圈入后宫，外围空落，应添兵看守。直隶总督喜明转饬昌平州参将，在所属营汛内抽拨兵丁十六名归汤泉外围以备看守。但所添兵丁十六名应添盖房四座，行宫外西北角旧有看守房一座，应添建三座九间。

晚清之时，随着清朝国力衰减，皇帝临幸汤泉行宫次数锐减。道光皇帝为节约开支，对各处行宫人员、兵丁、苑户进行裁减，对各处行宫陈设合并保管。加之行宫管理松弛，防卫难免松懈。咸丰元年（1851年）七月，谕旨庆锡奏请将失察疯僧潜入行宫之总管等惩处一折，汤泉总管广瑞着交部照例议处。

1　奏案05-13-002-000953-0197光绪二十五年十一月二十九日《为给发汤泉总管蔺沟等七处行宫千总等应领俸银事致内务府》，中国第一历史档案馆。

2　奏案04-01-37-0064-015嘉庆十七年十二月十九日《福长安奏为汤泉行宫看守兵丁添盖看守房等工程请饬交》，中国第一历史档案馆。

第五节　失火

防火是汤泉行宫安全防范的重中之重，尽管如此，乾隆皇帝晚年，汤泉行宫居然也发生了火灾，烧毁房屋十多间。朝廷派员深入调查后，对负责汤泉行宫外围的兵丁、值宿人员、汤泉总管、外围把总、昌平州等有关人员进行追责议罪，并勒令照式赔造被毁房屋，照数赔补被毁物品。

据《管理总管内务府大臣事务永瑢等奏报汤泉行宫茶房失火将总管海绍罚俸事》载，乾隆五十一年（1786年）四月：

> 东陵总管内务府总管马兰镇总兵昭信伯李奉尧奏称，本年三月十六日二更，汤泉行宫墙外茶房失火，烧毁房十七间、拆毁一间。将收掌锁钥之外围兵丁兼充甲军李龙并值宿营兵王进福等四名咨送刑部严审治罪。另将汤泉总管海绍职司统辖咎无可辞交内务府议处。所有烧毁房十七间、拆毁房一间即着海绍照式赔造，外围把总李昌祁疏于防范，移咨斥革。再，此项铜锡官物昌平州派交甲军即营兵李龙看守，现在烧毁失少，即该州收藏不慎，应请着照数赔补。另，海绍作为汤泉行宫总管，外围房屋也应不时留心稽查，严饬下属小心看守勿至于疏忽失守，以致收贮官物房间失火烧毁，殊为不合，照失察例罚俸一年。[1]

第六节　失窃

汤泉行宫的陈设及铺垫等物俱属皇帝的财物，总管、苑丞、苑副理应恪尽职守，严加看管。乾隆年间，汤泉行宫发生过一件严重的失窃案件，依照大清律，对窃贼处死，对有关人员如太监、苑丞、苑副、员外郎、东陵内务府大臣等处以杖刑或鞭刑，然后或革职或罚俸。同治年间，汤泉行宫也发生过失窃案件。

1　长编62590乾隆五十一年四月《管理总管内务府大臣事务永瑢等奏报汤泉行宫茶房失火将总管海绍罚俸事》，中国第一历史档案馆。

据《奏为汤泉行宫遗失陈设物件饬交内外番役严访事折》[1]载，乾隆三十六年（1771年）正月二十一：汤泉行宫玉器等物失窃，因苑丞、苑副平素玩忽成性，全不思看守为职分要务，乃藉端潜住京城，置职守于罔顾，以致行宫重地被窃多物。员外郎管理口内一路行宫，理宜不时稽查。使行宫官役人等严谨看守，何致有失窃之事？平日稽查疏懒以致所属官役懈弛成习，行宫失窃，奏请革去苑丞沈标、苑副福德、穆克登布、胡天保、员外郎七十一。

据《奏为汤泉行宫被窃请治罪或处分有关人员事折》[2]载，乾隆三十六年（1771年）三月十二日：内务府大臣尹继善等奏，苑丞沈标、苑副福德等平素俱在京城住宿，并不亲往汤泉行宫轮流值班看守稽查，首领太监潘进保、专管中所之太监张明也不逐夜查点委之值班园户。是日该班园户头目孟六儿和赵怀德等六人赌钱并未坐更巡查，以致失窃。窃贼刘升被直隶新城县拿获，刘升系镶红旗满洲库使觉罗巴杨阿家奴。正月二十一，刘升借到姑父家走亲戚之际，寻机到汤泉行宫行窃，先是到附近私堂洗沐，延至起更后翻墙进入汤泉行宫，盗去玉双联荷叶觥连紫檀木座、玉八方炉、玉炉顶、小玉顶、玉匙箸瓶、玉水盛、象牙笔筒、象牙笔、象牙座、装砚台黑漆匣、石砚、玛瑙笔架、英石笔架、硝石罗汉、紫色绸帘等物数十件，洋漆玻璃罩被盗出后失落何处不知。据刘升供认，他去年四月曾在新城县行宫偷过雨搭三四架，七月在涿州行宫内偷过杂色绸门帘幔子十多件，在河涧府四贤村行宫偷过夹纱门帘、黄绸包袱、绸幔十多件。十一月在南石槽行宫偷过毡、各色绸门帘、帐子八九件、绸挖单两块、缎褥套两个。汤泉行宫员外郎福伸与员外郎七十一去南石槽行宫核实，确认南石槽行宫去年十一月初八夜失窃，恐获致罪，该处千总随喜商同外围外委兵丁等凑银赔补，未敢如实禀报。经议，刘升照盗内府财物系乘舆服御物者实犯死罪例斩决，锁送刑部即行处决。园户孟六儿等六人俱照赌博各枷号两个月、杖一百。首领太监潘进保革去，并与专

1　奏案05-0286-013乾隆三十六年正月《奏为汤泉行宫遗失陈设物件饬交内外番役严访事折》，中国第一历史档案馆。

2　奏销档301-131-1乾隆三十六年三月十二日《奏为汤泉行宫被窃请治罪或处分有关人员事折》，中国第一历史档案馆。

管中所之太监张明，均照遗失乘舆服御物者由满徒减三等律，各杖七十，徒一年半，系太监各鞭七十，发往吴甸铡草一年半，满日交总管太监等分拨外围当差。苑丞沈标、苑副福德、穆克登布、胡天保等仍照不觉被盗，官减五等罪止杖一百律，各杖一百，系旗人各鞭一百。刘升系镶红旗满洲库使觉罗巴杨阿家奴，家奴盗窃，本主也要受罚，将库使巴杨阿革去，库使不应重律杖八十，系旗人鞭八十。刘升姑父萨灵阿明知刘升素行不端，未加详细盘问，任其去留，应不应重律杖八十，系旗人鞭八十，以示惩戒。南石槽行宫千总随喜、副千总常存、外委马世勋革职，各重责四十板。外围兵丁六十、尹朝富等三十一名均照讳盗不报例革役。员外郎七十一降两级留任，罚俸一年。东陵内务府大臣公义有统辖之责，平日并未查办，两案失察，处罚俸两年。太监刘喜、赵瑞、张文立均照不应重律杖八十，系太监各鞭八十，交总管内太监分拨外围充当苦差。园户萧天荣等四十四名审无干涉，概行释放，仍交该处当差。汤泉外围看守乃绿旗弁兵，稽查不周，以致被窃，应按例处分，交兵部查取职名，照例议罪。乾隆皇帝均予认可，惟认为员外郎七十一的处分过轻，降旨再议。

昆冈等纂修《钦定大清会典事例》（光绪朝）卷七百八十“刑部五十八·刑律盗贼·盗内府财物”载，至偷窃各省行宫乘舆服物，为首者拟绞监侯，为从者发云贵两广极边烟瘴充军。其偷窃行宫内该班官员人等财物，仍照偷窃衙署例问拟。若遇圣驾临幸之时，有犯偷窃行宫物件者，仍依偷窃大内服物例治罪。谨案。此条系嘉庆年遵旨定例。

同治三年（1864年）五月初三日《总管内务府奏为送议汤泉总管瑞芳等处分事》[3]载，马兰镇总兵兼总管内务府大臣刘文俊奏，拿获偷窃汤泉行宫沐浴池塘锡里交昌平州审办，并请将失察总管、苑丞分别交内务府议处。例载，守护园亭禁地官员并不严加巡守，以致被贼窃去寻常物件者，专管官降一级留任。鉴于六品苑丞常有照失职降一级留任例，总管瑞芳应参照降一级留任例上减等，罚俸一年。降留、罚俸均系公罪，例准抵消。

3　奏案05-0824-008同治三年五月初三日《总管内务府奏为送议汤泉总管瑞芳等处分事》，中国第一历史档案馆。

同治三年（1864年）五月初三日《奏为遵旨分别议处失窃之汤泉行宫总管瑞芳等处分折》[1]载，总管瑞芳应参照降一级留任例减等，罚俸一年。降留罚俸均系公罪，例准抵消。奉旨准其抵消。

第七节　修缮

乾隆年间规定，每年夏季后，行宫总管等亲往一次，将一应粘补修理之处踏勘，修理用过钱粮数目着于岁底呈报总管内务府大臣。俟五年后将修理行宫用过钱粮以及行宫内陈设悬挂一应等物除派总管内务府大臣一员详查俱奏，将此永着为例。汤泉行宫修缮前需踏勘查核，估算物料费用，经费可先行从广储司银库支领，少用存剩银两仍需交回广储司。将实查销算银细数另缮总册两本和通总册一本一并交圆明园库贮。汤泉行宫岁修之事，需皇帝降旨方可进行。档案可见，乾隆皇帝晚年，行宫殿宇、房间、亭座、游廊等项，向例十年一次查报粘修。至于五年一次粘修查报惯例到底何时改为十年一次粘修查报向例，目前尚不得而知。

据乾隆二十八年（1763年）七月《总管内务府奏为派内务府大臣查看汤泉等处行宫事折》[2]载，乾隆六年（1741年）九月十六奉旨：汤泉、喀喇河屯、南石槽行宫俱经见新修理，仍着每年粘修。其余行宫俟见新修理后，皇帝降旨再行岁修。口内行宫交汤泉总管，口外行宫交热河总管。每年夏季后，该总管等亲往一次，将一应粘补修理之处踏勘，修理用过钱粮数目着于岁底呈报总管内务府大臣。俟五年后将修理行宫用过钱粮以及行宫内陈设悬挂一应等物除派总管内务府大臣一员详查俱奏，将此永着为例。

据乾隆四十九年（1784年）五月《管理总管内务府大臣事务永瑢等奏为五年

1　奏销档703-065同治三年五月初三日《奏为遵旨分别议处失窃之汤泉行宫总管瑞芳等处分折》，中国第一历史档案馆。

2　长编61340乾隆二十八年七月《总管内务府奏为派内务府大臣查看汤泉等处行宫事折》，中国第一历史档案馆。

一次请派臣查核汤泉陈设岁修事折》[1]及乾隆五十四年（1789年）五月《管理总管内务府大臣事务永瑢等奏为五年一次请派大臣查核口内外行宫陈设岁修事折》[2]两份奏折，也同样述及乾隆六年（1741年）九月制定的这项规定。

据乾隆十年（1745年）十月《内务府大臣海望等奏为销算修理汤泉等处行宫用过银两事折》[3]载，汤泉行宫修缮前需踏勘查核，估算物料费用，经费可先行从广储司银库支领，少用存剩银两仍需交回广储司。将实查销算银细数另缮总册两本和通总册一本，一并交圆明园库贮。

据乾隆三十九年（1774年）十二月《内务府大臣福隆安等奏为销算修理汤泉等口内外行宫用过银事折》[4]载，派员外郎逐处详细勘估，令营造司、广储司会同修缝，竹帘雨搭修补，另派查验官随工逐件查验。

乾隆五十八年（1793年）八月二十二日《奏报汤泉等七处行宫殿宇等项修缮估需工料银两事折》[5]载，本年六月内经东陵内务府总管大臣爱星阿奏称，据汤泉总管赛尚阿报称，恭查汤泉及蔺沟等七处行宫、殿宇、房间、亭座、游廊等项，向例十年一次查报粘修，今已过十年之限职。

道光十一年（1831年）十二月内务府《奏为粘修行宫收贮陈设撤减兵额等事折》[6]载，上谕盘山汤泉古北口内口外行宫均非朕常莅之地，俱暂缓粘修。遇朕巡幸时，必先期降旨应如何预备，候旨遵行。北路南石槽、密云、瑶亭、怀柔等四处行宫现存陈设铺垫移至汤泉行宫着交该处总管妥为收贮。御笔贴落匾额木器等项仍留各处敬谨收贮。

---

1 长编62498乾隆四十九年五月《管理总管内务府大臣事务永瑢等奏为五年一次请派臣查核汤泉陈设岁修事折》，中国第一历史档案馆。

2 长编62664乾隆五十四年五月《管理总管内务府大臣事务永瑢等奏为五年一次请派大臣查核口内外行宫陈设岁修事折》，中国第一历史档案馆。

3 长编68277乾隆十年十月《内务府大臣海望等奏为销算修理汤泉等处行宫用过银两事折》，中国第一历史档案馆。

4 长编68681乾隆三十九年十二月《内务府大臣福隆安等奏为销算修理汤泉等口内外行宫用过银事折》，中国第一历史档案馆。

5 乾隆五十八年八月《奏报汤泉等七处行宫殿宇等项修缮估需工料银两事折》，台湾“中央研究院”。

6 奏销档565-095道光十一年十二月内务府《奏为粘修行宫收贮陈设撤减兵额等事折》，中国第一历史档案馆。

对于行宫修缮工程发生质量问题，也会对有关官员进行责任追究和经济处罚。乾隆五十年（1785年）三月初五日《奏为修理汤泉行宫工程不如法应令赔修议处事折》[1]载，员外郎保祥等承修汤泉行宫之监督，理应如法敬谨修理，以期永远坚固。然修理仅过去三年，即发生窗棂脱落不全之事，实为未妥协修理所致。责成该处监督员外郎保祥先行如式修整、详细加固，以适观瞻。依照造作不如法律，应罚俸六个月，但是为了以示严惩，请旨将员外郎保祥加倍处罚，罚俸一年，乾隆皇帝准奏。

第八节　经营

汤泉行宫水域面积广阔，除去建筑用地之外，尚有一些空地可以用来耕种。所获米谷、粱豆、秫秸等可以变卖，变卖所得由汤泉行宫自行收支，但需逐年造册呈报内务府。

乾隆二十五年（1760年）七月二十一日《奏销汤泉米谷变价银两事》[2]载，东陵内务府总管伊拉齐奏称，据汤泉总管常泰报称，乾隆二十四年分汤泉后宫内地二十三亩所得米谷秫禾偕草束变价银二十二两四钱九分，并乾隆二十四年六月内奏销过，旧存银二百二十两八钱一分二厘，旧管新收，共银二百四十三两三钱二厘内，除汤泉等八处行宫熏炕木柴用过银二十八两四钱二分外，尚存银二百十四两八钱八分二厘，拟合造具细册呈送。

乾隆二十五年六月、二十七年六月、二十八年十月、二十九年六月、三十二年十月都有汤泉行宫后宫二十三亩地所种米谷、粱豆等变价银两之报，所获十余两、二十余两不等。

1　奏销档389-275乾隆五十年三月《奏为修理汤泉行宫工程不如法应令赔修议处事折》，中国第一历史档案馆。

2　奏销档03-0315-054乾隆二十五年七月二十一日《奏销汤泉米谷变价银两事》，中国第一历史档案馆。

乾隆四十六年（1781年）十一月二十三日《保宁奏汤泉空地停止耕种事》[1]载，汤泉行宫后夹墙内有空地二十三亩，于乾隆十三年交庄，每年轮流耕种，所得粱豆变价银两交筹备库应用在案。因多年雨水冲刷，地势中间低洼，夏令积水，漫溢四周。树株增长茂盛，枝叶荫蔽，树根舒展延长，难以耕种，每年所获变价银两仅十五六两不等。每年雇工人等，行宫重地任由不时出入，究属不便，奏请停止耕种，以使行宫重地益昭严肃。准奏。

由此可见，汤泉行宫准许利用行宫内空地耕种，物尽其用，绝无荒废，于乾隆十三年（1748年）始耕，乾隆四十六年（1781年）获准停止耕种。期间，自种自收，所获变价银两可以支付行宫熏炕木柴费用，收支细目需逐年具册呈报。

综上所述，通过对汤泉行宫管理的若干问题进行探究和分析，廓清了汤泉行宫的内部管理层、行政隶属、官员品级、俸禄、官员选拔、补授及其职责，对汤泉行宫在陈设品、生活消耗品、苑户、匠役的管理进行了梳理和总结，并对汤泉行宫在防卫、失火、失窃、修缮和经营等方面的管理和追责措施进行了深入分析，进一步深化了对汤泉行宫管理的诸多认识。特别是通过汤泉行宫监守自盗、失火、失窃、修缮工程质量等问题的案例分析，不难看出汤泉行宫在防火、防盗、修缮工程监管方面存在一些安全隐患，其最大的隐患便是防卫人员和管理人员有的缺乏自律，利用职务之便，监守自盗，暴露出上级监管不力、下级不敢监督上级的问题。有的官员责任心不强，玩忽职守，麻痹大意，疏于防范，最终酿成灾祸。从事后责任追究方面不难看出，清宫对责任者的纠责是环环相扣、层层追责的，既有经济处罚，又有行政处罚，严重的会以律法治罪，以此达到严惩有关人员的目的，同时也达到以儆效尤、警示后人的效果。以史为鉴，映照现实，汤泉行宫在管理方面存在的问题和深刻教训，对我们当今社会依然具有现实意义。

1　奏案05-0301-061乾隆四十六年十一月二十三日《保宁奏汤泉空地停止耕种事》，中国第一历史档案馆。

第八章　汤泉行宫兴衰

汤泉行宫的兴衰一如清代之兴衰。从康熙五年（1666年）肇建，至康熙五十四年（1715年）竣工，汤泉行宫的建筑和水系格局基本形成。康熙皇帝曾两次奉祖母孝庄文皇后临幸汤泉行宫洗浴温泉，自己也曾多次幸汤泉行宫疗疾。

乾隆时期，对汤泉行宫加以扩建，行宫的岁修和五年之修持续进行。这一时期，行宫陈设不断充实，品类丰富，数量可观。乾隆皇帝多次驻跸这里，留下了许多咏颂汤泉行宫的诗文。乾隆时期国运昌盛，国泰民安，汤泉行宫也处于兴盛期。

嘉庆时期，嘉庆皇帝也曾多次驻跸汤泉行宫，并以汤泉行宫景致题写了十余首诗作。不过，据《文孚奏为汤泉行宫挪砌大墙估需银两折》载，嘉庆二十年（1815年）十一月，嘉庆皇帝认为汤泉行宫后宫院落过于空旷，遂降旨将后宫东、北外墙拆除，分别向内挪砌，以便加强管理。同时添建东车门一座、北行李门一座。汤泉行宫院落范围有所缩小，行宫殿宇陈设基本维持乾隆时期的规模。

盘山、汤泉暨古北口内外行宫非道光皇帝常莅之地。道光十一年（1831年）十一月，为了节省开支，皇帝降旨裁减兵丁园役，停止岁修和五年之修。从道光十二年（1832年）汤泉后宫陈设档可知，各所原陈设书籍和文房用具均在陈并记录在档。据道光十六年（1836年）《汤泉行宫内现存本处应交陈设等项物件清册》记载，行宫各所应交陈设品包括玉石、玛瑙、水晶、玻璃等项陈设共计八十六件，瓷器陈设大小共计一百六十七件，铜器陈设大小共计二百零七件，挂对共计六副，书籍共计六百四十五套，册页共计二百十五册，文房用具若干。道光十七年（1837年）汤泉后宫的陈设档中，则见各所原有陈设书籍和文房用具基本撤空，

汤泉行宫旧影，摄于 19 世纪末

家具、书画贴落尚存，但御笔字和其他画家的画作虫蛀破碎，且座褥、靠垫糟旧或糟破，铺毡虫破，陈设物品数量锐减，自然损伤比比皆是，俨然一幅衰败景象。道光二十四年（1844年）汤泉后宫陈设档中，篇幅总共只有寥寥数页，各所的物品只留下宝座或床，有的房间除御题匾额外，空无他物。据《道光十一年至三十年奏案清册》载，道光十五年（1835年），皇帝降旨将汤泉、盘山、燕郊、黄新庄等处行宫陈设陆续运京。自此，汤泉行宫逐渐步入衰败期。

道光三十年（1850年）二月二十五日，道光皇帝驾崩。据记载，1850年3月，俄国人叶・科瓦列夫斯基曾自行参观小汤山。一日，“北京杏花盛开，杨柳吐绿，蝶飞蜂舞，春和日丽。”他和导游“径直找到皇家温泉和宫室的看守官”，在一阵寒暄和几杯清茶之后，看守官告诉他说：“由于前不久宫殿中的一幅画被盗，现

汤泉行宫旧影，摄于 19 世纪末

汤泉行宫旧影，摄于 19 世纪末

在严禁任何人进园子泡温泉。”经请示行宫总管，又是好一阵磨嘴皮子，终于同意他们进入参观。这也说明，汤泉行宫原本是皇家禁地，在国势衰落的形势之下，只要疏通看园人的关系，打通总管关节，外国人竟然可以自由出入汤泉行宫。“皇帝和嫔妃们的浴池，以及另外两个由看守官经营的供来客治病泡的浴池还保护得很好。浴池是用大理石砌成的，表面有一层铅。但那些普通浴池却逐渐破败了。温泉浴池是受康熙皇帝御批，由欧洲人所砌，因为欧洲人说泡温泉很有疗效。”叶·科瓦列夫斯基注意到泉水中含有硫黄，虽不甚浓，却很热，两个泉眼中的一个温度很高，手伸进去都受不了。“这些宫殿跟我们见过的别的宫殿没什么差别。其中的一整面墙都被一幅画占据，这幅佳作由著名画家郎世宁所作，画上两只狮子狗在花园绿荫丛中嬉戏，具有中国画的风格。宫殿周围门廊交错，一直通向嫔妃及太监们居住的内宫……荒芜的花园别有一番风趣，广阔的湖面上长满了水草，倒映着破落雕栏小桥的残影。竹林似墙，密不可透，林中小径，藤蔓蜿蜒，盘绕着夭灼盛开的桃树。园子很大，几乎全是顺其天然而造，人工的雕琢几乎没有破坏它的美。”[1]从俄国人的描述中，我们可以大体了解汤泉行宫在道光帝驾崩之年时的衰败情形和管理上的松懈。

咸丰四年（1854年），汤泉宫内现存各所铺垫木器、毡、竹帘、雨搭并库存旧破铺垫木器，基本还是道光年间撤走大量陈设之后的状况，数量有减无增。同治四年（1865年）汤泉行宫陈设档记录的情况与咸丰四年的陈设档大体相近。

光绪十二年（1886年），作为德意志银行的德国铁路中国财团代表来华考察的恩司诺，慕名骑马来到汤泉行宫。他看到围墙外面几百个衣不蔽体的患者围着一股泉水，“用热的含硫泉水洗澡，希望借温泉的功效治愈可怕的病痛”。恩司诺来到行宫的入口，“尽管看门人指着门口大布告牌——那上面说任何人不得入内，但答应付小费之后，我们被放了进去。”在一座长方形的院子里，恩司诺看到两个巨大的大理石水池，“因为有两股泉水，一凉一热，注入其中，造成水塘里的水也是一半凉一半热。凉的一边密密种着芦苇和其他水生植物，而热的一边寸草不生。”“两个池子里雾气腾腾，泉水的温度各不相同。”[2]

光绪十七年（1891年），汤泉行宫各所围墙坍塌，难以修补，致使敞旷，难于守卫。从光绪二十五年（1899年）汤泉行宫陈设档可以发现，中所澜碧殿后抱厦坍塌，砸伤九屏风和花梨木桌、案；东所钓鱼台、后罩殿和船坞坍塌；西所澄怀观道殿后抱厦坍塌，揽秀亭坍塌。各所的御题匾额或者裂坏，或者破损无存。

光绪二十六年（1900年），八国联军将汤山行宫的大多数建筑焚毁殆尽。[3]光绪二十七年（1901年）汤泉行宫陈设档极其简略，仅前宫澡雪心神殿明间，后宫南所对时育物殿明间，中所石髓苓芬殿明间、瞻睇烟云殿、澜碧殿明间、萝香径殿明间、敦素殿明间、惠泽阁，东所泛涟晖殿明间，西所澄怀观道殿明间，北所水镜秋霜殿明间等有数量极少的陈设。从上述记载来看，偌大的汤泉行宫，仅有九座建筑尚有简单陈设，而全无提及其他建筑，不知是什么原因。究竟是其他建筑已经损毁无存？还是其他建筑空无任何陈设而未被提及呢？

1　呼延云：《百年前，小汤山被叫做“唤醒睡美人的地方”》，《北京晚报》2020年4月13日。
2　呼延云：《百年前，小汤山被叫做“唤醒睡美人的地方”》，《北京晚报》2020年4月13日。
3　原北平市政府秘书处编：《旧都文物略》第161页，中国建筑工业出版社，2005年。

英国作家阿奇博尔德·立德夫人（1845—1926）乃英国商人阿奇博尔德·约翰·立德（1838—1908）之妻，曾于1887至1907年在华生活。她通过旅行、考察、参加社会活动等，深入了解并记录中国，她也是一位知名作家，著有《北京指南》《我的北京花园》等多部反映中国社会生活的著作。在其所著的《我的北京花园》（*Round about My Peking Garden*）一书中将汤泉行宫描绘为“就像通常草木繁茂的花园那样，这儿的花园气象万千。……这里让人不由自主地想起王子发现睡美人并唤醒她的场景。……各种开花的美丽灌木似乎都种在了这里，而且都长得过于茂盛，枝蔓纠结……”[1]光绪二十六年（1900年），八国联军侵入北京，汤泉行宫遭到联军的抢劫和破坏。立德夫人怒斥道：“我们知道俄国士兵曾扫荡过这里。……这里的景象不可否认地表明曾遭肆意破坏文物的野蛮人的入侵，而非年久失修造成的逐渐破败。尽管一旁原先的温泉仍冒着气泡，巨大的汉白玉浴池和精美的汉白玉扶手现在的破败景象却令人悲哀。”[2]由此可见，随着国运衰退，

进入汤泉行宫的外国侵略军，摄于20世纪初

残破不堪的汤泉行宫，摄于20世纪初

1 ［英］阿奇博尔德·立德夫人:《我的北京花园》第122页，北京图书馆出版社，2004年。
2 ［英］阿奇博尔德·立德夫人:《我的北京花园》第121页，北京图书馆出版社，2004年。

汤泉行宫成为外国兵恣意妄为的地方。惨遭八国联军的践踏之后，汤泉行宫作为皇家行宫的尊严已不复存在。曾经美丽无比的汤泉行宫已不可避免地陷入一片令人悲哀的破败景象。

光绪二十九年（1903年），汤泉行宫更是惨遭美国兵的破坏。六月十七日己巳，东陵总管内务府报称，本年三月初十，美国兵在汤泉行宫住宿，次日启程，将惠泽阁龙王殿神像毁伤，该总管常贵未及时呈报。[1]

光绪三十二年（1906年），日本学者宇野哲人是中国哲学史研究者，他在其所著的《中国文明记》[2]中，记载他于1906年5月和几个朋友游小汤山，这时"外国人于行宫中入浴被默许"。他目睹汤泉行宫现状，不禁感慨万千："有数栋建筑，昔日当极轮奂之美，而今则徒委风雨，轩倾壁颓；野草茫茫，深可没脚；砖瓦累累，或为狐穴；蔓草四伸，以蔽昔日之绮窗。""两座大理石浴池幅宽约四间，长约六间。""此浴室左右各有一小室，右方过热不可入，左方温度适身。浴室用石垒起，温汤无味无臭，清澄如玉。"进温泉洗浴之后，他觉得神怡气畅，妙不可言，连呼"此乐千金难购"！出浴池后，宇野哲人在庭院里闲游了一番，"假山处处，松柏繁茂。中有小池，水清见底，游鱼历历可数。池中又有小岛，可惜桥已半朽，池亦几为蒲苇所蔽。"

宣统元年（1909年）与光绪三十三年（1907年）汤泉陈设档相差无几，仅仅涉及前宫澡雪心神殿明间，后宫南所对时育物殿明间，中所石髓苓芬殿明间、瞻睇烟云殿、澜碧殿明间、萝香径殿明间、敦素殿明间、惠泽阁，东所泛涟晖殿明间，西所澄怀观道殿明间，北所水镜秋霜殿明间的简略记载，记录内容不足两页纸。

纵观康熙至宣统时期，汤泉行宫亦如清王朝之命运，在道光以后不可避免地坠入衰败，直至彻底没落。

民国初年，军阀纷纷在汤泉行宫内建造别墅。《旧都文物略》记载：

---

1 长编69234光绪二十九年六月十七日《内务府为美国军队将汤泉行宫惠泽阁龙王殿神像毁伤总管未及时呈报事致东陵总管内务府咨复》，中国第一历史档案馆。

2 ［日］宇野哲人：《中国文明记》第54页，光明日报出版社，1999年。

> 民国初元，袁克定来汤泉行宫避暑，将前宫稍事修葺。民国七年，徐总统世昌携陆宗舆、曹汝霖二氏往游，以其地弃之可惜，商于清室，以岁纳八百金，向其永租。重加整理，添构房宇。古迹胜地，得以重光。计全部可分为二部：（一）为行宫浴池。前宫宫垣、浴池，尚称完好。有泉水而渠，砌石成二钜池，西热东温，引渠水入浴池备用。宫外设有人民浴池，男女分池。此为有清旧况。民国以来，辟前宫为旅馆，所谓汤山饭店。馆内设有浴池，引泉水入池，以供游人洗濯。据科学家考察，世界温泉皆系硫黄质，味臭有毒，不无遗憾。独此泉原质为镭锭，与太阳质同，故泉水热甚，严冬不减，浴之可以疗病，饭店设备甚周，起居安适，不独便于洗浴也。（二）为后湖。即清之后宫，今废。原有石山一，小而秀，引水成池，泉中产鲤，甚鲜。荷开最早。周缭以垣，以北山为屏。旧有澡雪堂、漱琼室、飞凤亭、惠泽阁、开襟楼诸胜。入民国多倾圮。七年，徐总统及其他私人，于此建别业，点缀风景，有枫叶桥、怀碧桥、枕湖轩、晴晖阁、嶂影楼、归稼轩、听涛挹翠亭、掬全亭。亭下有金边莲，系此地特产。盛夏以来，避暑甚众。园内多枫树，秋深叶红，与青葱之松柏，相间成趣。旁有更衣亭，其后有绿竹千竿，上有草亭，风景尤称幽胜。又，冬令此地严寒，枫叶桥至怀碧桥东一带水皆坚冰，备有冰床，以供乘坐，兼可作滑冰之戏。而前宫泉水热度，因冬亦高，相距咫尺，凉燠迥异，诚属异事。[1]

从上述记载看，当年乾隆皇帝御制诗《汤泉行宫八咏》中的诸多美景尚依稀可见。

晚清名士罗惇曧（1872—1924）《汤山行宫》诗云：“碧草连冈蔽断垣，幽禽时杂乱蝉喧。西山近作惊涛涌，翠柏森如列仗屯。二顷荒陂荷有盖，半颓高阁佛无言。汤山自是销炎地，尚有轩车日到门。”[2]由此可见，此时的汤泉行宫，残垣断

1　原北平市政府秘书处编:《旧都文物略》第160-161页，中国建筑工业出版社，2005年。

2　原北平市政府秘书处编:《旧都文物略》第161页，中国建筑工业出版社，2005年。

嶂影楼旧影，摄于 20 世纪 30 年代

徐世昌题“汤山别业”石额，王立明提供

壁，惠泽阁趋于半颓，俨然一派颓败景象。

美国学者刘易斯·查尔斯·阿灵顿在《古都旧景》[1]一书中记录了去汤泉行宫的旅游攻略：一条是先出西直门经过圆明园和颐和园，过沙河到十三陵再到小汤山；还有一条是“从安定门向北到汤山，这里每天都有公共汽车来汤山，车费每位八角”。

日本学者丸山昏迷在《北京》[2]一书中记载了从北京到汤泉行宫的交通路线：“从北京开车前往，经过圆明园和万寿山，大约需要两个小时到达。乘坐火车在京绥线沙河站下车，再乘坐汽车、驴子或轿子亦可到达。”丸山昏迷写道：

> 温泉从平地凿开的两个泉池涌出，东侧的泉池为长约一百六十余尺的长方八角形，水深有三十尺，水温适宜入浴；西侧的泉池面积有一百五十平方

---

1 ［美］刘易斯·查尔斯·阿灵顿：《古都旧景——65年前外国人眼中的老北京》第196页，经济科学出版社，1999年。

2 ［日］丸山昏迷：《北京》第148页，北京联合出版公司，2016年。

原汤山行宫前宫东、西温泉池，摄于1938年

尺，水深有三十尺，水温过高不适宜入浴。泉池左右有浴场，温热两泉泉水引到这里进行适度调整。民国五年秋，汤山公司从帝室那里获得永久租借权，以泉池为中心修建公园，在行宫旧址兴建西式旅馆供一般人入浴使用，有电话设备可与北京联系。昔日帝王独游之地变为万人享乐之所。

丸山昏迷进一步详细描述了汤山游览费：

汽车大约需要两个小时，往返五人乘坐需要大洋二十元，七人乘坐需要二十五元，可当日返回。中国马车需要八九个小时，单程需要大洋三元左右。驴马需要八九个小时，单程需要大洋一元左右。火车从西直门到沙河，一等座一元四十分，二等座九十分，三等座四十五分；从正阳门到沙河，一等座一元八十五分，二等座一元二十分，三等座六十分。从沙河到汤山大约二十余里，汽车大约三十分钟，一人乘坐需要大洋五元，二人乘坐六元，四人乘坐八元。洋车大约两小时，需要大洋八角左右。驴马大约三小时，铜元八十枚左右。汤山住宿费：西式旅馆大洋六元。

1937年“七七事变”后，日本侵略者占领昌平，汤山行宫沦陷，成为侵华日军的伤兵疗养院。八路军曾数次袭击日军疗养院，击毙击伤日军多人。竹竿山原

“昌平县小汤山之怀碧桥”，摄于 20 世纪 30 年代

本竹林茂密，日军为防备八路军利用竹林埋伏，遂将竹林砍伐殆尽，对汤泉行宫的原始景观造成了极大的破坏。

第九章　汤泉行宫新生

小汤山曾是北京平原地区唯一有天然温泉的地区，有9处天然温泉出露于大、小汤山山麓，最高泉水温度52℃。据北京市地质工程勘察院提交的《北京市小汤山地热田地下热水资源评价报告》显示，按深度2000米、井出水温度大于40℃圈定，这里的全热田面积共计86.5平方千米。

据北京市地矿局水文工程地质公司发布的《北京市小汤山地热田》一文显示，1956年至1985年期间对小汤山热田进行了历时三十年的勘探，得出如下结论：

第一，查明了小汤山地热田处于一复杂的单斜构造（背斜的一翼）上。对热储层做了划分，建立了三个热储层的概念，基本摸清了它们的分布规律，论证了热田由当地降水补给和深部循环加温形成。

第二，本次勘探开采扩大热田面积为20平方公里（扩大了近20倍），发现了地热田的高温区（65℃），改变了本区最高出水温度的概念。

第三，探明了铁岭组和雾迷山组两个储热层可采储量为516万方；在1500米深度以内热水温度可达40℃，热田总储量含热能大于2.5万瓦，为一中型地热田。

第四，小汤山地热除用于医疗外，也广泛用于养殖、温室种植和采暖等方面，社会经济效益十分显著。

汤泉行宫作为清朝皇帝的行宫早已成为历史，但其独特的温泉资源一直被广泛利用。中华人民共和国成立后，1951年至1954年，这里先后建有四所疗养院，即中国人民解放军123疗养院、中国人民解放军107疗养院、中央卫生部疗养院、中华全国总工会疗养院。毛泽东、刘少奇、周恩来、朱德等老一辈革命家都曾到此疗养休息。

1954年4月，毛泽东主席视察小汤山。

1957年1月，郭沫若写了和毛泽东韵的《念奴娇·咏此泉·小汤山》：

京畿左翼，小汤山，一脉温泉无色。广厦万间，新建立，引入玉池清澈。冬日疑春，朔风孕暖，溪内游龟鳖。华清何似？令人高下难说。

小伫怀碧桥边，荒池待理，犹自封冰雪。遥指颓楼思往事，人道胜朝末截。那拉常游，浴宫已毁，独乐亡家国。请看今日，兵民共享温热。

1958年9月1日，四所疗养院合并为北京市小汤山疗养院，占地面积近500亩。

1964年，对后湖进行大规模清淤治理。

1975年至1985年，先后开发了四口热水井，开始利用地热资源供暖。

1982年，北京市小汤山疗养院改名为北京市康复中心。

1985年，北京市康复中心又改名为北京市小汤山康复医院。

1986年，拆除袁克定别墅。

1988年，加挂“北京小汤山医院”院牌。

2003年，为抗击“SARS”疫情，在小汤山医院院区北部建设“非典”病区，成为首都抗击“非典”的重要战场，创造了举世瞩目的抗疫奇迹。

2012年，院名调整为北京小汤山康复医院。

2018年，成立北京高原适应研究康复中心。

2020年，为抗击“新冠”疫情，紧急启动对小汤山医院的改造和新建工程，为首都抗击“新冠”疫情做出突出贡献。

目前，北京小汤山医院（北京小汤山康复医院、北京市健康管理促进中心、北京高原适应研究康复中心、北京小汤山疗养院、北京国际药膳博物馆）是集医疗、科研、教学、预防于一体的北京市属三级综合医院，市医保定点单位，全国健康管理示范基地、北京市健康促进示范基地、北京市干部保健基地、中国老龄健康促进工程康复基地、中国重症康复专科培训基地、北京市康复人员培训基地，并且已经发展成为康复医学、基本医疗、护理服务、健康管理、预防保健五大支柱相结合的区域健康综合服务体。

小汤山温泉碑，王立明提供

小汤山温泉遗址文保碑，王立明提供

随着文物、旅游事业的发展，对汤泉行宫的研究与开发利用越来越被人们所重视。综上可知，小汤山的温泉资源具有天然优势，需要坚持科学发展观，做好顶层设计，统筹规划，加强保护，科学开发，可持续利用。

《中华人民共和国文物保护法》（2002）第四条规定，文物工作应贯彻保护为主、抢救第一、合理利用、加强管理的方针。为了加强对清代汤泉行宫遗址的保护，2003年7月，北京市昌平区人民政府公布小汤山温泉遗址为昌平区文物保护单位，并于2004年7月在北京小汤山医院之内立碑铭记。对汤泉行宫遗址的石质建筑构件采取了集中管理的方式，露天陈设在原后宫东所的岛上。

近年笔者到汤泉行宫遗址踏勘，前宫的温泉方沼依然在原处，但全无往昔温泉漾流的景象。后宫区域仍可见一些建筑的石质遗迹和石雕构件，如原中所北部沐浴堂遗址还能看到温泉池，原东所所在区域可见徐世昌题写的“汤山别业”石雕匾额以及清代抱鼓石等。

清代抱鼓石，王立明提供

鱼泉桥，王立明提供

乾隆御笔“九华分秀”刻石，王立明提供

如今，汤泉行宫地面上，一座座新建筑拔地而起，然而湖泊、水渠、池塘的轮廓基本未变，只是有些地方干涸而已。水上小桥，千姿百态；数点青石，装点驳岸。土丘山坡大多被夷为平地，石头垒砌的山峰上，依然矗着乾隆皇帝御题“九华分秀”的石壁。成片的柳树夹杂着翠柏，虽然多属新栽，但也能见到干可合抱、枝杈苍劲的老树。如果按照《汤泉行宫地盘画样全图》仔细辨认，依然可以找到旧有的痕迹，这一切仿佛诉说着昔日的柔情和美丽。

清代汤泉行宫遗址是一处珍贵的不可移动文化遗产，汤泉行宫陈设及相关文献也是珍贵的可移动文化遗产，汤泉行宫的温泉资源是独特的自然遗产。因此，清代汤泉行宫遗址具有文化遗产和自然遗产的双重属性，具有重要的历史价值、文化价值、审美价值、科学价值和时代价值。

怀碧桥，王立明提供

枫叶桥，王立明提供

结语

清代汤泉行宫是清代京畿北路行宫当中一座比较重要的行宫，位于今北京昌平小汤山。汤泉行宫于康熙五年（1666年）肇建，康熙五十四年（1715年）竣工，历经康熙、雍正、乾隆、嘉庆、道光、咸丰、同治、光绪、宣统九朝，清宫对汤泉行宫的利用和管理一直延续至清末。

汤泉行宫整体的平面布局呈倒“凸”字形，分为前宫和后宫。其中前宫在南，后宫在北。前宫面积略小，平面布局呈方形。后宫平面布局也呈方形，分为东、西、南、北、中五所，间有大小湖泊、小桥和湖心岛。汤泉行宫具有园林建筑的特点。建筑分布随地形和湖泊水系呈自然布局，追求一种自然美，殿宇、亭台、楼阁与大自然浑然一体。行宫的整体布局宛如一条坐北面南的盘龙：前宫略小，似为龙首；前宫与后宫之间的连廊为龙颈；后宫为龙身。后宫中所宛如一只硕大的乌龟，头颈在南；东所仿佛一只小龟，头颈朝西，面向中所。中所和东所四周环以大小湖泊，外围又有水系加以环绕，水系再外一层就是临水而建的南所、西所和北所。后宫的西、北、东墙垣环以明渠，渠内四季流淌着温泉水。这种龙形于外、藏龟于内的建筑设计理念蕴含了特殊的含义。温泉行宫为天子而建，天子贵为龙身，龙行天下，四海皆安。龟寓意长寿，长长久久。龙与龟巧妙融为一体，龙则健、龟则寿也，寓意健康长寿，而且清代帝后莅临汤泉行宫休养沐浴疗疾，本身就是为了追求健康长寿。所以这种建筑设计理念与其实用功能是完全一致的。

汤泉行宫最主要的功能就是为清皇室提供温泉沐浴和温泉疗疾，这也是其最大的特色。康熙、雍正、乾隆皇帝至汤泉行宫休养，或巡幸途经于此小憩。期间仍料理政务，批阅奏折，召见群臣，共商时政。汤泉行宫内，书籍、文房用具陈设随处可见，可供皇帝在此博览群书。清代皇帝驻跸汤泉行宫期间，一方面享受温泉沐浴，另一方面兼顾处理政务。其精神生活也很充实，如事神礼佛，琴棋书画，欣赏戏曲，观赏美景。

汤泉行宫御制匾额除了有言景状物者，更多则包含了康熙、雍正、乾隆三位皇帝的道德理念、哲学之思和忧国忧民情怀，尤其是在道德理念、哲学之思和忧国忧民情怀方面，祖孙三代皇帝体现出高度的一致性和传承性。

汤泉行宫御制诗文抒发了清代皇帝对汤泉景致的赞美，也揭示了其勤政爱民的情怀。

汤泉行宫管理既包括汤泉行宫的内部管理层、行政隶属关系、官员品级俸禄、官员选拔补授及其职责，也涉及陈设品、生活消耗品还有对苑户和匠役的管理，还包括在防卫、防火、防盗、修缮和经营等方面的管理和追责措施。通过对汤泉行宫监守自盗、失火、失窃、修缮工程质量等问题的案例分析，不难看出汤泉行宫在防火、防盗、修缮工程监管方面存在一些安全隐患，其最大的隐患便是防卫人员和管理人员有的缺乏自律，利用职务之便，监守自盗，暴露出上级监管不力、下级不敢监督上级的问题；有的责任心不强，玩忽职守，麻痹大意，疏于防范，最终酿成灾祸。

汤泉行宫的兴衰一如清代之兴衰。清代汤泉行宫肇建自康熙朝，至康熙五十四年行宫建筑和水系格局基本形成。乾隆时期，对汤泉行宫加以扩建，行宫的岁修和五年之修持续进行。此时的行宫陈设不断充实，品类丰富，数量可观。道光时期，汤泉行宫逐渐步入衰败期，直至清末彻底没落。民国年间，行宫遭到军阀和日军的破坏。

中华人民共和国成立以来，汤泉行宫遗址重获新生，温泉资源得到充分利用，为社会各界人民提供康复疗养服务，惠泽天下。与此同时，对温泉行宫遗址的保护也日益得到社会各界的重视。

史料篇

四朝起居注摘编

一　康熙起居注

康熙十四年八月

十七日壬申。上因送太皇太后幸汤山温泉，各部院衙门章奏俱命送内阁。是日，卯时，上诣太皇太后宫，候太皇太后登辇，上随辇行。出东华门，设卤簿，王、贝勒以下文武各官跪送。出安定门，至进膳处，上扶掖太皇太后降辇，入行宫后，上诣进膳处。进膳毕，复诣太皇太后行宫，下马趋至近前侍立。候太皇太后登辇，上扶辇行数武，然后乘马随行，至汤山温泉宫，上步送至宫门，扶掖下辇。入宫后，上始回宫。在路凡遇泥泞处，上必下马看视，俟辇行过，然后上马。

十八日癸酉。上问太皇太后安，驻跸原所。是日，遣内大臣公坡尔益、内大臣宗室额奇，往故明皇帝各陵前致奠。

十九日甲戌。上问太皇太后安毕。酉时，回宫。

二十日乙亥。早，上御乾清门，听部院各衙门官员面奏政事。

二十四日己卯。早，上诣汤山温泉，问太皇太后安。酉时回宫。

二十五日庚辰。早，上御太和殿，视朝文武升转官员谢恩。

二十八日癸未。早，上诣汤山温泉，问太皇太后安。酉时，回宫。

康熙十四年九月

初三日戊子。早，上诣巩华城。午时，诣汤山温泉太皇太后行宫问安毕，驻跸昌平州西南。

初四日己丑。驻跸行在。是日，上幸故明诸陵至长陵。

初五日庚寅。午时，上诣太皇太后行宫问安，从东直门进神武门回宫。

初八日癸巳。早。上出安定门，至汤山温泉迎太皇太后，诣太皇太后行宫问安。驻跸怀柔县南。

初九日甲午。上观北山边地，驻跸牛栏山南。

初十日乙未。驻跸汤山北。是日，上诣太皇太后行宫问安，回行宫。

十一日丙申。早，上诣太皇太后行宫问安。辰时，大设卤簿，太皇太后自温泉行宫启行，至太平庄南进膳处，上扶掖太皇太后降辇，入行宫后，上诣进膳处。进膳毕，复诣太皇太后行宫，下马趋至近前侍立。候太皇太后登辇，上扶辇行数武，然后乘马随行，至安定门，进东华门，送至宫，扶掖降辇，入宫后，上回宫。是日，上见太平庄南路傍有修平民间坟墓者，遂谕大学士索额图曰："顷见修治道路，太平庄南路傍民间坟墓有修平者，殊为不合。着该部察议具奏。"

康熙十五年八月

十二日壬戌。早，上御乾清门，听院部各衙门官员面奏政事。是日，太皇太后往幸汤山温泉。卯时，上诣太皇太后宫，候太皇太后登辇，上随辇行至神武门，然后乘马。太皇太后出神武门，设卤簿，王、贝勒以下文武各官跪送。出安定门，至进膳处，上扶掖太皇太后降辇，入行宫后，上诣进膳处。进膳毕，复诣太皇太后行宫，下马趋近前侍立，候太皇太后登辇，上扶辇行数武，然后乘马随行。至汤山温泉宫，上步送至宫门，扶掖下辇入宫后，上始回行宫。在路凡遇泥泞处，上必下马看视，俟辇行过，然后上马。

十三日癸亥。上问太皇太后安。申时，回宫。

十四日甲子。早，上御乾清门，听部院各衙门官员面奏政事。

十七日丁卯。早，上诣汤山温泉，问太皇太后安。酉时，回宫。

二十四日甲戌。早，上诣汤山温泉，问太皇太后安。酉时，驾旋，诣皇太后宫问安，回宫。

康熙十五年九月

初二日辛巳。早，上诣汤山温泉，问太皇太后安。毕，诣巩华城。

初三日壬午。酉时，上回宫。

初四日癸未。早，上御乾清门，听部院各衙门官员面奏政事。

初七日丙戌。早，上诣汤山温泉，问太皇太后安。驻跸墙子路。是日，怀柔县知县谢淳、密云县知县谢孝举、石匣游击李玉方等来朝。

十二日辛卯。上驻跸密云。是日，知县谢孝举、石匣游击李玉方等来朝。

十三日壬辰。上驻跸怀柔。是日，知县谢淳、守备王声远来朝。

十四日癸巳。申时，上诣太皇太后行宫问安。毕，驻跸汤山之阴。

十五日甲午。巳时，上诣太皇太后行宫问安。未时，回宫。

十六日乙未。早，上御乾清门，听部院各衙门官员面奏政事。

二十二日辛丑。早，上诣汤山温泉，问太皇太后安。午时，诣巩华城。酉时，回宫。

二十三日壬寅。早，上御乾清门，听部院各衙门官员面奏政事。

二十六日乙巳。早，上诣汤山温泉，问太皇太后安。酉时，回宫。

康熙十五年十月

初四日癸丑。早，上诣汤山温泉，问太皇太后安。诣巩华城。

初五日甲寅。酉时，上回宫。

初六日乙卯。早，上御乾清门，听部院各衙门官员面奏政事。

初九日戊午。早，上诣汤山温泉，问太皇太后安。随幸昌平，过故明十二陵，上一一躬亲酹酒。毕，驻跸涧头。是日，霸昌道按察使司佥事沈志礼等、昌平州驻防防守尉博罗等来朝。

初十日己未。上驻跸九里山之阳。

十一日庚申。辰时，上诣汤山温泉，问太皇太后安。驻跸汤山之阴。

十二日辛酉。大设卤簿，奏乐。辰时，上诣太皇太后行宫，候太皇太后登辇，上随辇行。至进膳处，上扶掖太皇太后降辇，入行宫。上诣进膳处，进膳毕，复诣太皇太后行宫，下马趋近前侍立。太皇太后登辇，上扶辇行数武，然后乘马随行。由安定门进神武门，至太皇太后宫。上步送至宫门，扶掖降辇，入宫后，上始回宫。

康熙三十年闰七月

二十二日乙亥。早，上巡幸边外，由神武门出安定门，驻跸汤山温泉。是日，昌平州防守御庞楚尼、参将徐登甲、知州王光谟等来朝。

二十三日丙子。上驻跸温泉。

二十四日丁丑。上驻跸怀柔县城内。

康熙三十年九月

十四日乙丑。巳时，上由东便门进崇文门，诣瀛台，问皇太后安。进西华门回宫。

康熙三十一年七月

二十八日乙亥。早，上巡幸口外，由神武门出安定门，驻跸汤山之温泉。是日，昌平州驻防防守御邦楚尼等、参将徐登甲等，同知魏国佐等来朝。

二十九日丙子。上驻跸怀柔县属罗山屯，是日，怀柔县守备王成功等来朝。

康熙三十一年九月

九月十三日己未。巳时，上由东直门进东华门回宫。

康熙三十二年正月

二十二日丙寅。辰时，上御畅春园内澹宁居。……巳时，上驻跸汤泉。

三十日甲戌。未时，上经安定门进神武门回宫。是日，上问皇太后安。是行也，部院衙门奏章逐日交送内阁，内阁三日一次传送行宫听理。

康熙三十三年七月

初八日甲戌。巳时，上由神武门出西直门，驻跸畅春园，部院各衙门应面奏事宜仍面奏外，其余章奏每日交送内阁，内阁传送畅春园听理。

十八日甲申。是日，上移驻汤泉。

二十日丙戌。午时，上由安定门进神武门回宫。是日，上诣皇太后宫问安。

康熙三十四年正月

正月二十九日辛卯。早，上由神武门出安定门，驻跸汤泉。

三十日壬辰。

康熙三十四年二月

初五日丁酉。未时，上由安定门进神武门回宫。是日，上诣皇太后宫问安。

康熙五十四年三月

初九日乙巳。辰时，上由畅春园启行，驻跸汤泉。

十一日丁未。巳时，上自汤泉回銮，诣镜峰问安。驻跸畅春园。

康熙五十四年四月

二十六日辛卯。辰时，上巡幸口北，自畅春园启行，驻跸汤泉。是日，北路捕盗同知张允国、都司鲍尽忠等来朝。

二十七日壬辰。上驻跸汤泉。未时，上御汤泉正门，补授副将、参将员缺。阅改日新等射，随命诸皇子及善射者射。

康熙五十四年十月

初十日壬申。上自热河启行，驻跸喀喇城。

十五日丁丑。上驻跸密云县。

十六日戊寅。上驻跸怀柔县。

十七日己卯。上驻跸汤泉。是日，巩化城都司鲍尽忠等来朝。

十八日庚辰。上驻跸汤泉。巳时，上御行宫。大学士松柱，学士查弼纳、敦拜、星俄特、常寿以折本请旨：覆请户部复尚书赵申乔所题，广东高州府电白县从来兵多米少，应停其征米，折银给雷州府兵丁购买，议准行一疏。上曰："此事曾经原任总兵官赵文璧条奏，部议不准。今赵申乔自行条奏，自议准行，可乎否？着九卿、詹事、科道会同议奏。"又覆请户部所题，广东海关代笔帖式去之骁骑校翁俄代，控告监督吉赛多得银两欺君之处皆虚，应将翁俄代治罪。但翁俄代已故，无庸议。其翁俄代于笔帖式分内应得银两，俱向吉赛追取，交与内库一疏。上曰："部议以追取吉赛银两入官，此银应议交该部，如何议入官？本发还，着再议具奏。"又覆请刑部等衙门复四川巡抚年羹尧所题，何之魁打死亲兄何之汉，应照律立斩。但何之魁兄弟原无仇隙，皆无子嗣，兄已打死弟又抵命，致绝后嗣。何之魁应否照打死亲兄王九之王子中留养之例完结，伏候睿裁。查得王子中虽曾枷号两月，责四十板，并未载入例内遵行。何之魁仍应照律立斩一疏。上曰："此案该抚引王子中之例具奏。何之魁情由较之王子中略重，着九卿、詹事、科道会同议奏。"又复请刑部所题，将打死殷五儿之苏朱尔监候，俟脱逃苏四拿获之日再行质审一疏。上曰："部议将打死殷五儿之苏朱尔监候，俟苏四拿获之日质审，苏朱尔即打死人之凶犯，理应拟以死罪监候，该部并未拟罪，所议监侯全谬。本发还，着再议具奏。"又覆请刑部复江西省缓决案内，打死李士宗之李士敏等一案。上曰："李士敏因救兄将李士宗打死，着改可矜。"毕，上顾大学士松柱曰："看刑部等衙门所奏各省缓决罪犯案件，并不声明因何缓决之处，只将某打死某应缓决一语缀入，竟不成话。此后应照先年议奏旧案，声明情由。"是日，阅请皇子及善射人员射。

十九日辛巳。未时，上至畅春园，诣镜峰问安，驻跸畅春园。

康熙五十四年十二月

十三日乙亥。辰时，上自畅春园诣汤泉驻跸。

十八日庚辰。巳时，上御行宫。大学士松柱、学士查弼纳以折本请旨：复请九卿所题，宝泉、宝源二局需用铜斤，均交江南等八处总督、巡抚动正项钱粮采买。王纲明等既经刨矿，将铅应交与商人王纲明等，扣除银两交与内库一疏。上曰："九卿所议将铜斤交与八省督、抚采买，甚是。其买铅之事，议仍交与王纲明等，扣除银两交入内库。伊等所欠银两，令交内库，殊觉太烦。若用商人之铅，将户部银两给发商人买用可也。其商人所欠节省银两，亦当交与户部。开矿虽非永久之事，倘将开矿之处禁止，商人必至于死矣。本着发还。"上谓左都御史揆叙曰："此事尔亦会议，将旨意晓谕九卿，再行详议具奏。"又复请宗人府所题，查得觉罗常德之拜他喇布勒哈番，乃恩诏所得一拖沙喇哈番。又觉罗厄布痕因系觉罗，赐恤一拖沙喇哈番，并非效力所得之官，应不准其承袭一疏。上曰："给伊拖沙喇哈番，着世袭罔替。"又复请吏部复御史周祚显所题，原任西安府管粮通判张晟，为亏空仓米，将欠伊银两之曾尚俊等三十六员借约七十张开出，行文直隶各员追取，以补张晟未完粮米。伊等或系管民管兵之官，若留在任追取，必至刻剥小民，侵欺钱粮，为害甚大。请令行文各督、抚，查所欠果真，即行革职，严追调回，张晟交与该旗，变卖家产赔补等因，应无庸议一疏。上曰："这事情着依议。"又复请户部复周祚显条陈，买湖广、河南之米，捐运至甘肃地方等款，议不准行一疏。上谓大学士松柱曰："尔意云何？"大学士松柱奏曰："湖广、河南去肃州等处甚远，水路不通，陆运难到。至于招民耕种，业经侍郎常泰具奏。现行招民开垦，故议俱不准行。"上曰："周祚显条奏殊谬，着依部议。"又复请户部所题，离任郎中白保住等未交纺丝，原限一年交完，今已逾限未交，甚属不合。请将白保住革职，其未交纺丝，仍行文该旗作速严催解部。如仍不完，该旗题参，到日从重治罪一疏。上曰："从前似此等应会议事，谕令与应会之部会议，一次完结，旨意甚明。此事并未经会议，非矣。本发还，着会议具奏。其未会议之处，着回奏。"又复请刑部等衙门复江西巡抚佟国勷所题，大盗关奇等照律即行正法，准如所拟一疏。上曰："尔等会同三法司，于伊等内有造谋为首伤人、杀人者，将一二人正法，余俱照例减等，发往黑龙江。本发还，着查明再议具奏。"又复请理藩院所题，阿禄科尔沁台吉衮他儿等，将皇上赏赐年老男妇银两侵蚀，向台吉诺尔布渣穆素等索取马牛，抵银给发。又指称医病派取马、牛、羊银两等物入己，苛害旗人，甚属不合。照例将衮他儿佥妻子及伊所属人等，着来京披甲效力一疏。上曰："衮他儿曾屡次犯罪，若仍留在阿禄科尔沁，断不安静度日，必至生事。令伊来京披甲，所议甚是。着依议。"

二十一日癸未。巳时，上御行宫。大学士松柱、学士查弼纳以折本请旨：复请宗人府衙门所题，以原任将军觉罗孟俄洛承袭三等阿达哈哈番一疏。上曰："这袭职引见之时，朕曾有亲谕该旗大臣旨意与伊等，奏称俱遗漏，未入本内。若不叙入本内，日后何凭？本发还，将朕所下之旨与伊等所奏之言，俱叙入本内具题。其遗漏之处，着该旗都统等回奏。"又复请兵部所题，请将熟识水性之王政行等十五员，发往各省沿海水师营内，遇缺即用一疏。上曰："依议。游击潘承家系台湾、澎湖等处效力，功加左都督。南巡之时，曾在御舟，人才好，熟识水性。遇有沿海要地副将缺出，即行补授具奏。"又复请兵部所题，黑龙江将军宗室杨福员缺，以镶黄旗满洲副都统寿志等职名开列一疏。上曰："俟回銮后问议政大臣。"又复请刑部复浙江巡抚徐元梦所题，大盗朱国相等应照律即行正法，准如所拟一疏。上曰："大学士会同三法司，此案内有造谋为首伤人、杀人者，将一、二人正法足矣。余具照例减等，发往黑龙江等处。本发还，着查明再议具奏。"又复请太常寺所题，为祭祀祈谷坛，皇上躬诣行礼，或遣一大臣恭代一疏。上曰："方春祭祈谷坛，原奏用上辛日祭祀。明年初十，乃上辛日，尚未立春，前亦有用次辛、三辛祭者。此处大学士会同太常寺议奏。"毕，上顾侍臣等曰："尔等观大学士松柱，虽老并无残疾。此由年少之时，从事行间，多历战阵，业已受伤也。"随命大学士脱帽，以伤痕示众人。上又曰："受伤之人出血多，则晚年必无残疾。此特旧血既出，新血复生故耳。是以西洋人治病，常放血以医之。"

二十二日甲申。辰时，上御行宫。大学士松柱、学士查弼纳以折本请旨：复请九卿复宝泉、宝源二局需用铜斤，匀派交江南等处八省，督、抚选择贤能官员动正项钱粮采买，铅由户部发银给商人采买需用。现今宝泉局铜少，不敷鼓铸，所买铜铅，令其四月内交送一半，九月全完。此后俱照定例，四月交送一半，九月全完一疏。上问左都御史揆叙曰："尔等议定铅价亦少加浮否？"揆叙奏曰："议价略浮。"上曰："着依议。"又复请九卿复礼部侍郎署理总督仓场事务荆山所题，京城通州各仓与大通桥号房内倒塌，应行大修之仓廒、号房，请发钱粮，派部院满汉堂官各一员贤能，满汉司官每仓各二员，今年备办物料，明岁雨水之前兴工修完等因，议准行一疏。上曰："着依议。此仓廒工程，不必派部院堂司官，着交与总督仓场侍郎速行修理。"又复请户部所题，右卫将军费杨古奏销公库银两数目相符。其年老休致回京官员所欠银两，请行文该旗追取解部一疏。上曰："不必解部，着交与彼处同知赛隆阿办理兵饷。"上谓大学士松柱曰："仓场侍郎吕履恒为人甚懦，将伊调补户部侍郎。张伯行着革职，授为总督仓场侍郎，于仓廒工上戴罪效力。"巳时，上自汤泉至畅春园，诣镜峰问安。驻跸畅春园。扈从起居注官揆叙，是日辰时封印。

康熙五十五年正月

二十一日壬子。辰时，上自畅春园启行，至汤山驻跸。

二十七日戊午。自是日起，上以祭祈谷坛斋戒三日。

康熙五十五年二月

初二日癸亥。巳时，上御汤泉行宫。大学士松柱、学士渣克旦以折本请旨：复请宗人府所题，将镇国公杨福之公减去一等，与伊长子三观保承袭。又杨福西路出兵所得拖沙喇哈番，或与伊某子承袭，或作如何之处，求皇上指示一疏。上曰："杨福任将军以来，甚为效力。三观保仍袭封镇国公。伊拖沙喇哈番是出兵处军功所得者，后在召磨多地方打伏有功，又加一拖沙喇哈番，授为拜他喇布勒哈番，着噶尔玛承袭。"又复请吏部所题，大理寺正卿孟世泰员缺，将太常寺正卿李敏启等职名开列一疏。上曰："此事着暂收贮本内，将李敏启、王懿开列。王懿为府尹，声名不如施世纶。府尹一缺，甚属紧要，须用操守好、有才能之人，方为有益。提督江南学政余正健声名甚好，着问九卿。再有操守才能之员，亦着伊等举出启奏。"又复请吏部所题，安徽按察使杨宗义员缺，将霸昌道祁国祚等带来引见一疏。上曰："顷因放按察司，调来引见余剩道员四人，着问九卿具奏。"又复请户部所题，为更换京仓、通仓监督，将各衙门保举官员主事马尔赛等满汉二十二员差往监督，如米有赢余，照前议叙一疏。上曰："监督等收米时俱用红斛，放米时俱用平斛，米有赢余亦常事耳。人皆以此为升迁之路，故因仓差得升者甚多，着交与九卿议奏。"又复请礼部所题，安南国王黎维祯进贡之物，交与内务府议奏一疏。上曰："安南国应进金香炉、花瓶、银盆、犀角、象牙，物重而道远，人甚劳苦。自今以后，进贡之物着折金银，交与广西布政司存库。原本发回，交与九卿议奏。"又复请兵部复广西提督张朝午所题，泗城副将倪业显员缺，或将桂林副将蔺佳进调补，或将记名人员拣选补授等因，议将蔺佳进调补泗城副将，蔺佳进员缺，交与总督、提督拣选具奏一疏。上曰："部议将蔺佳进员缺交与总督、提督拣选具奏，彼处武官职名俱在部内，将本发回，着部查明应升之员，再议具奏。"大学士松柱奏曰："臣等遵旨问过九卿，居官有如陈瑸操守清廉者否？据九卿云，臣等并无深知之人。"具折呈览。上曰："尔等不曾举出一人，现有居官清廉者，如李陈常，亦不曾举出。额伦特、施世纶、刘荫枢、杨琳、李陈常、李维钧、白潢，操守俱好，将伊等如何之处，着问九卿。再有居官清廉操守好者，尔等亦须举出。"

初八日己巳。是日，礼部以御史董之燧所参同考官储在文等之处，请将刘谦、蒋恭棐等提至京城质审，以折子交奏事双全等转奏。上召大学士、九卿大臣等入内。问曰："去年科场声名如何？"户部尚书赵申乔奏曰："外间议论不一，有言好者，有言不好者。"上顾吏部尚书张鹏翮曰："尔所闻如何？"张鹏翮奏曰："是时臣往江南审事，不能悉知。"上问曰："尔回来所闻人言如何？"张鹏翮奏曰："人言亦不同，大约中者皆言好，不中者皆言不好。"上又问曰："刘谦为人如何？"赵申乔奏曰："看伊为人尚谨慎小心。"张鹏翮奏曰："人尚谨慎。"上曰："昨御史董之燧题参储在文等。储在文去年御试时，文章甚好，因令入南书房行走。后观其为人不端，遂不令在内行走。刘谦已于别案革职，今礼部复请提刘谦质审，朕意欲从宽免，即如往年张鹏翮为宜思恭一案，提阿山、宋荦审问，众心不服，大有怨尤。去年又奏请欲提马三奇等审问。朕不曾遣往。若将大臣提去质审，亦非待大臣之体。"吏部侍郎汤右曾奏曰："御史所参事皆无凭据。"上曰："事虽无凭，声名难掩。"赵申乔奏曰："歌谣谤帖之风亦不可长。且所参进士，亦不尽出储在文等四人，本房殊不分明。”上曰：“不然。若一究审，便分明矣。每见汉大臣等，保举人犹可，但有好干预科场之事者。看来不必待至临期，往往前一年先为之计，或选刻文章，或刊行己稿，令人皆诵习揣摩，场中一见，即已了然，知为何人矣。此大不可。设若朕将所作文章颁行天下，则士子无不传习仿效，场中有不立辨者乎？故选文刻稿，皆应惩戒。总之，科场事当秉至公，不可稍参私意。”又曰：“近见云南、贵州、四川、广西等小省，就地取材，转为得人。及至江南、浙江、湖广、江西等大省，反不能无弊，即遣大臣亦未能尽除。虽未敢公行贿赂，大抵多瞻徇情面。”汤右曾奏曰：“科场关系大典，皇上无微不照。嗣后人人自当洗心涤虑，向来积习亦可尽除矣。”上谕大学士松柱曰：“去岁科场声名不好，朕亦闻之。但刘谦已经革职，若又提审，牵连人甚多，将董之燧所参之本发还，谕令知此情由。”上又问大学士松柱曰：“前因府尹员缺，着问九卿，举出如陈瑸操守清廉之员，如何？”松柱奏曰：“臣等遵旨问过九卿。九卿云，余正健居官好，声名亦好。赵申乔举出两淮盐运使张应诏，居官亦好。又奉上谕将额伦特、施世纶、刘荫枢、杨琳、李陈常、李维钧、白潢着问九卿。九卿云，伊等居官实系操守清廉，声名甚好。上所见甚明。伊等之外，赵申乔举出奉天府尹朱轼、两淮盐运使张应诏，居官清廉，操守好。给事中郭徽祚等举出四川布政使刘棨，居官勤慎，操守好。给事中钱以垲等举出河东盐运使李馥，操守清廉，声名好。”上问曰：“刘棨居官如何？”汤右曾奏曰：“刘棨居官甚好。”张鹏翮奏曰：“刘棨先任宁羌知州时极有声名。”礼部尚书陈诜奏曰：“刘棨现在四川声名亦好。”兵部侍郎李先复奏曰：“刘棨前任天津道、平阳府时，声名俱好。”上曰：“朕西巡时，即已知之。刘棨居官声名甚好，朕屡次简用。”上又问张鹏翮曰：“陈瑸居官如何？”张鹏翮奏曰：“操守好。”上问曰：“办事如何？”张鹏翮奏曰：“小吏与大吏不同，小吏所办皆寻常事，若大吏必须整齐文武，和辑军民，方可谓之办事。”上曰：“陈瑸办事必好。凡清廉者为人多刻，陈瑸人极平和。前陛见时，奏对良久，朕知之甚详也。”上又曰：“赵晋已死未死之处，朕前令张伯行确查，张伯行奏赵晋未死，今张伯行在此，究竟如何？”张伯行奏曰：“赵晋或云未死，或云已死，以此尚在审理。”上曰：“此案甚久，牵连人亦多，且府县官皆因此呈误。

扬州府知府赵弘煜，现在狱内。如朕前闻德林未死，差人即行拿获。赵晋若果不死，便当查拿。若已死，便当结案。将此交与刑部速行完结。”

初十日辛未。巳时，上御汤泉行宫。大学士松柱、学士渣克旦以折本请旨：复请兵部复浙闽总督范时崇题请，外洋无汛可稽，职名实难开报。嗣后外洋失事，将被劫船只，在内洋何汛出去查明，咨部存案。着令此汛之游守缉拿，获盗之日审讯。盗供若有以内洋失事捏称外洋者，即以讳盗例处分。如此可免推诿捏饰之弊，议准行一疏。上曰：“此事原任总督金世荣、梁鼐俱曾条奏，交与九卿会议准行。今范时崇又奏，此系九卿原议之事，仍交与九卿。将原案查明，会同总督赵弘灿定议具奏。”又复请兵部复肃州总兵官路振声所题，伊弟路振扬补授汉中副将，请将路振扬自备鞍马，前往巴儿库儿地方，随大军效力，以报圣恩，议准行一疏。上曰：“汉中地方甚属紧要，路振声既在出兵地方，路振扬着往任所去。”又复请刑部等衙门议复广东巡抚杨琳所题，强盗林阿诵等劫夺林楚生之船，将林阿诵等照例立斩示众，准如所拟一疏。上曰：“尔等会同三法司衙门，将此内造意为首杀伤人命者一二人正法，其余俱照例减等发往黑龙江等处。本发还，察明再议具奏。”

十二日癸酉。巳时，上自汤泉回銮，诣镜峰问安，驻跸畅春园。

康熙五十五年闰三月

初九日己巳。辰时，上自畅春园驻跸汤泉。

十四日甲戌。巳时，上自汤泉回銮，诣镜峰问安，驻跸畅春园。

康熙五十五年四月

十四日癸卯。辰时，上巡幸口北，由畅春园启行，驻跸汤泉。是日，奏事双全、张文彬，洗马杨万程，编修奇勒伦等，捧出朱书上谕，谕大学士松柱曰：“畅春园周围田地汙下，不甚觉旱。今日出看麦苗、谷苗，虽发生甚好，高田犹觉稍旱。今当预先祈雨，着交与该部速议具奏。大学士松柱将此旨写出，即行送去。”

十五日甲辰。上驻跸南石槽。

康熙五十五年九月

初六日壬戌。上驻跸热河。

十六日壬申。上自热河启行，驻跸喀喇城。

二十四日庚辰。上驻跸怀柔县。申时，上御行宫。

二十五日辛巳。上驻跸汤泉。是日，怀柔县知县吴经国等来朝。

二十六日壬午。上驻跸汤泉。

二十七日癸未。上驻跸汤泉。

二十八日甲申。未时，上至畅春园，诣镜峰问安。是日，驻跸畅春园。是行也，各部院衙门奏章日送内阁，由内阁三日一次递送行宫听理。

康熙五十五年十月

十五日辛丑。是日巳时，上由畅春园驻跸汤泉。

二十日丙午。巳时，上由汤泉回至畅春园，诣镜峰问安。驻跸畅春园。

康熙五十五年十二月

十四日庚子。上驻跸热河。

十五日辛丑。上驻跸热河。

二十日丙午。上驻跸密云县。

二十一日丁未。上驻跸南石槽。

二十二日戊申。上驻跸汤泉。午时，上御行宫。大学士等、九卿、大臣、将军、总督等，为福建巡抚陈瑸条陈海防无庸议一疏、满保所题减裁档册及进呈表章议准行一疏入奏。上曰："前因防海事，朕所下之旨内，有海坛、南岙二处甚属紧要之语，写旨时，为何将南岙遗漏？至于船米卖与外国，所去之人，亦存留彼处，地方官员失于觉察等欵，但议从重治罪，并未定以何罪。其造船贸易俱系大商，此等巡查，不过于伊等少无益耳，与贫民并无干碍。尔等将此疏改正呈览。至于裁减档册并进呈表章，所议甚是。照此行去，甚为清楚。"上又曰："朕巡行边外，见三河、密云等州县及永平府所属地方交界之处，粮谷大收，米价亦平，然民生尚觉少艰，此无他，特以去年雨水连绵之故耳。今岁虽蠲免钱粮，平价粜米，拨漕粮赈济贫民，仅足一年之用而已。来岁交纳钱粮，难于接续。朕意将顺天、永平二府所属地方，来岁钱粮仍当蠲免，及历年旧欠钱粮，亦当查明宽免。此应免州县之数，俱着查明开列具奏。再，免江南旧欠钱粮之处，着户部议奏。”上又曰：“外省总督、巡抚、提督、总兵官等，凡有奏折，皆用家人雇骡赍发，甚为过费。清贫督、抚、提督、总兵官等，力不能堪，且事亦至迟误。嗣后凡奏折，或差伊属下千总等官，或遣可用兵丁一人，各遣家人一名，相随驰驿前来。一次但用马二匹，则驿地可免骚扰，亦不至误事。”酉时，上御行宫。大学士马齐、萧永藻、王掞，学士蔡升元、王之枢、顾悦履、渣克旦、勒什布、星俄特、常寿、常鼐、穆尔泰、张廷玉以折本请旨：复请宗人府所题，镶白旗一等阿达哈哈番兼一拖沙喇哈番觉罗纳汉太告病解退，其世职令伊子马哈达承袭咨来。查得纳汉太恩诏所得三个拖沙喇哈番，并恩赐拜他喇布勒哈番。今削去恩诏所得三个拖沙喇哈番，其所剩拜他喇布勒哈番，照来咨与马哈达承袭一疏。上曰：“此职系巴哈纳之职，巴哈纳乃太祖、太宗皇帝时之臣，有军功效力之处，此职不必销去。仍将头等阿达哈哈番兼一拖沙喇哈番着马哈达承袭。”又复请吏部所题，御史颛图所借银米越限不还，推诿不合，将颛图降一级一疏。上曰：“部议将商人所欠颛图银两追来，补还伊所欠银米，如此则颛图可以从中脱卸矣。况颛图健讼，人亦不及，殊为不妥。此事尔等暂且收存，看一二月内还完则已，不还时再奏。”又复请户部复安徽巡抚梁世勋所题，康熙四十六等年所欠钱粮，请以分年带征完结，议不准行一疏。上曰：“类此者尚有一事，朕已有旨与穆和伦。将此事发还，一并议奏。”又复请户部所题，招买都际泰等，求预借运羊草脚价银十万两，议准行一疏。上曰：“此事有缘故，断不可给。嗣后此项银两，应当永不发给。即如马齐先前曾奏发给银两，目下虽有裨益，日后必至家产尽绝，以致虚糜国帑。今果如其言。本发回，会同内务府总管查明，再议具奏。”又复请礼部所题。为旌表八旗节妇，照例赏给银两一疏。上曰：“八旗内此等妇人甚多，闻所与银两，伊等亦不得实惠。伊等欲立牌坊，令其各家自立，不必赏银。”又复请礼部所题，原任浙江提督王世臣照例赐恤，应否加谥，伏乞圣裁一疏。又，大学士马齐等奏称：“原任提督王世臣所奏遗本，奉旨并无应得恤典，查例具奏等语。今该部照伊子所呈，查例议准，赐恤具奏，故臣等照例拟票进呈，伏乞上裁。”并以说帖复请。上曰：“此事兼用说帖，甚是。本发回。”又复请兵部复原任两广总督赵弘灿所题，碣石等各营巡海兵丁艍犁船六只，遭风打坏船只，淹死兵丁二十六名，赏其家口，修理打坏船只，以备巡哨等语。查得升任总督赵弘灿虽报打坏船只，其中或有妄报，亦未可知。相应行文新任总督，详察具奏之时，再议具奏。上曰：“此事议驳，甚是。但议驳之处，尚有缺欠。本上言溺死者，一船二三人或七人或十一人不等，六船共死二十六人。如果船只伤坏，船上之人必至皆死。沉海之人，岂能再出？每船若干之人，止溺死二十六人，其余人如何得出？必有被贼抢夺抑或有货卖之弊。将此等应驳之语，俱入在内，驳回查明。本发还，再议具奏。”又复请刑部所题，拉普他孙等控告伊佐领色楞、五十儿，克扣佐领下人银两入己等款，审得是真，应将色楞与五十儿之佐领革退，各枷号三个月，鞭一百一疏。上曰：“此二佐领下之人，自伊曾祖乌达礼之时便告至今。着交部内，将先年所告之事，一并查明具奏。”又复请天津总兵官马见伯所题，请将伊标下都司冯兰与蒲河营之都司尤弘龙互相调补一折。上曰：“照该总兵官所题调补。”大学士马齐等奏曰：“臣等遵旨，以安徽布政使张圣佐员缺问九卿，九卿举出福建按察使董永芠等七人。”折子呈览，并以原疏复请。上曰：“着年希尧补授。”毕，上谓大学士马齐曰：“朕曾有旨，部院衙门有声名不好之司官查参，何至今未曾奏闻？众人皆言，吏部文选司郎中张有光、直隶学院张逸少声名不好，尔等亦闻之乎？”大学士王掞奏曰：“伊等果然声名不好。”上又曰：“看来外省督、抚等衙门俱各封锁。如果应封锁，京师所有各衙门亦应封锁矣。行弊之端，并不在此，止在乎人。若衙门封锁，凡事愈不得闻。回銮日，尔等议奏。”上又曰：“天下之事，大误于虚文。即如刘荫枢，见些须下雪，即造讹言惊众具奏。如依所奏，果雪深四五尺，人畜岂能存乎？岂但巴尔库儿，其外尚有居人，蒙古等从伊祖至今，如何生活？行军者，当鼓舞众人为是，不宜惊众，此大有关系处。”是日，辰时封印。

二十三日己酉。是日未时，上至畅春园，诣镜峰问安，驻跸畅春园。是行也，各部院衙门奏章，日送内阁。内阁三日一次，驰驿送至行在听理。上随报请皇太后安十二次。

康熙五十六年正月

十九日甲戌。巳时，上自畅春园启行，驻跸汤泉。

二十四日己卯。辰时，上御行宫。召诚亲王，雍亲王，恒亲王，十二贝子，十四贝子，十六阿哥，弘晟阿哥，领侍卫内大臣公俄伦岱、马尔赛等近前。上曰："世祖章皇帝于明朝崇祯皇帝曾以礼殡葬。尽忠之太监王承恩，遣大学士殡葬。诸帝陵寝，皆亲身礼奠，命人看守，岁时祭祀。其余之墓，亦皆命人看守，岁时祭祀，垂为定例。拿获偷掘明朝坟墓之贼，部议将为从之贼充发启奏。即如今日之百姓，皆明朝所遗之百姓也，此与掘伊祖父之墓何异？因此朕下旨，将为首为从之贼俱行处死。明朝诸陵年久，陵寝周围刨动之处，或看守之人不谨，亦未可定。尔等往各陵寝祭奠详细查看具奏。"

二十五日庚辰。未时，上御行宫。大学士马齐、兵部侍郎仍在学士处行走查弼纳、学士常鼐以折本请旨：复请吏部所题，署理顺天府府尹事务府丞魏方泰已派运米，府尹、府丞之印交与何人署理一疏。上曰："屠沂已来，尚在此否？着查奏。"又复请吏部复广西巡抚陈元龙所题，请将丁忧恭城县知县王洴在任守制，议不准行一疏。上曰："着照该抚所请，准其在任守制。"又复请礼部钦天监灵台郎刘一魁年一百岁，建立牌坊一疏。上曰："已曾赐额，再建牌坊，殊属重复。将本发还。"又复请川陕总督鄂海所题，出征满洲兵、绿旗兵所借之钱粮及散给马匹，俱已办完之处奏闻一疏。上曰："借与兵马之银暂免扣除，俟事完回师之日再扣可也。"又复请云南总兵官郝伟以老病乞休一疏。上曰："郝伟汉仗好，甚效力，曾随朕出征。俟有提督缺出，尚欲补授，将温旨写入票签。再，石匣副将赵坤、河间府副将卜应魁，朕调来原欲差往噶斯行兵处，今当另遣他人。云南地方甚属紧要，彼处现有总兵官三员缺出。赵坤、卜应魁汉仗好，着补授总兵官。将此晓谕九卿。"大学士马齐等遵旨以前锋存住控告伊佐领班第之事问右翼都统郎图等折子并以原疏复请。上顾大学士马齐曰："伊等云何？"马齐奏曰："臣问过都统郎图等，郎图云，佐领班第被伊佐领下人控告，其不好可知。但此佐领下人平素刁讼，止将佐领问罪，此后刁风渐长。”上曰：“此言甚是。本发回，着再议具奏。”毕，上又曰：“翰林院学士甚属紧要，自揆叙没后，朕再四思维，并不得称此职之人。必须学问优长，善于钤束，不畏人之人方好。浙江巡抚徐元梦学问好，为人老成正直，可将伊补授都察院左都御史兼翰林院学士，着问九卿。”上又曰：“揆叙学问甚好，为人甚是谨慎敦厚，殊属可惜。朕因伊年少，并未当面嘉奖，不特朕惜之，即诸人无有不惜之者。”大学士马齐奏曰：“揆叙年少老成，不但学问好，九卿及议政之事亦甚好。伊记性远胜臣等，不惟皇上深惜，举朝满汉大臣官员俱为惜之。一闻其没，俱往吊唁。”上顾内阁学士等曰：“尔等亦皆职任翻译。”内阁学士常鼐奏曰：“揆叙所学不但超出满洲之中，即汉人中亦少。”上曰：“然诚为可惜。”

二十六日辛巳。上自汤泉回畅春园，诣镜峰问安，驻跸畅春园。

康熙五十六年四月

十七日辛丑。巳时，圣驾北巡，自畅春园起行，驻跸汤泉。

十八日壬寅。上驻跸汤泉。

十九日癸卯。上驻跸石槽。申时上御行宫。

二十八日壬子。上至热河，驻跸行宫。

康熙五十六年十月

初九日己丑。巳时，上自热河起行，驻跸喀喇城。

十六日丙申。上驻跸密云县。

十七日丁酉。上驻跸怀柔县。

十八日戊戌。上驻跸汤泉。

十九日己亥。巳时，上御行宫。大学士马齐、松柱、李光地、萧永藻、王掞，兵部侍郎仍在学士处行走查弼纳，学士蔡升元、王之枢、渣克旦、星俄特、常寿、穆尔泰、张廷玉以折本进。上曰：“豫省贼情如此滋蔓，总兵官冯君侁竟未奏闻。巡抚张圣佐虽奏亦未将实情说出，又未严查捕缉。朕因交山西总兵官金国正、巡抚苏克济查奏。因知张圣佐等不能擒获此贼，故差尚书张廷枢、学士勒什布查拿，俱已弋获。看所审供词，俱与金国正、苏克济所奏相符。此事邻省之官所闻尚确，九卿、大臣官员谓无所闻，可乎？九卿内亦有豫省人，何竟无一人奏及？从前曾谕，不论何事，一有风闻即行陈奏，屡下谕旨。似此关系地方紧要之事，理宜一闻即奏。或所闻未确，奏折内将所闻如此尚未甚确之处一并声明，有何不可？巡抚年羹尧给赏遣戍松潘兵丁之银、米、牛、羊、茶叶，康泰等收受，竟不全给兵丁，遂鼓噪而回。此皆康泰平日未尝训练抚恤所致。各省督、抚、提督等，皆地方统领大僚、总兵官等，又各有钤辖官兵、防守地方责任，所关甚要。每放总兵官时，朕但择弓马娴熟、汉仗好、效力多者补授。此内有居官不堪、于地方事并不留意出力报效行走者。九卿、大臣官员亦宜一闻即奏。近看九卿保举，惟思有利于己、可以图报之人，则称其好者甚多。似此关系地方紧要之事，大臣官员虽有所闻，亦置之不论，不行陈奏。尔等可曾会同九卿议奏。”复以四川巡抚年羹尧、松潘总兵官路振扬所奏折各一，交大学士马齐等曰：“此番康泰兵变之事，年羹尧、路振扬所行皆善。路振扬一闻兵变，即亲往安抚，赏给银米，交该管官发回成都，年羹尧闻此事，即奏康泰不听人言，失士卒心，致有此事，此事断然无妨。继又奏云，此兵今已尽至成都，交提标中军参将管辖，毫无可以介意之处。年羹尧虽系进士，人去得，极肯报效。今阅伊奏折，俱与议政大臣所议之事吻合。此折可拟温旨进呈。路振扬之折系为积谷添兵，可会同九卿议奏。”又曰：“看来有绿旗兵丁处，不可无满兵。满兵纵至粮缺，艰难困迫，死即死耳，断无二心。若绿旗兵丁至粮绝时，少或窘迫，即至怨愤作乱。康泰之事未起以前，朕竟若预知，调荆州驻防满兵二千名往成都驻扎，意此时已到彼矣。”马齐奏曰：“皇上料理军务，凡所筹画，事后无有不验者。”大学士马齐等以折本请旨：复请户部议复李煦所奏，江宁苏州织造衙门所欠银两，今已照数全还。此后商人但交正项钱粮及织造所用额银并无欠项等因，将还完银两候部拨充军饷。每年应交银两严行运使，令其全交一疏。上曰：“钱粮全完官员有无议叙之例？曹寅、李煦将历年积欠俱已清还，着交部查全完钱粮官员议叙之例具奏。”又复请户部所题，太和殿等处需用高丽纸四千二百余张。无从购买，请将内库高丽纸张领用。再有用处，仍行领取。其所用数目，半月折奏一疏。上曰："内库所贮高丽纸张如此用去，必至不敷。着工部、内务府大臣等会同查算具奏。"复请兵部所题，贵州威宁总兵官杜汝昆、江西南赣总兵官韩祖蕲、四川川北总兵官魏相所遗三缺，将八旗汉军参领李国镇等十员职名开列一疏，并副将马良杰等职名开列一折。上曰："朕酌量相近之地副将三员，书名片纸，已夹本内矣，可发还兵部。将三副将之名，一并开入，问九卿具奏。"又复请镇江城守营参将员缺，将古北口总兵官标下中军游击马龙拟补。马龙现在军前，议俟回军之日补行引见一疏。上曰："马龙着授为额外参将，军前效力行走。镇江城守参将员缺，着另拟具奏。"又复请议复两广总督杨琳所题，广东右翼总兵官标下左营中军守备员缺，请将候补千总郑云补授等因。查此缺非题补之缺，应无庸议一疏。上曰："郑云着照该督所题补授。"又复请议复浙闽总督满宝所题，闽省山城等要地，添设烟墩，修理旧有城寨，设立炮台等条，议准行。浙省沿海地方之烟墩、营房添设修理，并修旧有烟墩城寨，所用银两捐备等条，议准行。所题海防各款，皆遵旨通行，案内所有，应无庸议。从前未经奉禁已出海口今回籍者，严查取保，许其居住等条，俟总兵官陈茂条陈到日并议。捕鱼船内不许带货渡人，凡出海船只不许携带军器等条，俱如所请一疏。上曰："自总督满宝、提督穆廷栻在彼为官，海中已无盗矣。彼处人云，满宝、穆廷栻在此，吾辈虽欲为盗亦有不能。今尚有宜增隄防，当禁止之处否？着交九卿详议具奏。"又复请二十二年将八旗汉军兵丁每佐领十人立为火器营，另派章京、大臣兼辖。三十六年将汉军兵丁并入火器营内，另派官员业已尽裁。今右翼总统镶红旗汉军都统李林盛具呈告退，此缺或仍行补授，或将两翼总统缺尽裁之处，相应请旨一折。上曰："应裁。"又复请刑部所议，镶红旗三等护卫殷达礼，同伊王府太监高廷弼等，将同旗披甲人鄂尔吉代拽入厩中缚打缘由。照例将殷达礼革职，枷号两个月，鞭一百。高廷弼等各枷号四十日，鞭八十一疏。上曰："事着依议。太监高廷弼不在伊主前听其使令，反预外事，助力捶人，可恶，着将两边脚筋挑去。"又复请议复署理宁古塔将军事务都统穆森所题，逃走三次充发之孟德，将伊妻用斧斫死，照例拟斩监候，秋后处决，今改拟绞，秋后处决一疏。上曰："此事部议误矣。孟德系因逃走三次充发之人，彼处又将伊妻杀死，可恶，理宜交该将军即行处斩。本发还，再议具奏。”复请理藩院所题，考取八旗蒙古前锋护军小校马兵、唐古特官学生、蒙古官学生十名，令其缮写行走，遇有缺出，用为八品笔帖式一疏。上曰：“事着依议。自护军马兵考取者，仍兼于伊等当差处行走。若好，遇缺用为笔帖式。不好，发回原处。”复请偏沅巡抚李发甲所题遗本。上曰：“李发甲居官甚好，学问亦好。观其所奏折子甚佳。伊系何年进士？”大学士王掞奏曰：“李发甲系举人，操守好，安静和平。”上曰：“尔等好为拟签进呈。”复请太原总兵官金国正所题，太原营参将，请以臣标下游击杨辅世补授一疏。上曰：“杨辅世着照该总兵官所请补授。”复请巡抚年羹尧请将丁忧綦江县知县马世亨、文（汶）川县知县董元留川办饷一疏。上曰：“知县马世亨、董元着照该抚所请留任。”又曰：“今年米谷甚是丰收。”大学士王掞奏曰：“闻今岁各省米谷亦俱丰收。”上曰：“口外更甚。秋时所收米谷既甚丰饶，田间已熟秫米，百姓竟欲弃置，不行收获。朕闻之，因开酒禁，始各刈取。小米一石价仅七钱，秫米价至三四钱。朕曩时巡幸口外。亦如此丰收。蒙古等以无尽藏之所，将谷尽弃田间，朕尚遣太监收来做饭而食。”顾学士张廷玉曰：“尔父张英曾奏云，江南米价甚贱，银一两可得三石。”张廷玉奏曰：“尔时米价原属甚贱。”上曰：“近来生齿日繁，虽丰年多谷，不似往年米价之贱。”又曰：“朕前自陕西回河南，经过陕州等处，并未见大山深谷可以藏匿盗贼之处，亢珽等作乱之由，皆因长吏不肖放利而行，知县白澄滥派民间，以致起衅。巡抚犹将伊卓异具奏，其致寇宜也。今又闻豫省白莲教伙党，谓今岁丰收，聚众甚易，议欲为乱。朕所闻不甚确。意谓地方官惩亢珽之事，必严加稽察，力为消弭，尚未知其何如？自古人主多厌闻盗贼水旱之事，其远者不论矣。明季末年，贼至昌平州，尚然未知，凡事由微至巨，预知而备之，则易于措办。所以朕于各省大小事，但欲速闻也。即如各省来京之人，从福建来者，朕以浙江米价询之。自江南来者，朕以山东米价询之。伊系经过之地，必不容隐，据实陈奏。即彼省大吏，知不可隐，亦皆据实陈奏。知彼处之米价，即彼处年岁之丰欠亦可知矣。”是日，朱批上谕董殿邦、关保：“尔等传与各寺庙观院等处，为皇太后诵经。若僧道内有能医病者，着举送。”

二十日庚子。未时，上至畅春园请皇太后安，驻跸畅春园。是行也，各部院衙门奏章日送内阁，由内阁递送行宫听理。

康熙五十六年十一月

初三日癸丑。辰时，上御畅春园宫内。……巳时，上自畅春园起行，驻跸汤泉。

初七日丁巳。巳时，上御行宫。大学士马齐、松柱，兵部侍郎仍在学士处行走查弼纳，学士渣克旦、星俄特、常寿以折本请旨：复请九卿所奏，总兵官路振扬题请松潘地方或米或青稞等粮贮收三四万石，以备军务、欠岁。再，松潘镇标三营添兵一千名，每营该兵一千，马步各半，皆为战兵，守兵三百，另遣官一员管理。但添兵即添军饷，应于四川内地诸营与汉镇所属兵丁马匹内酌量抽调等因。应如总兵官所题，行文该督、抚、都统法拉、总兵官路振扬，一面作速办理，即将办理之处速行具奏一疏。上曰："议政处所议之事，有关系于此者数条，俟回畅春园时再奏。"又复请吏部所题，都察院副都御史王景曾员缺，将宗人府府丞江球、通政使张连登职名开列一疏。上问大学士李光地曰："江球人何如？"李光地奏曰："人老实。"上又问曰："江球系原任坐粮厅。江藻何人？"李光地奏曰："江球与江藻无涉，江藻是湖广人，江球是江西人。"上曰："江球着补授都察院左副都御史。"又复请礼部议复巡抚陈瑸所题，乡试之人作文违式多致贴出者，嗣后将中式举人前五名三场文章，与中式举人头场文章刊刻，为例传示等因。部议刊刻文章虚耗钱粮，已经奏请停止，无庸议一疏。上曰："着九卿、詹事、科道会议具奏。"又复请兵部所题，广东提督王文雄等时不能靖盗，致贼百余行劫唐田居民赵少华家，知巡抚法海奏闻，复欲脱罪掩饰具奏，甚属溺职，不可照例议处，将提督王文雄、总兵官王洪、副将王仁皆革职，千总王应先革职拿问。再，广东提督王文雄请于从化等处添设驻防官兵，一年一换等因，交与该督、抚、提督、总兵官会议具题到日再议一疏。上曰："此事着收贮。王文雄现来陛见，俟到时再奏。"又复请刑部所题，胡绍良母坟，伊小功叔胡英谓与伊祖风水有碍，将胡绍良之父胡人赐扼吭，胡绍良往救伊父，用棍戳胡英耳根致死，照例将胡绍良即行处斩一疏。上曰："胡绍良因胡英扼伊父之吭，往救用棍戳胡英，越一日身死，将胡绍良改为监候，秋后处决。”

十五日乙丑。上自汤泉起行，至畅春园。是行也，部院各衙门奏章日送内阁，内阁日递送行宫听理。

康熙五十七年正月

初六日乙卯。辰时，上以足疾幸温泉。自神武门出西直门，驻跸畅春园。

初七日丙辰。上驻跸畅春园。

初八日丁巳。辰时，上自畅春园启行，驻跸汤泉行宫。

初九日戊午。是日，理藩院奏称：“科尔沁辅国公吴尔苏纳思图于正月初六日病故，伊子台吉阿克舒弼来报等因。”乾清门三等侍卫拉锡转奏。奉旨：“知道了。遣喇嘛二名，随年高蒙古内大臣殷札纳往奠，其骸骨该部料理送去。”

十二日辛酉。是日，大学士马齐等遵旨将上谕会议之事缮折，交与奏事六品官双全等转奏。上手书谕旨，谕曰：“凡有关身命之事，惟用现成典故套语赞颂，于现在勉强支持之朕躬，并无裨益。历年避暑，九月回銮。所积四个月事，日夜勤办，必于岁内完结，次年开印，复上紧办理。自五十六年四月至今，所积事务作何办理之处，诸臣当即为指陈。此乃目前显然之事。于此可以知诸臣之实心报效，而朕之病体亦得调护，其为感慰无穷矣。若置事务不理，尔等亦不能担任。潦草完结，则关系国家甚大。朕每念及此，心中惕然，食不下咽。诸臣将赞颂之语暂且删除，于朕实有裨益。可释目前之忧者，速为指陈。”

二十日己巳。是日，翰林院检讨朱天保奏请复立皇太子，将本交奏事六品官双全等转奏。上御汤泉行宫正门，令朱天保近前，问曰：“尔奏折内云，二阿哥仁孝，何由而知？”朱天保供云：“奴才之父朱都纳语及，故得闻之。”上问曰：“尔父行走之时，二阿哥无疾尚好。二阿哥学问、弓马、艺能，原无可议之处。但得疯疾，病发时即诸事不省，举动乖张。即如尔掌院徐元梦，二阿哥在朕前背立以手指伊，詈及父母推入河内，复引出殴打。不但此也，亲伯父及伯叔之子、皇子等，皆以不可道之言詈之。此非疾乎？此等之处，尔知之否耶？”朱天保辞穷，供云：“奴才不知，冒昧陈奏，理应万死。”上问曰：“尔奏折内云，今二阿哥圣而益圣，贤而益贤，尔从何而知？”朱天保供云：“我父闻之看守之人。”上问曰：“看守之人何名？”朱天保辞穷，但云该死。上问曰：“朕以尔来奏此本，必有一篇大文章。使人传问，恐将尔有理之言不能详尽，或致遗漏，特亲出逐一研讯。尔一无知稚子，三语即穷，如何奏此大事？必有同谋递信之人，可据实供出。”朱天保供云：“此皆我父朱都纳同戴保商议缮本，令我来奏。”上曰：“将朱天保押住，朱都纳、戴保着用九条铁链锁来，交与皇子、大臣等严审。”上顾大臣等曰：“自太祖、太宗以来，宗室中患疯疾者，竟不断绝。武英郡王临阵甚勇，效力甚著，但疯疾一发，即便妄行。大阿哥、公景禧亦皆有疯疾。普奇人总无定准，不可听信。公三官保为人不定，闪烁无常。楚仲亦为人无定，反复不常。朕常面责伊，云尔甚是无定，反复不常，必致如尔祖杀而后已。朕宗室中汉仗皆好，临阵奋武之地，断不让人。但心无定准，不可信者甚多。与人相交，不过三月即变，不易得其心也。再，旗人内心无定准者亦多，如齐什即无定准。齐什甚聪明，但聪明太过，心性闪烁。巴浑德曾奏齐什聪明异常，其心思所至，立即转变，非我等所能知。即伊亦奏伊之聪明不能自信，即伊之本身亦不能自信此言。诚然齐什一生，断无有信伊之人也。”顾贝子苏努曰：“齐什之言，尔已贮满于中，且齐什当康熙十年时，以为如何能至十五年。及至十五年，以为能至二十年。因将伊祖坟移至盛京。朕今已五十七年矣。”是日，将朱都纳、戴保拿至。伊等供连副都统常赉、原任学士金宝，因将常赉、金宝亦拿至。

二十一日庚午。是日早，大学士、学士、九卿、大臣官员遵旨议立皇太子事，缮折交奏事六品官双全等转奏。奉旨召入，谕曰：“朕体自去年春夏之交不安，留心调养渐愈，面色稍丰，意谓从此渐可复元。自热河来京，心中沉闷，身体有疾。又值皇太后大事，总无暇调治，以致身体甚是不安者七十余日。朕从来最能耐病，所以不觉，起居照常，犹办几务。今至汤泉，颜色稍复，精神亦增。朕壮年时病愈不过数日，颜色即可复旧。今已年高，病虽渐愈，手尚作颤，不能即时复旧。”尚书张鹏翮奏曰：“皇上坐汤甚为合宜。”上曰：“虽相合，但有汗出，不能多坐。”大学士王掞奏曰：“皇上年高，宜服补血气之药。”上曰：“南人最好服药、服参，北人于参不合。朕从前不轻用药，恐与病不投，无益有损。”顾众大臣等问曰："昨所奏折内，用武王梦文王锡以九龄，宋仁宗因仁德增寿一纪，典故系谁所作？"众大臣奏曰："李光地所作。"上曰："此亦典故而已，不可全信。即如汉人居官在外，于家信中知父母有疾，伊即回信云，从来积德寿算必永，断然无伤也。此信未到之前，早已物故，伊闻讣，不过成服行礼而已。若满洲与父母之丧，甚是慎重，断不如此。"上又曰："尔等今日为请立皇太子之事而来，前立二阿哥之时，一切礼仪皆索额图所定，总未详察，服用仪仗等物太为过制，与朕所用相等，致二阿哥习坏，皆索额图教之也。自二阿哥近侍之人，以至内监，言及索额图、常泰，欲食其肉。"大学士马齐奏曰："然。二阿哥仪仗与皇上仪仗无异，但尺寸稍减耳。"上曰："天无二日，民无二王。名不正则言不顺。今于未立之前，预将典礼议定，尔等会同将明朝会典及汉唐宋以来典礼细查，详定议奏。"九卿出，奏事双全等出传谕旨云："伊等所奏之折，欲留中详阅。"巳时，上御汤泉行宫正门，令朱都纳近前问曰："尔子所奏之本，云皆尔意。尔等本内云，二阿哥仁孝，于拘禁之处甚是安静，圣而益圣，贤而益贤，尔何以知之？"朱都纳供云："原闻二阿哥之贤，意拘禁之后应益贤矣，所以具奏。"上曰："尔将此等大事陈奏君前，并不明白，亦未真实，妄行具奏，可乎？尔革职已近二十年。尔行走时，二阿哥何曾不好？二阿哥学问骑射艺能，并无可议之处。后因得病，病一发，即诸事不省，举动乖张。虽然得病，朕意犹望其幸痊，复行放出。五年以内，朕父子每日相见，凡事朕尽心教训，并无悛改之势，始复拘禁。伊于拘禁处以矾水作书致普奇，有将伊救出，齐什、查拉克图皆当为将军之语。朕遣魏珠等将矾水之书与伊阅看，伊直认系其亲笔。二阿哥福金尚云，如何不与我相商行此等事，今我等不能生矣。所谓安静，以此耶？此处尔知之否耶？"朱都纳供云："我所闻未明。若如此有何足观？我妄行陈奏，理该万死，应即正法。"上问曰："尔奏本内引戾太子之事，为比戾太子父子间隔，不能觌面。二阿哥于朕，并无间隔之处。拘禁处，朕时遣太监往视，赐物赐食。二阿哥面貌今甚丰满。阿哥所生七八子，朕皆养于大内，与戾太子之事大相径庭。二阿哥现在也，尔何得引此？尔又以费扬古将二阿哥陷害。费扬古系功臣。费扬古病时，朕亲临看视，殁后遣二阿哥往奠。尔何得任意胡言？朕之前亦谁能离间？且朕欲见二阿哥，即可以见。无论何言，皆可显然申说。尔特为人所欺，谓有放二阿哥之信，又以朕有疾不能出，必不与尔觌面。若传旨，无人敢将尔穷诘，尔意以为此奏断然无伤，非欲侥幸取大富贵为此耶？尔今见朕，尔始知当死。至尔奏此等大事，必与知事之人相商，密探信息，始行具奏。与尔相商者为谁？与尔送信者为谁？一一据实供出来。”朱都纳供云：“奴才于此等处知之不明，冒昧引证妄奏，此皆奴才愚昧所致，与他人无涉。应将奴才凌迟处死，罪在奴才一人。求将奴才之子宽免。”上曰：“令尔看杀尔子后，始将尔凌迟。”又问戴保曰：“尔先往海关时，曾奏赵姓之人族众聚居，皆赵太祖之裔，或至作乱，亦未可定。遣尔至蒙古地方，又奏札赖特蒙古等修理器械，训练兵丁，有谋叛之意。何如许年并无动静，此非尔欺妄耶？”戴保不能对，惟叩首而已。又问戴保曰：“因尔疯疾拘禁。朱都纳所奏之事，尔如何与之商议行走耶？”供云：“我系朱都纳之婿，望伊父子富贵，同副都统常赉商议而行。奴才将本看过是实有何辩处，”又问金宝曰：“左翼常赉、右翼金宝，尔等皆著名匪类。朱都纳所奏之事，尔如何与之商议行走耶？”金宝供云：“有此名，我即应死。奴才往军前种地方回，见朱都纳是实。伊所奏之事，全然不知。我有八旬之母，并无兄弟子嗣，求圣主宽宥。”上曰：“尔八旬之母，尔意中全不以为母，始罹此案也。”又问常赉曰：“尔于朱都纳所奏之事，如何商议行走耶？”供云：“我系朱都纳之婿，此事皆伊父子希图富贵，同伊爱婿戴保商议而行之事，并未与我相商。”上曰：“尔系朱都纳之婿，与之来往，朱都纳家中何人行走？何人商议？尔必知之，从实供出。”常赉供云：“辛泰、齐什皆与朱都纳来往。辛泰行走甚密，齐什行走略疏。朱都纳同伊等相商与否，我不知也。”是日，传齐什至，并将辛泰拿到。

二十三日壬申。上御汤泉行宫正门，令齐什近前，上曰：“齐什为朕之亲，秉性不肯安静，有似猕猴。猕猴之名，是二阿哥所取。二阿哥甚恶之，每言及，则呼为猕狗都统。看来好与吠犬相似，然犹非好犬。道旁鹑起则逐鹑，蛙出则逐蛙，人所射之野兽，反不逐也。人有过失，皆悔悟思改。若齐什任有过失，怙非遂过，到老不知改悔。吾辈有暇，惟思赋诗作文，行好事。若齐什，一蹙额即谋陷人。骑射材力之地，全然不称。屡次出兵，并不思向前效力。而于事多管，每遇事出，未有无其名者。二阿哥矾水写书之事，亦有其名，朕皆宽宥，更给以都统职衔。

即此宜思若何可以无事，自守其分，安静度日矣。今朱都纳之事，又有其名。齐什奸谋诡计特甚。今试问尔，尔族中佐领之缺，因何将增寿之名删去，但将尔名进呈？增寿系尔兄之子袭公爵者，伊名如何可删？且尔支佐领员缺，尔族中不可开列。尔族支佐领员缺，增寿与尔皆可开列。尔将增寿删去，止以尔名进呈。尔以为身为都统，止以尔名进呈，一经载之档案，传至后日子孙，便与增寿无涉。非此意耶？尔之筹画，竟及数世以后，何算之周耶？朕知尔此计，因断不遂尔之意，究将增寿之名列尔之前，尔此计何益？”齐什语塞，不能对。但云：“奴才心地一切不堪之处，皆皇上洞悉。谕旨极当，有何辩处？”因数数叩首。上又曰：“辛泰乃卑污无耻之人，并无问彼之处也。”

二十七日丙子。是日，满九卿、大人等奏，将朱都纳拟凌迟立决，朱天保立斩，朱都纳二幼子宁保、明保俱立绞，家产籍没入官。戴保、常赉俱拟绞监候，秋后处决。金宝充发黑龙江，于苦差处行走。辛泰枷号三个月，鞭一百。齐什革去都统职衔，交该旗及族中人等，在伊家永远拘禁。折子交奏事六品官双全等转奏。双全等出，将奏折发还，传谕旨云：“所议尚未详尽，朕亲御门穷诘朱都纳之处，亦未载入。”

二十九日戊寅。是日，九卿将所议皇太子仪仗冠服一切应用之物及应行礼仪，俱查明裁减，定议缮折，交奏事六品官双全等转奏。上曰：“所议甚善。”

康熙五十七年二月

初六日乙酉。是日，满汉九卿来请安。奏事六品官双全等捧出皇上手书谕旨曰：“众大臣官员时来请安，朕甚难答。若谓身安，则羸瘦已极，仅存皮骨，未觉全复。足痛虽较前稍愈，步履犹难。近方理政务，所壅积者乍难清楚。每虑壅积渐多，心悸不安，精神恍惚。更可痛者，皇太后大事适值不能支持之际，未尽朕心，以致抱恨，神思迥异平时。朕躬抱病之状，众亦知之。故不法匪类，曾经治罪免死之徒，伙同结党，谋放出二阿哥。观此则乱臣贼子仍不乏人，岂可不留心乎？每思此等事，食且不能下咽，何由万安？”

初九日戊子。是日，汉九卿来请安。奏事六品官双全等传旨：“将前日谕满九卿之旨传示。”

初十日己丑。是日，满九卿遵旨将皇上亲究朱都纳等口供，添入再议奏折内，交奏事六品官双全转奏。双全等捧出皇上手书谕旨曰：“戴保、常赉一体定拟，甚属不合。戴保久已应斩，因托疯疾拘禁，今又不改。再，戴保从拘禁处如何放出行走之处，并无一字察及。”

十二日辛卯。是日，九卿、詹事、科道以建储事缮折请旨，交奏事六品官双全等转奏。双全等捧出皇上手书谕旨曰：“国家大臣凡事宜详细思维具奏，岂可草率并不留心，如儿戏乎？朕将何赖？此时何时，皇太后之事未满百日，梓宫尚未安厝，举国素服，未曾剃头，乃将大庆之事渎请，朕实不解。且朕躬目下并无可虑，这所谕之旨，着即回奏。”九卿、詹事、科道回奏云：“臣等冒昧渎请，大体所关，全未见及。今奉旨明示，方豁然醒悟，自知愚昧等语。具折请罪。”上又手书谕旨曰：“至愚极昧之处，不止一二次，亦太过矣。如此何以办事？必至终日为人欺蔽也。尚至事败，不亦可耻耶？”

十八日丁酉。刑部侍郎阿锡鼐、刘相会同满九卿。詹事、科、道，遵旨将朱都纳等议罪案内，戴保改拟立斩，将戴保从拘禁处放出行走戴保之兄达寿三等阿达哈哈番佐领俱革退，枷号三个月，鞭一百，不准折赎。缮折交奏事六品官双全转奏。奉旨：“交内阁。”

二十一日庚子。是日，大学士等以议政之事入奏，上曰：“西安右卫、福建将军员缺，俱未补授，照从前补授荆州将军之例，诸王、议政大臣会同举出具奏。”

二十三日壬寅。巳时，上御行宫听政。大学士马齐、松柱、李光地、萧永藻、王掞，学士渣克旦、勒什布、星俄特、穆尔泰、张廷玉、蒋廷锡、励廷仪以折本请旨：复请九卿遵旨以赵申乔为伊应斩之子赵凤诏恳请具奏不合，议将赵申乔交部议罪一折，并原议赵凤诏立决一疏。上问大学士李光地等曰：“尔等云何？”李光地奏曰：“赵凤诏情真，俱经审出。”王掞奏曰：“宜正国法，处斩。”萧永藻奏曰：“赵凤诏情真，罪当不可宽宥。”上曰：“赵申乔依议。赵凤诏着即处斩。庄裕依拟，应绞，着监候，秋后处决。”复请吏部所题湖北巡抚刘殿衡员缺，以学士渣克旦等职名开列一疏。上曰：“此所开布政使，朕俱不识。尔等同九卿举出具奏。”

复请兵部所题甘肃提督师懿德员缺，以副都统许廷臣等职名开列一疏，左江总兵官赵廷栋等职名开列一折。上曰："路振扬汉仗好，着补授甘肃提督。"又复请台湾总兵官姚堂例应调补，将福建浙江总兵官陈有功等职名开列一疏。上曰："姚堂前在古北口，曾随朕行走，人去得。广东提督王文雄现在议罪，复与法海不合，不可遣伊回任。王文雄员缺，着姚堂补授。"顾问大学士李光地曰："孰可补姚堂之缺？"李光地奏曰："臣所知定海总兵官张国、崇明总兵官欧阳凯，人俱去得。"上曰："欧阳凯调补台湾总兵官。"复请礼科掌印给事中商纪纳条奏大同捐纳一疏。又临清等关因欠钱粮，交该巡抚管理。此等监督所欠银两，交与该旗，将伊家产变价赔还。果系家产尽绝，不能赔还者，该旗保奏时，将管理此等关钞之地方官所得赢余银两补还一疏。上曰："商纪纳闻捐纳之事，即拼命向前，先已奏数次矣，为人不端，着革去给事中，交与该旗，以外边武职用。伊所奏二疏，俱发还。"毕，大学士马齐等遵旨以江西巡抚白潢请定火耗数目，揭示州县，明白晓谕州县官，于定数之外多取者，即行参奏。折子呈览。上曰："若将火耗明定额数，人无忌惮，愈至滥取。伊所奏折，着发还。"马齐等又以白潢奏请，将伊应得盐课项下银两，解送该部。折子如何定议之处请旨。上曰："着交户部议。"

二十六日乙巳。是日，在京大学士等奏事至，奏事六品官双全等捧出皇上手书谕旨曰："诸大臣奏事至此，恐因朕迟迟，致生腹诽。朕已将不能之处早下谕旨，诸大臣或以为游戏，未经详阅，抑或遗忘耶？朕体稍早起，手颤头摇，观瞻不雅。或遇心跳之时，容颜顿改。骤见之人，必致妄起猜疑。大臣等远来，宜备克食颁赐。但百日未满，未取光禄寺一物，并无佳味，故未赐给。"巳时，上御行宫。大学士马齐、李光地、萧永藻、王掞，学士渣克旦、勒什布、星俄特、穆尔泰、蒋廷锡、高其倬、励廷仪以折本请旨：大学士等以吏部所题，补授湖北巡抚刘殿衡病故员缺，遵旨会同九卿举出学士张廷玉、通政使张连登、四川布政使刘棨职名开列折子，并以原疏复请。上曰："四川用兵之际，刘棨办理粮饷不可移动。张廷玉前为同考官，声名甚好，为人谨厚，学问亦好，但于事尚未经历。"又顾大学士等曰："张连登如何？"大学士萧永藻奏曰："昨九卿俱称其好。观其人，亦似能办事者。"上曰："张连登着补授湖北巡抚。"又复请兵部议复提督王文雄所题伊所遣官俞海臣，捕获贼犯陈君元等，被海阳县知县金以埈家人差役夺去等因，应行文该督，或系知县之人捕获，或系王文雄所遣之官员捕获，确审到日再议一疏。上曰："着交总督杨琳，毋徇情面，秉公审拟具奏。"又复请议政大臣所议，四川提督康泰平时不能抚恤官兵，赏赉之物又不全给，以致官兵鼓噪，应革职，交刑部从重治罪一事。广东提督王文雄平时不能禁戢盗贼，致贼聚众侵扰乡村，掳掠人口，知巡抚法海具奏，又思脱罪粉饰陈奏，殊属溺职，议革职一事。上曰："此二事暂存贮。康泰、王文雄、原任宣化总兵官司九经，伊等汉仗俱好，经历战阵，着自备鞍马，前赴色冷军前效力。果能效力，将伊等之罪宽免。如不效力，加等治罪。"又复请兵部所议贮放仪仗席棚失火缘由，将拜他拉布勒哈番杨八，拖沙拉哈番罗纶、常寿、李宝住革职，并拨什库披甲人送刑部严审一疏。上曰："从前似此等宜会拟之事，即行会拟具奏，已有明旨。此事如何未经会拟？本发还，着会同刑部议奏。"复请刑部会同九卿议复尚书张廷枢等所题，阌乡县贼首王更一等十五人拟立斩，为从梁必贵等十五人拟绞，秋后处决。协从尚克武等二十四人发三姓处。以火耗等项借端取银六万五千两之原任阌乡县知县白澄、以马价等项借端取银四千零五十两之宜阳县知县张育徽，俱属蔑法，照例拟绞，秋后处决。私派滥征同武弁缉贼并斩良民之河南府知府李廷臣，拟斩，秋后处决。原任巡抚李锡，不遵圣训，以致民变害及地方，应改为立斩。布政使张伯琮希李锡意旨，私动库银，应革职。现任巡抚张圣佐，既未将贼情奏闻，又不严加补缉，殊属溺职。应革职。希李锡意旨私行科派之开封府知府徐而泰、彰德府知府缪发、南阳府知府沈渊，各降一级。按察使张孟球、道员戴锦，平时未将李廷臣等贪滥之处揭报，及兵丁衙役肆杀良民，又不报请题参，显属徇庇，各降三级，以所有加级记录抵销。总兵官冯君洗，既不尽力缉贼，又不明白陈奏，殊属溺职，并伊所有拖沙拉哈番革退。游击杨奉，缉贼之时虽将良民并斩，但伊父杨衔系阵亡之员，将杨奉革职。守备罗烈，亦议革职一疏。上曰："李锡据理应斩，第官员与盗贼合为一本定拟，难已批发。本发回，着分两本具奏。"又复请镶白旗散骑郎吴勒礼家人多尔济，殴死正白旗护军德保缘由，议将多尔济拟斩，秋后处决一疏，上曰："多尔济系人家奴，将另户之护军殴死，理宜照新例，即行处斩，本发还，再议具奏。”又复请白莲教贼首朱复业即袁苊拟即凌迟案内养袁苊为子之郭英拟斩，秋后处决，折角一事。上曰：“郭英系养朱复业之人，即是伊父，理宜照谋叛人之祖父例，即行处斩。部议秋后处决，误矣。本发还，再议。并李锡等议罪之事，过三月至四月再奏。”复请各省提镇自陈一事，上曰：“军政关系紧要，伊等朕不熟识，尔等逐一详阅具奏。”毕，上以留中朱都纳等议罪之本，谓大学士等曰：“朱天保以人力中式进士，虽系读书之人，希图侥幸，违旨妄奏。问伊时，又首将伊父供出，不忠不孝极矣。伊奏折内有亦知应死之语，将伊交与本族及该佐领，令伊父朱都纳视之，是日即行完结。戴保最为凶恶，断不可留，将伊亦交与本族及该佐领，是日即行完结。朱都纳、常赉从宽免死。金宝从宽，免充发，交与步军统领隆科多，将大枷永远枷示，虽遇诏赦，不准宽宥。伊等妻子着入官，朱都纳二幼子宁保、明保亦免死入官。入官之人不许在伊等本旗，调入别旗。议奏达寿阿达哈哈番佐领着革退，枷号三个月，鞭一百。”又顾大学士曰：“去岁山东、浙江正、副主考官系何人保举？着查奏。”大学士等出，以齐什、辛泰，或照伊等枷示，或照部议完结，具折请旨。上手书谕旨，谕曰：“齐什人甚不端，若在伊家拘禁，无伊尊长之人，将伊交宗人府，照鄂善例拘禁。辛泰乃犬豚一类，卑污无耻，曾为西安仆隶者，何足充数，着照部议结。今日已暮，着明日完结。此旨不用批本，在部中档案记之。”

二十八日丁未。上自汤泉至畅春园。是行也，部院各衙门奏章，日交送内阁，由内阁递送行宫办理。

二　雍正起居注

雍正四年十一月

十七日乙巳。上幸汤泉驻跸。

二十三日辛亥。奉上谕，法脑、克玺图汉仗好，效力多年，俱着补授散秩大臣，护军统领印务着克玺图署理。

二十五日癸丑。上自汤泉回京。先诣寿皇殿行礼。毕，进神武门回宫。是日，辰时，上御养心殿。

三　乾隆起居注

乾隆十年九月

二十一日庚寅，上诣皇太后行宫请安。是日，上驻跸汤泉行宫。

二十二日辛卯。兵部奏请补湖广长沙副将员缺一疏。大学士查郎阿、陈世倌奉谕旨李斯援着补授湖广长沙副将，余依议。……是日，上驻跸汤泉行宫。

二十三日壬辰。上诣皇太后行宫请安。是日，大学士查郎阿、陈世倌奉谕旨据熊学鹏折内所奏九卿秋审山东河南二省强奸伤人四案情同罪异之处，观之其言，似属近理，但所称盛安、汪由敦坚执不听等语，盛安、汪由敦职司法纪，坚执不听，亦必另有情节，着交大学士等将秋审册内此四条详加核对，并传盛安、汪由敦询问明白具奏。……是日，上驻跸汤泉行宫。

二十四日癸巳。上还圆明园驻跸。

乾隆十六年八月

初十日癸卯。上诣皇太后行殿请安。……是日，驻跸热河行宫。

十一日甲辰。驻跸热河行宫。

十二日乙巳。驻跸热河行宫。

十三日丙午。上以万寿节诣皇太后行殿行礼。毕，上御淡泊敬诚受随从王公大臣等行庆贺礼，奉皇太后幸勤政殿侍宴，赐随从王公大臣等宴。是日，驻跸热河行宫。

十九日壬子。是日，驻跸遥亭子行宫。

二十日癸丑。是日，驻跸密云县行宫。

二十一日甲寅。驻跸南石槽行宫。

二十二日乙卯。是日，驻跸汤泉行宫。

二十三日丙辰。行在礼部会同户部议山东道御史章有大奏在浙报捐生俊准以实收应试并准江西生俊一体在浙报捐一疏，大学士傅恒协办，大学士梁诗正奉谕旨依议速行。是日，驻跸汤泉行宫。

二十四日丁巳。上诣安佑宫行礼。毕，诣凝春堂请皇太后安。驾还圆明园驻跸。

乾隆四十七年三月

初三日庚子。上幸盘山，自长春园大东门启銮。……是日，驻跸三家店行宫。

初四日辛丑。是日，驻跸大新庄行宫。

初五日壬寅。是日，驻跸盘山行宫。

十二日己酉。是日，驻跸丫髻山行宫。

十三日庚戌。是日，驻跸大新庄行宫。

十四日辛亥。是日，驻跸三家店行宫。

十五日壬子。上诣招提寺拈香。……是日，驻跸汤泉行宫。

十六日癸丑。上诣安佑庙、惠泽龙王庙拈香。……是日，驻跸汤泉行宫。

十七日甲寅。上驻跸圆明园。

乾隆五十年三月

初三日壬子。上幸盘山，自大东门启銮。……是日，驻跸汤泉行宫。

初四日癸丑。是日，驻跸汤泉行宫。

初五日甲寅。上致祭明长陵，至安佑庙、圣泉庵拈香。……是日，驻跸汤泉行宫。

初六日乙卯。是日，驻跸三家店行宫。

初七日丙辰。是日，驻跸大新庄行宫。

初八日丁巳。是日，驻跸盘山行宫。

四 嘉庆起居注

嘉庆九年二月

二十八日戊子。上恭谒东陵，自东华门启銮。……是日，驻跸燕郊行宫。

二十九日己丑。是日，驻跸白涧行宫。

嘉庆九年三月

初一日庚寅。是日，驻跸隆福寺行宫。

初二日辛卯。上恭谒昭西陵、孝陵、孝东陵、景陵、裕陵。恸哭尽哀，回瞻哽咽。至桃花寺行宫驻跸。

初三日壬辰。是日始至初八日止，驻跸盘山行宫。

初九日戊戌。是日，驻跸白涧行宫。

初十日己亥。是日，驻跸大新庄行宫。

十一日庚子。是日，驻跸三家店行宫。

十二日辛丑。内阁奉谕旨，此次经过燕郊、白涧、隆福寺、桃花寺、大新庄、三家店、汤山等七处之看守、行营千总、额设把总、兵丁、园丁等均着赏给半月钱粮。……是日，驻跸汤泉行宫。

十三日壬寅。上谒明长陵。是日，驻跸工部厂大营。

十四日癸卯。是日，驻跸汤泉行宫。

十五日甲辰。驾还圆明园。

嘉庆二十一年九月

初五日辛亥。上御行殿。……是日，驻跸中关行宫。

初六日壬子。上诣永佑寺后楼行礼。……是日至甲寅日，驻跸热河行宫。

初八日甲寅。上御行殿。

初九日乙卯。上诣城隍庙拈香。是日，驻跸喀拉河屯行宫。

初十日丙辰。是日，驻跸常山峪行宫。

十一日丁巳。上御行殿。是日，驻跸巴克什营行宫。

十二日戊午。上御行殿。是日，驻跸要亭行宫。

十三日己未。是日，驻跸密云县行宫。

十四日庚申。是日，驻跸南石槽行宫。

十五日辛酉。内阁奉谕旨，此次经过汤泉，看守行宫之把总、兵丁、园户等均着加恩各赏半个月钱粮。是日，吏部议校两江总督百龄等奏江苏奉贤县知县员缺请以候补知县徐方瑞补授一疏，奉谕旨徐方瑞准其补授奉贤县知县。是日，驻跸汤山行宫。

十六日壬戌。驾还圆明园。上诣安佑宫行礼。

嘉庆二十四年八月

二十六日乙卯。上自热河回銮。诣文庙瞻礼、城隍庙拈香。……是日，驻跸喀拉河屯行宫。

二十七日丙辰。是日，驻跸常山峪行宫。

二十八日丁巳。是日，驻跸巴克什营行宫。

二十九日戊午。驾至古北口御黄幄，阅提标官兵阵法技勇，赏赉有差，内阁奉谕旨……是日，驻跸要亭行宫。

三十日己未。是日，驻跸密云县行宫。

嘉庆二十四年九月

初一日庚申。内阁奉谕旨，此次经过汤山，所有看守行宫之委、把总、兵丁、苑户等俱着加恩赏给半月钱粮。……是日，驻跸南石槽行宫。

初二日辛酉。上御泛漪晖殿。赐随驾王公大臣、蒙古王、贝勒、贝子公及直隶总督等饭。是日，内阁奉谕旨孙玉庭等奏知府才难治剧请撤任改简一折，凤阳府知府倪思淳着归部以简缺知府，选用所遗凤阳府知府员缺着王耀辰补授。……是日，驻跸汤泉行宫。

初三日壬戌。驾还圆明园，诣安佑宫行礼。

嘉庆二十五年三月

初八日甲子。上诣东陵，自大东门启銮。……是日，驻跸汤泉行宫。

初九日乙丑。上诣前明长陵、孝宗陵、宣宗陵……是日，驻跸工部厂大营。

初十日丙寅。上诣惠泽龙王庙拈香。……是日，驻跸汤泉行宫。

十一日丁卯。是日，驻跸三家店行宫。

十二日戊辰。是日，驻跸大新庄行宫。

十三日己巳。是日，驻跸丫髻山行宫。

十四日庚午。是日，驻跸白涧行宫。

十五日辛未。是日，驻跸隆福寺行宫。

十六日壬申。上恭谒昭西陵、孝陵、孝东陵、景陵、裕陵……是日，驻跸桃花寺行宫。

十七日癸酉。驻跸盘山行宫。

二十日丙子。是日，驻跸白涧行宫。

二十一日丁丑。谕旨：此次经过温泉、三家店、大新庄、丫髻山、白涧、隆福寺、桃花寺、盘山、燕郊等九处，所有看守行宫之千总、委千总、外委把总、兵丁、园户等均着加恩赏给半月钱粮。……是日，驻跸燕郊行宫。

二十二日戊寅。是日，驻跸雍和宫。

二十三日己卯。驾幸圆明园。

《清世宗宪皇帝实录》摘编

雍正四年十一月

乙巳，上幸汤山泉驻跸。铸给直隶布政司按察司经历，理问等官印。免江西南昌等七县本年分水灾额赋有差。两广总督孔毓珣题广西太平府佶伦土知州冯世英故，请以其子冯朝宪承袭，下部知之。

丙午，上驻跸汤泉。户部议复：云贵总督鄂尔泰疏言，停止大理、沾益二局鼓铸，请于云南、临安二府，共加炉九座，鼓铸钱文，以四万串，发运湖广、四川、江西、两广等处。应如所请，从之。裁湖南永顺、保靖二司经历缺，各改设同知一员，从湖南巡抚布兰泰请也。

丁未，上驻跸汤泉。户部议复：四川总督岳钟琪疏报，松潘口外毛革蛇湾各番寨，贡纳粮马数目，并分别年份起科，从之。

戊申，上驻跸汤泉，吏部议覆，补用教职，例由抚臣考校，其考试四等、五等者，俱令解任学习三年，再行考试六等者革职。各学教官所属文武生员抗欠钱粮，捏词唆讼，该教官不行申详、纵容徇庇者革职。如六年之内所属士子无前项过犯，该督抚学臣将该教官保题，以应升之缺即用，从之。免湖南、巴陵等四县本年分水灾额赋有差。

已酉，上驻跸汤泉。户部议复仓场侍郎托时等议御史殷式训条奏漕务各款：一、粮艘往来兵丁于岸上催赶呼应不灵，请于蔡村上下建造船只，令兵丁坐船催押，来则催重，回则催空。二、各仓例设满汉监督各一员，办理仓务；中南二仓相隔一城，一仓一人，难于查看，应于中仓添设汉监督一员，南仓添设满监督一员，可无顾此失彼之虞。三、应给旗丁口粮三升八合，令其自便，或本帮有欠，抵补本帮；或别帮有欠，卖抵别帮。四、漕粮起卸及运到大通桥，每见粮袋堆贮空隙处所，恐至霉滋，应令经纪车户，加谨铺垫，如有口袋霉烂、粮米成饼，串运入仓等弊，查出照数赔补；如不行查出，别经发觉，将仓场侍郎、巡仓御史一并交部议处。俱应如所请，从之。

庚戌，上驻跸汤泉。刑部右侍郎存柱，缘事降调，调礼部右侍郎乔鹄立，为刑部右侍郎。户部议复，仓场侍郎托时等条奏，万安仓请开设东门二座，添船八只以便水运入仓，并令每年挑浚河道，应如所请，从之。礼部左侍郎郝林，以老疾乞休，命加尚书衔致仕。

辛亥，上驻跸汤泉。以翰林院侍讲蒋涟充日讲起居注官。以额外副都统克什图为散秩大臣，署正蓝旗护军统领。

壬子，上驻跸汤泉。封大学士富宁安为三等侯，世袭罔替。阿禄科尔沁贝勒汪扎尔故，遣官致祭。

癸丑，上回宫。

五朝御制诗摘编

一　康熙皇帝汤泉行宫御制诗

季冬汤泉

素雪满川山未露，霜林盈野日将斜。

祈年正喜逢长至，澡德非同玩物华。

秉烛检书冬夕永，爇香待旦画屏遮。

灵泉每助消寒效，总为纯阳辨正邪。

《圣祖仁皇帝御制文第四集》卷三十四

汤泉道上遇雪口占

种麦田间盼尺盈，牧羊沙漠恶飘霙。

王臣率土分忧乐，莫道天公有不平。

《圣祖仁皇帝御制文第四集》卷三十四

二　雍正皇帝汤泉行宫御制诗

汤泉

凌云兰殿郁崔嵬，绕槛涟漪温液回。

养正为能恒净洁，莹心不止荡氛埃。

宿含炎德珠光润，只觉阳和涧底来。

著绩岂徒堪愈疾，溶溶一脉万年开。

《世宗宪皇帝御制文集》卷二十六

三　乾隆皇帝汤泉行宫御制诗

温泉荷花

首夏荷叶才田田，温泉开花已如然。

六月池塘荷始盛，温泉花谢余青柄。

温泉水暖荷花早，群惊艳质凌波好。

那知消长不须时，九夏未半先枯槁。

我欲乘兴弄扁舟，蒹葭青青压岸头。

可怜荷花转不若，已作一段横塘秋。

《御制乐善堂全集定本》卷二十二

汤泉行宫即事

灵境辟离宫，停銮秋宇空。

庭轩静朝旭，树石老金风。

暖流溶溶洁，清波处处同。

心神堪澡雪，抚景兴无穷。

《御制诗初集》卷七

汤泉荷花开绝早，插胆瓶中，间以芍药，甚有风致

霞剪衣裳恰五铢，清和春色满仙壶。

温泉浴罢娇无力，扶起身边有念奴。

《御制诗初集》卷八

汤泉行宫叠旧韵

地学华清宫，波回镜影空。
人吟今夕月，树韵昨年风。
鸟散余音在，山明远色同。
所欣秋有稔，稍慰闾阎穷。

《御制诗初集》卷十一

汤泉荷花

直干擢温波，重葩凌细藻。
散芬殊清幽，美姿不妖姣。
却顾别浦中，田田叶犹小。
荣华既先群，零落亦偏早。
对兹绰约容，因识盈虚道。

《御制诗初集》卷十四

汤泉荷花

暖流饶地灵，胜似远公社。
芙蕖绽清和，不待朱明夏。
女夷有私铸，相争木奴冶。
褭风散芳馨，照日含娇姹。
却让别浦荷，盈盈秋露泻。
早盛亦速零，寄语附炎者。

《御制诗初集》卷二十一

恭奉皇太后幸汤泉

翠辇驻云庄，春晖载小阳。
灵波暄不冻，胜地景偏长。

数八称功德，龄千益寿康。
不须分别见，是水一如汤。
《御制诗初集》卷二十三

汤泉行宫叠旧韵
广陌接游宫，温波澈鉴空。
适来参水月，过去悟幡风。
楼阁化城似，山林太古同。
灯窗清燕夕，书史足研穷。
《御制诗初集》卷二十三

寒月（汤泉行宫作）
寒月淡碧空，流光冰窗纸。
良夜渐以长，几席诚清只。
敲诗点笔花，沦茗浮梅蕊。
行宫景物幽，兰穗垂垂紫。
人语静四邻，鹤鸣隔一水。
即事惬素襟，忘言契元旨。
去岁榆关路，非彼亦非此。
《御制诗初集》卷二十三

汤泉荷花
君子小人不同道，或贵晚成或欲速。
岂有亭亭净植姿，竟与朝华草同族。
乃知地力擅天工，葱岭见说冬生谷。
玉笋班中多美材，讵必后凋识真木。
但使因风袅静馨，莫令群莸讥不馥。

《御制诗初集》卷二十六

汤山行宫作

神区面平楚，绣屏背雄嶂。

回跸驻离宫，行旌辞武帐。

塞叶已萧条，苑丛犹张王。

新刈晚畦香，曲注温波放。

题句忆去年，云林故无恙。

《御制诗初集》卷二十八

汤泉荷花

数年以来屡有是作，率疾其附炎欲速以致先时零落。虽风人刺恶之意，然草木何知？亦视其所拖之地何如耳。且疾之已甚，君子弗为。故作是诗，一反先意。盖美刺自不相妨，亦以见世间毁誉原无一定论也。

曾闻火里有金莲，岂必汤中无芙蕖。

卓然不受玉井诏，独开生面薰风初。

是时别浦才田田，早有霞瓣临波舒。

却如九品开极乐，天龙著意为吹嘘。

君不见岱岳顶上松，劲节傲寒称大夫。

傲寒傲热纵不同，要皆矫矫自立徒。

以此论是荷，岂非君子乎？

水华亭亭倘借问，何闻而毁何见誉。

《御制诗初集》卷三十二

汤泉新荷

别浦田田才见叶，温池灼灼已开荷。

寒暄谁令殊所托，迟速因之异几多。

破晓携来承瑞露，停风对去展晴波。
沸汤无碍清凉性，试看心莲演梵那。

《御制诗初集》卷四十

驻汤山行宫即事

于此得佳趣，于焉驻旅鞍。
灵区自仙境，暖液辟秋寒。
绿柳色如故，黄华芳未阑。
研精书室静，天定信随安。
天空皎日明，别院九秋清。
坐久怀前岁，蒐还喜近京。
劭农咨父老，询政觐公卿。
得悉田多稼，因之一畅情。

《御制诗初集》卷四十四

汤泉行宫叠旧韵

枉驾驻烟宫，波澄天若空。
竹姿缘过雨，花气自含风。
今夕何多感，昨年迥不同。
君平久物化，谁与证穷通。

《御制诗二集》卷六

题汤泉并蒂莲

从歌独旦懒闻双，何事芙蓉见暖江。
非偶物犹知偶合，牵心我尚未心降。
忘忧草不生间砌，助感花偏对客窗。
飒沓西风银沼面，还教同付水淙淙。

《御制诗二集》卷六

汤泉行宫即事

返跸驻岩阿，黄花砌齿罗。
秋寒波自暖，今憩昔曾过。
泉石饶天趣，琴书养性和。
数年才一顾，结构底须多。

《御制诗二集》卷三十

汤泉莲花

暄波能煦妪，嘉植先时芳。
微露欺南浦，猗风入夏堂。
术无藉殷七，节每艳端阳。
得地资菁莪，作人兴念长。

《御制诗二集》卷四十一

恭依皇祖温泉行元韵

小春风日温而清，离宫驻跸逸趣生。
沙汀石濑率含冻，暄波漱响偏琤琤。
嵩山仙池杳莫辨，建武别馆徒相争。
当年卷阿可仰躅，至今圣藻星云明。
方沼甃玉左复右，灵脉喷珠澄且泓。
曲沟引导达户户，中各向暖当南荣。
细流龙首初滴注，有如瑞露浮金茎。
湱然忽放屋池满，氤氲澹荡难为名。
济凉酌暖拟紫府，蒸霞吐雾疑赤城。
水仙骑鲤在白壁，呼之举手欣相迎。

蠲疴益寿有奇助，何必缥缈求壶瀛。
承欢家法同孝养，神仙此耳无侈情。
绎思来歌续元韵，幸当海宇方承平。
耽逸忘武夙所戒，塞山回望云中横。
留连胜处亦曷可，明当启跸旋皇京。
新丰绣岭是炯鉴，毋容易视温泉行。

《御制诗二集》卷四十四

将之盘山，驻跸汤泉行宫作

右部哈萨克归化，侍卫挈其首领将至。故往田盘令彼觐谒，欲因携以行围，并至南苑大阅，示我国家耿光大烈，非为一己之豫，游实系万年之式度。问安启跸，卓午驻旌，联咏七言，用志初顿。

耆定伊犁车甲韔，峤山左右惠同叨。
扈行俾识朝家制，大阅兼陈士气豪。
垂拱待参讵非逸，觐扬水蕞敢辞劳。
问安启跸初程近，兴引烟宫一染毫。

《御制诗二集》卷八十二

汤泉荷花

节暄雨沛春，泉灵水温沼。
因缘胥助长，清和荷绽好。
掠燕迷芍药，跳鱼乱蕰藻。
中使瓶擎来，进鲜如获宝。
我时复望雨，何暇烟宫讨。
因之怀麦秋，益用增烦恼。
徒观色欲蔫，更觉瓣差小。
物理有神诠，为悟盈虚道。

夫子语宾牟，发扬斯已早。

《御制诗三集》卷四

汤泉行宫三叠旧作韵

五载别行宫，春烟淡远空。

傥来花弄影，过去树吟风。

池馆清音在，研瓯雅供同。

底缘心不怿，惟是廑民穷。

《御制诗三集》卷二十九

汤泉行宫八咏

温泉

炎液暄波能愈疾，曾闻泉脉出硫黄。

化工神运不思议，功德应教证水王。

柳色

柳色沿途非不青，爱他丝影蘸清泠。

吟情那许寻常绾，半六时中一宿停。

池塘

温泉泻水碧池隈，荷芰常于五月开。

闻道濂溪拟君子，热中可识有由来。

玉兰

后庭玉树正荣敷，香色天然与静俱。

底识风前饶喜意，今春批判未虚孤。

山亭

亭子虽然据假山，也教遮逻有孱颜。

田盘石海林天表，一例明朝想像间。

游鱼

四季温波泳不凉，个中拨剌个分秧。

问谁盐酱能调剂，此是大烹般若汤。

书室

书室还来偶读书，古今惟此合稽居。

设如刮目云相待，五载犹予只恧予。

官鹤

官鹤官粮赋有年，窃粮鹤不语饥眠。

陡思散赈宁无此，一为恻然一惕然。

《御制诗三集》卷二十九

赋得泛涟晖

琳池春水漾，埼岸午风轻。

泛籁千绡叠，含晖万烛明。

活宁孙氏画，载忆魏家评。

澹荡呈人监，徘徊缅圣情。

《御制诗三集》卷二十九

澜碧榭

绮榭兰阶临碧池，春风拂水绉澜漪。

陆机文赋诠神趣，思发言流有若斯。

《御制诗三集》卷二十九

敦素斋

轩斋多古屋，题额仰羲文。

朴斫今犹睹，淳风昔即勤。

庭松饶画格，砌卉散仙芬。

肯构吾方勉，益思尊所闻。

《御制诗三集》卷二十九

汤泉荷花

翻尽花疏曾未见，汤泉仲夏芰荷荣。

每当五日临风绽，早有中人应节呈。

叶亦擎圆那识暑，朵虽嫌小却饶清。

孔门设拟多君子，欲速还同阙党成。

《御制诗三集》卷三十九

至汤泉行宫作

计里一由旬，行宫此驻轮。

未来六阅岁，相值暮之春。

觱沸温泉涌，芳菲花木新。

坐宣地方吏，民务细咨询。

《御制诗三集》卷八十

诣畅春园问皇太后安，遂启跸往盘山之作

仲月省耕典著经，出应必告谒慈宁。

往还十二日为度，康健八旬年祝龄。

御马依然一身便，易舆亦复众言听。

汤泉别较盘山久，纡跸因教信宿停。

《御制诗四集》卷三

驻跸汤泉行宫作

春月宜巡跸，观耕行令便。

非遥无卌里，堪驻有温泉。

浴德绎精义，濯清守妙诠。
三年弹指顷，沼馆只依然。
《御制诗四集》卷三

漱琼室

石髓淙暄波，涌出如汤熟。
益人同功德，每来必沐浴。
弹冠与振衣，三闾语义足。
虽然或异焉，大宝箴曾读。
察察以为明，斯岂苍生福。
《御制诗四集》卷三

温泉行

温泉实擅地灵奇，暖流暄波谁所为。
或云硫黄孕泽府，延龄愈疾功用资。
温泉之上行宫构，华不伤奢朴不陋。
庭前种树将百年，山亦非骊岭非绣。
十岁之中一再来，无过信宿前驱催。
林丞修葺守空馆，嗑然笑此胡为哉。
《御制诗四集》卷三

随安室

随安室是旧书斋，佳处题檐数典皆。
昔易今难言已屡，风移俗易动成乖。
后仁必世期犹过，顺则惟民志未谐。
壁勒前诗吟一再，不须人议自惭怀。
《御制诗四集》卷三

咏鹤

一双官鹤立琳池，待饲长鸣似诉饥。
因忆吾民灾馑后，向隅求赈岂周知。

《御制诗四集》卷三

一峰亭

平地涌一峰，虽卑亦荦峃。
小亭冠其上，独立耸岳岳。
天然自殊胜，造作终握龊。
譬之读诗集，岛瘦郊寒若。
神仙自有骨，俗子安可学。

《御制诗四集》卷三

敦素斋

古斋临碧溪，敦素仰尧题。
示训诚谆矣，推行益恧兮。
化民德先惭，敷教礼难齐。
岂不唐虞企，其如世降低。

《御制诗四集》卷三

腊梅

腊梅野种到春开，磬口黄香傍水隈。
折取一枝胆瓶供，相观都不负斯来。

《御制诗四集》卷三

澜碧轩

温泉原弗冻，况是仲春时。

映日为澄照，因风作碧漪。
气暄蒲早茁，岸近柳偏垂。
鱼跃汤中乐，习安付不知。
《御制诗四集》卷三

驻跸汤泉行宫作叠壬辰韵
将欲田盘往，沼宫取路便。
入门原熟径，出地有灵泉。
沐浴日新德，精微时绎诠。
复三寒暑易，驹隙讶忽然。
《御制诗四集》卷二十八

题漱琼室
书室俯流泉，泉声韵玉然。
漱非孙楚误，戛是伯夔贤。
义府思由路，文津欲探渊。
晚春尚余暇，适可味芸编。
《御制诗四集》卷二十八

敦素斋
朴斫溪斋额敦素，文是尧年垂宝露。
忆予十二始髫龄，扈游曾此蒙恩顾。
尔时宵旰原悉知，此日绳承得无慕。
还淳返朴纵未能，齐礼道德宁弗虑。
《御制诗四集》卷二十八

随安室

逐处随安作室名，顾名思义在躬行。
给求养欲恒廑念，昔易今难每绻情。
柳为风轻拂檐袅，草当春暮绕阶荣。
坐来不易前番者，摘句欣于笔砚精。
《御制诗四集》卷二十八

澜碧轩

是处足于水，开轩即俯澜。
无他惟一碧，有术在斯观。
乐意同鱼鸟，虚名祛縠纨。
浴沂与点也，狂亦企之难。
《御制诗四集》卷二十八

一峰亭

四柱翼然翔一峰，峰如海涌翠芙蓉。
底无冈岭为连属，防有因之或觅踪。
《御制诗四集》卷二十八

晓行

行路爱乘晓，宴眠理则那。
迎舆升曙旭，即景盎春和。
二麦南东遍，万民瞻就多。
凭看率温饱，慰此更廑他。
《御制诗四集》卷二十八

过汤山

北望汤山过路岐，不禁忆昔拊心悲。（诗注：自癸未年为始，每奉圣母幸热河，初顿必驻汤山，以冀缓程俺适，至此分路处，率遣额附福隆安先至汤山候驾问安。）

四年前每安舆驻，正是遣人候驾时。

《御制诗四集》卷六十二

至汤泉行宫停跸作

乙未春在兹，往盘向东去。

壬寅春在兹，自盘西归住。

胥已隔六年，光阴何其速。

予亦过古稀，孜孜日犹故。

闻说坐温泉，益龄蠲疾愈。

因之信宿停，匪为游观趣。

诸景旧题遍，忧乐率多遇。

兹惟默领之，澡祛神以悟。

《御制诗四集》卷八十八

三月三日叠壬寅旧作韵

启跸仍斯日，轮年又阅三。

撰辰忘古节，乘暇发春骖。

首顿汤泉近，行宫旧路谙。

水温地气暖，韶汇已薰酣。

《御制诗五集》卷十三

敦素斋

行宫历岁久，处处仰尧文。

敦素垂斋额，还淳勉政勤。
繁孳日以庶，侈靡自然纷。
长此安穷虑，守成难是君。
《御制诗五集》卷十三

澜碧榭

温泉泉处热于汤，流出平湖弗甚凉。
酌剂斯诚得中矣，观澜凭榭足徜徉。
《御制诗五集》卷十三

汤泉行宫八咏

温泉
水惟凉实其恒性，泉乃温诚谁所为。
虽若沸羹难染指，瀹茶仍藉火烹之。
柳色
窣地长丝柔可揉，娜临碧沼蘸徘徊。
轻黄嫩绿谁为染，万眼由他自盼来。
池塘
屋中引水作池塘，意在御风与避凉。
数岁一来偶试浴，笑他石雁太荒唐。
玉兰
紫者辛夷玉兰白，白由紫接考之详。
谁将木笔属于紫，白也诗无敌岂忘。
山亭
湖里一峰浑似假，峰巅四柱本来真。
光阴瞥眼又三岁，曰假曰真总幻因。

游鱼

不冻清池擢戟鲜，温波本是出温泉。

釜鬵谩诮游无畏，习惯犹来成自然。

书室

处处行宫有书室，此间芸阁建康熙。

含饴时或示字义，温故惟惭新鲜知。

官鹤

忽听戛然送远风，其音不与众禽同。

有音彼岂能无意，似忆深林大壑丛。

《御制诗五集》卷十三

惠泽龙王庙瞻礼

明陵谒罢返汤泉，遂陟汤山栈路穿。

古庙一时礼惠泽，春波数顷润良田。

致虔惟以祈农亟，问景非因骋目便。

稻未插秧麦苗茁，绿郊稍觉慰心悬。

《御制诗五集》卷十四

泛漣晖有咏

泛漣晖之轩，复仰奎文悬。

绎言思圣意，盖以示训焉。

何池不溶水，何水不泛漣。

大都观水者，金波于月便。

曰晖具昼义，夜游戒流连。

敢不服膺遵，明当翠跸迁。

按：辉晖通用，予以为晖从日，则当于日用，之若辉，则当用之于月，而日亦可用之，日长于月也，因咏晖字，阐其义如此。

《御制诗五集》卷十四

汤泉行宫即事

纡路明陵阅，沼宫取便停。
落成宛此日，题主妥前灵。
惟是兴亡迹，敢忘鉴戒型。
曾书读召诰，撰此俾聪听。

《御制诗五集》卷三十

汤泉行宫八咏

温泉
地下硫黄釜底薪，一般能热用殊陈。
汤常熟物泉则否，假借由来不及真。
柳色
今岁春寒殊异常，闰前迟暖故应当。
此间物候先他处，柳色犹然才染黄。
池塘
架木为堂下覆池，引泉备浴避风吹。
十年前或来一试，耄耋非宜久不为。
玉兰
往年来此花常谢，今岁斯花正待看。
问孰为之权巧术，女夷方便遇春寒。
山亭
孤峰突出俯澄渟，岉巙顶平上有亭。
莫讶飞来无所据，太行分得一稜青。
游鱼
泉为汤即釜为池，个里游鱼不自知。

善譬张网化顽梗，柔因刚得可思之。

书室

驻辇原欣清暇多，书斋到处缥缃罗。

抽开一卷便有益，益自因心可会么。

官鹤

翦翎岂不九皋怀，隔幛声闻亦自佳。

却笑羽衣潇洒客，林间今日应官差。

《御制诗五集》卷四十六

汤泉行宫八咏

温泉

泉性由来总是凉，温泉其性乃殊常。

设如告子持斯问，答在七篇第几章。

柳色

前岁色黄今岁青，半因地暖半时丁。

可知万物自具识，不待教之各赋形。

池塘

空室中池引水温，多年备浴尚斯存。

存而不用亦久矣，却笑华清烦霪言。

玉兰

花开花卸亦寻常，春暖春寒适所当。

琐琐其间频有咏，笑予者个未能忘。

山亭

平野横湖突出山，全身奇石碨磊颜。

设如蓦遇僧惠理，认得飞从灵鹫间。

游鱼

潜为其静跃为动，湖水哪知冻与融。

识得南华不材意，泳游终日任汤中。

书室

到处行宫书室多，简编岂不此骈罗。

略惭芸馆如相问，三策董言可忆么。

官鹤

偷翦鹤翎索鹤粮，曰勤官实利私方。

无微弗照聊弗照，家语水鱼寓意长。

《御制诗五集》卷六十三

汤泉行宫八咏

温泉

泉自应凉却有温，硫黄地底致曾论。

虽奇原是平易事，斟酌寒暄理亦存。

柳色

前岁才青今岁盛，一般摇曳畅东风。

人情迟早多较量，无意谁知任化工。

池塘

屋中围石作池塘，引得温泉暖不凉。

年老人应节沐浴，笑他司事备陈忙。

玉兰

行馆汤泉历岁久，亭台较比别原稠。（诗注：汤泉行宫建自康熙五年，至今百余岁矣。自京城至盘山，沿路行宫每处不过数椽以为憩宿之所，惟此处因有汤泉是以点缀较多。）

玉兰木笔一家属，绘景饶他不外求。

山亭

一卷突出碧湖清，不是假山堆砌成。

著个笠亭供揽结，懒登兴足望中呈。

游鱼

烝然潜跃适其乐，温也汤乎不系情。

是谓游于物之外，釜鬵溉亦孰能争。

书室

书室由来贮缥缃，园人护晾本其常。

今朝驻宿明朝去，无暇翻看愧莫当。

官鹤

九皋非也却三径，戛韵虽清意未安。

本是离尘不羁者，怜他此日亦称官。

《御制诗五集》卷七十九

汤泉行宫八景

温泉

温泉凉水相殊远，其性原同可验知。

两釜温凉中各置，熬汤温沸共凉时。

柳色

柳色原同看御苑，黄稊微吐未青丝。

立春人日和望日，前者翻同后者迟。

池塘

室里砌成文石塘，本因水暖室非凉。

高年者合戒勤浴，圣论熟闻示训煌。（诗注：予昔侍圣祖时，曾蒙训及，老年人勤浴非养生所宜，故于己酉题诗有“十年前或来一试，耄耋非宜久不为”之句时予年七十有九，今又加八年，追维圣训，谨识弗忘。）

玉兰

玉兰原自辛夷接，画出曾无向下枝。

木笔实当二者占，拈毫人合卓然思。

山亭

石峙湖中亭构小，既然有水可无山。

望中会得别裁趣，盘谷先声示此间。

游鱼

水既云汤岸乃觺，鱼无烹苦乐游深。

设如拟胜陈风咏，捷报怀哉是好音。

书室

架庋缥缃卷帙多，不知其数况其他。

一朝驻即荒唐别，隐虑南华笑若何。

官鹤

缀景那无羽客陪，数声清唳似鸣哀。

翦翎粮谷喂弗饱，真鹤知他定不来。

《御制诗余集》卷十

四 嘉庆皇帝汤泉行宫御制诗

恭和御制汤泉行宫即景元韵

和风杨柳陌，宿雨杏花天。

跸启长春囿，銮临自暖泉。

青峰排玉宇，碧谷绉文渊。

远近均沾泽，常滋万顷田。

《养正书屋全集定本》卷八

随安室对雨

云气结浓阴，霏微入土深。

繁滋初布泽，畅透愿为霖。

漫卜丰登兆，先纾宵旰心。

渺躬增敬惕，省岁寸衷钦。
春泽诚深透，夏初欠渥优。
幸兹上旬雨，稍解寸心愁。
抚字期无忝，筹农望有收。
随安瞻额语，知足仰贻谋。
《御制诗初集》卷三

汤山早荷

托根在温泉，暖气催开早。
境遇有不同，迟速皆合道。
朱华绚胆瓶，颜色何姣好。
物理偶遭逢，向荣等小草。
结实待秋风，万柄莲房老。
《御制诗初集》卷三

惠泽阁拈香瞻礼

灵源孕地底，暖流漾和融。
毓秀波澜活，钟奇脉络通。
含温荡春煦，分润助田功。
感贶谢神佑，筹农切寸衷。
《御制诗初集》卷三

汤泉行宫即景

地毓温泉灵异钟，方池暖浪漾溶溶。
桃蹊舒锦朱霞灿，柳岸垂绦翠缕浓。
南俯神京开大野，北连玉塞矗群峰。
骊山古迹云烟幻，春盈兰皋胜景供。

《御制诗二集》卷三

汤山行宫即景

晓度清河广陌连，由旬路近驻温泉。
莎铺细毯缘青坂，柳漾轻绦蘸碧川。
浅浪若含前浦雾，片云不碍远村烟。
省耕畿甸岂游豫，觐吏披章春昼延。
《御制诗二集》卷十九

汤泉行宫即景

履露增追慕，上陵春暮天。
东门启清跸，北岭驻汤泉。
地暖毓灵液，波温漾锦渊。
瓣香礼佛阁，惠泽沐新田。
《御制诗二集》卷五十二

汤泉

绣甸阳和布，荣光漾暖津。
地灵通一勺，天德洽三春。
气煦氤氲结，波融潋滟匀。
含生敷泽普，卉木遍怀新。
《御制诗三集》卷二

汤山行宫即景

莎堤宛转界双湖，高柳沿汀绿线敷。
暖浪浮霞地孕宝，暄波腾气水怀珠。
潆流平甸泽同沐，试浴温泉事迥殊。

田陇涵濡益耕作，心祈曰肃念徵符。
《御制诗三集》卷二十七

汤山行宫作

季秋旋玉辔，路便驻汤山。
万宝丰年庆，九霄灏景攀。
高崖排峻峭，暖流漾潺湲。
明代标雄镇，今时户牖间。
《御制诗三集》卷三十二

汤山行宫泛舟即景

地灵毓秀出温泉，气贯四时漾锦渊。
映日暄波含皎洁，翻风暖浪叠沦涟。
云浆涤渚罗纹活，炎液潆湄绮縠鲜。
偶泛兰舟观灏景，岂同唐赋骋词妍。
《御制诗三集》卷三十九

汤泉

地灵蕴蓄聚丹砂，妙达温泉涌浪花。
四季和暄泯寒暑，浦荷初夏绽朱华。
溶漾暄波泛石池，暖风轻叠碧澜移。
澡身去疾功虽著，颐养天和在谨持。
《御制诗三集》卷四十二

汤泉即景

行殿枕北山，阶庭荫松竹。
地气结和暄，春温易秋肃。

双池蕴暖泉，汩汩漾流洑。
珠玑百斛腾，波光翻热燠。
土脉聚灵奇，火井深渊伏。
育德可澡身，心源鉴清淑。
《御制诗三集》卷四十八

汤泉

灵育丹砂出九渊，方池相映漾温泉。
时临秋肃凉飔拂，气煦春和暖浪涟。
镜玉蒸霞含石髓，漱琼分润及原田。
漫言地不爱其宝，澡雪心神妙节宣。
《御制诗三集》卷六十四

五　道光皇帝汤泉行宫御制诗

汤山早荷

欲识水泉暖，争先放早莲。
重台传妙种，嫩植带轻烟。
叶映青钱小，花含绛花鲜。
胆瓶作清供，新馥满窗前。
《御制诗初集》卷九

参考文献

《康熙起居注》，中华书局，1984年。

《标点全本康熙起居注》，东方出版社，2014年。

《雍正朝起居注册》，中华书局，1993年。

《乾隆帝起居注》，广西师范大学出版社，2002年。

《嘉庆帝起居注》，广西师范大学出版社，2006年。

《清代起居注册·道光朝》，台北联经出版事业公司，1984年。

《清代起居注册·咸丰朝》，台北联经出版事业公司，1984年。

《清实录·世宗宪皇帝实录》，中华书局，1985年。

《清实录·高宗纯皇帝实录》，中华书局，1985年。

《清实录·仁宗睿皇帝实录》，中华书局，1986年。

故宫博物院编:《清圣祖御制文》,《故宫珍本丛刊》，海南出版社，2000年。

故宫博物院编:《清世宗御制诗》,《故宫珍本丛刊》，海南出版社，2000年。

故宫博物院编:《清高宗御制诗》,《故宫珍本丛刊》，海南出版社，2000年。

故宫博物院编:《清仁宗御制诗》,《故宫珍本丛刊》，海南出版社，2000年。

故宫博物院编:《清宣宗御制诗》,《故宫珍本丛刊》，海南出版社，2000年。

（北魏）郦道元:《水经注》，中华书局，2020年。

（元）孛兰肸等:《元一统志》，中华书局，1981年。

（清）伊桑阿等:《大清会典》（康熙朝），线装书局，2006年。

（清）张廷玉等:《大清会典》（雍正朝），线装书局，2006年。

（清）允祹等:《大清会典则例》（乾隆朝），线装书局，2006年。

（清）托津等:《钦定大清会典》（嘉庆朝），线装书局，2006年。

（清）托津等:《钦定大清会典事例》（嘉庆朝），台北文海出版社有限公司，1992年。

（清）昆冈等:《钦定大清会典事例》（光绪朝），光绪二十五年刻本影印本，台北新文丰出版股份有限公司，1976年。

（清）穆彰阿、潘锡恩等:《大清一统志》，上海古籍出版社，2008年。

（清）张吉午纂修，阎崇年校注:《康熙顺天府志》，中华书局，2009年。

（清）和珅等:《钦定热河志》，天津古籍出版社，2003年。

（清）吴履福等修，（清）缪荃孙等纂:《光绪昌平州志》，据民国二十八年铅字重印本影印，台湾成文出版社印行，1967年。

（清）于敏中等:《日下旧闻考》，北京古籍出版社，1981年。

原北平市政府秘书处编:《旧都文物略》，中国建筑工业出版社，2005年。

袁珂:《山海经校注》，上海古籍出版社，1980年。

中国第一历史档案馆、香港中文大学文物馆编:《清宫内务府造办处档案总汇》，人民出版社，2005年。

杨珍:《康熙皇帝一家》，学苑出版社，2009年。

李文君:《康乾南巡匾额楹联通解》，故宫出版社，2017年。

陆成兰:《清代汤泉行宫》，《中国紫禁城学会论文集第六辑》，紫禁城出版社，2011年。

陆成兰:《乾隆时期汤泉行宫书房陈设研究》，《清代档案与清宫文化：第九届清宫史研讨会论文集》，中国档案出版社，2010年。

后记

本书所称的清代汤泉行宫，特指位于北京昌平小汤山的汤泉行宫。我对于清代汤泉行宫的研究兴趣始于2009年，是受到我在故宫博物院的同事暨挚友陆成兰女士的影响。我和陆成兰女士结识于2003年年初，我亲切地称呼她为陆姐，当时我在古器物部金石组工作，陆姐在展宣部原状陈列组工作。根据院里的工作安排，我们一起赴巴西圣保罗随展，在共同工作和生活的几个月里，朝夕相处，我们彼此熟络起来，并且从此结下了深厚的友谊。陆姐2007年10月在中国紫禁城学会第六次学术研讨会上发表了《清代汤泉行宫》（载《中国紫禁城学会论文集第六辑》）；2008年10月，在第九届清宫史研讨会上发表了《乾隆时期汤泉行宫书房陈设研究》（载《清代档案与清宫文化——清宫史研讨会论文集》），开辟了清代汤泉行宫研究的新领域，奠定了汤泉行宫研究的基础。

2009年，陆姐委托我对她的论文《清代汤泉行宫》进行修订，并且把她从中国第一历史档案馆摘抄的汤泉行宫陈设档交给我作为参考。我将陆姐的原文重新进行了布局，调整后的结构分为“地理位置，历史沿革”“建筑布局，室内陈设”“亭台楼阁，园林美景”“汤泉疗疾，行宫理政”“历经沧桑，风采依旧”共五个部分。然后，我又对论文内容进行了全面核对，补充了相关内容，并且进行了深化。由于工作忙碌，修订工作时断时续，持续了数月。

后来我和陆姐萌生了共同编写一部关于清代汤泉行宫的专书，设想包括几篇论文和档案文献等。我们一起讨论提纲，商定由我来执笔，内容主要包括修订后的《清代汤泉行宫》论文，以及与汤泉行宫相关的清代历朝陈设档、御制诗文、起居注、实录等。为此我着手把清代历朝汤泉行宫陈设档进行全面核对，修改标点，纠正错别字，统一各种异体字，繁简字体统一，花费了大量时间和精力，终于完成了清代历朝汤泉行宫等文献的系统核对。2010年，我赴台北故宫博物院进行学术访问，期间也特意搜集了一些关于汤泉行宫的档案资料。后来由于我的工作岗位调整，工作过于忙碌，所以撰稿工作就断断续续、久拖不决，虽然先后完成了2013年、2015年、2016年、2017年、2018年等多个版本，字数达到三四十万字，但始终不能令我满意。

2021年，在王旭东院长的倡导和积极推动下，故宫博物院“英才计划”得以正式实施。借此契机，我重拾清代汤泉行宫的研究，先后撰写了《清代汤泉行宫管理研究》《清代汤泉行宫匾额通解与思想探析》《关于康熙皇帝温泉主题御制诗文考论》三篇论文。经过慎重考虑，我决定把《清代汤泉行宫》书稿之前的提纲和书稿结构全部推翻，重新撰写一部关于清代汤泉行宫研究的专著。于是我开始扩大档案文献搜集范围，一方面亲自去中国第一历史档案馆查阅、摘抄有关档案，另一方面充分利用我院内网，在电子阅览室阅读大量奏案奏销档、起居注、实录、御制诗文等。经过一年多的不懈努力，由我独立执笔完成的《清代汤泉行宫》专著已经完成并即将付梓。

在对清代汤泉行宫研究的十多年中，我得到了许多人的支持和帮助。我首先要感谢的人，是我敬爱的陆成兰大姐，她毫无保留地把她摘抄的清代历朝汤泉行宫陈设档交给了我，是她把我引入了清代行宫研究的崭新天地。如今陆姐已退休多年，在家安享晚年。《清代汤泉行宫》这部专著全部由我独立谋篇布局、独立撰写完成，在此我还是真诚希望向陆成兰大姐表达我的敬意和感谢之情。

我还要感谢北京小汤山医院发展协调办公室主任、北京高原适应研究康复中心主任王立明先生。我们几度赴小汤山医院考察，都受到了王立明主任的热情接待，而且王立明主任还设法为本书的出版牵线搭桥、筹措资金，虽然出版支持未能如愿以偿，但他依然热心帮助提供照片，他的胸怀和善举令我深受感动。感谢故宫博物院书画部原主任傅红展先生，傅先生与我和陆姐赴小汤山医院考察时，为记录汤泉行宫遗址现状拍摄了许多珍贵的影像资料。感谢陆成兰大姐的老公孙福义先生，他把陆姐摘抄的汤泉行宫陈设档逐字逐句录入电脑，档案中有许多繁体字、异体字，录入工作之辛苦可想而知。感谢科研处王东、赵晨、李珣泽承担了把清代御制诗录入电脑的工作。特别是王东帮助制图和修图，为该书的配图倾心尽力。

感谢故宫博物院原常务副院长、国家清史编纂委员会副主任、著名清史专家朱诚如先生拨冗赐序并进行学术指导。感谢故宫博物院古建筑专家张克贵先生对我准确理解样式房的汤泉行宫画样图提供专业指导。感谢故宫博物院故宫学研究所副所长李文君博士为我研究汤泉行宫匾额提出有益建议。感谢故宫博物院院办公室、法律处、财务处多位领导和同事为本书的出版给予了热心帮助。感谢故宫出版社社长章宏伟先生的鼎力支持和故宫出版社总编辑宋小军先生的热心相助。感谢责任编辑王志伟和田萍的专业编辑支持和辛勤付出。志伟多年来致力于清宫老照片的搜集和研究，为本书的配图添彩增辉，令我深受感动。

感谢故宫博物院“英才计划”和北京故宫文物保护基金会学术故宫万科公益基金会专项经费资助！

宋玲平
2022年10月16日于北京

图书在版编目（CIP）数据

清代汤泉行宫 / 宋玲平著. -- 北京 : 故宫出版社,
2023.6

ISBN 978-7-5134-1575-0

Ⅰ. ①清… Ⅱ. ①宋… Ⅲ. ①宫殿遗址－研究－昌平区－清代 Ⅳ. ①K878.34

中国国家版本馆CIP数据核字(2023)第085460号

清代汤泉行宫
宋玲平 著

出 版 人：章宏伟
图片资料：故宫博物院数字与信息部
责任编辑：田　萍　王志伟
责任印制：常晓辉　顾从辉
出版发行：故宫出版社
　　地址：北京市东城区景山前街4号　邮编：100009
　　电话：010-85007800　010-85007817
　　邮箱：ggcb@culturefc.cn
制版印刷：北京雅昌艺术印刷有限公司
开　　本：787毫米×1092毫米　1/16
字　　数：240千字
印　　张：15.25
版　　次：2023年6月第1版
　　　　　2023年6月第1次印刷
书　　号：ISBN 978-7-5134-1575-0
定　　价：126.00元